Acordos de leniência anticorrupção e o Tribunal de Contas da União

AMANUENSE

Sarah Roriz de Freitas

Acordos de leniência anticorrupção e o Tribunal de Contas da União

1ª EDIÇÃO
SÃO PAULO • 2023

AMANUENSE

Edição: Rodrigo Haidar
Revisão e diagramação: Edson Furmankiewicz
Projeto gráfico: Luciana Huber
Arte de capa: Lucas Gonçalves Simões Vieira

Dados Internacionais de Catalogação na Publicação (CIP)

Freitas, Sarah Roriz de
Acordos de leniência anticorrupção e o Tribunal de Contas da União / Sarah Roriz de Freitas.
– 1. ed. – São Paulo : Amanuense, 2023.
Bibliografia.
ISBN 978-65-80788-18-7
1. Acordo de leniência 2. Anticorrupção - Leis e legislação 3. Brasil. Tribunal de Contas da União
4. Compliance 5. Direito penal - Brasil 6. Transparência na administração pública I. Título.

23-166414 CDU-343(81)

Índices para catálogo sistemático:
1. Brasil : Lei : Anticorrupção : Compliance : Direito penal 343(81)

Aline Graziele Benitez - Bibliotecária - CRB-1/3129

AMANUENSE

Amanuense Livros Ltda.
Rua Nilo 241, Sala 02 — CEP 01533-010 São Paulo SP
contato@amanuense.com.br
www.amanuense.com.br

SUMÁRIO

AGRADECIMENTOS

Este livro é fruto da minha dissertação de mestrado, apresentada no Programa de Pós-Graduação em Direito da Universidade de Brasília em março de 2022.

Naquela oportunidade, agradeci – e hoje reitero – aos meus pais: os primeiros a quem agradeço, sempre, por todo o amor, incentivo e acolhida que recebo. São eles que, nos exemplos da vida cotidiana, me ensinam a sonhar e que se realizam também com minhas conquistas. Ao Pietro, por caminhar ao meu lado e compartilhar a vida comigo.

Em especial, meu agradecimento à Professora Amanda Athayde, por ter me acompanhado e ajudado em todas as etapas do processo, com disposição, seriedade e bom humor, mostrando que é possível conseguir realizar tudo o que nos propomos fazer, e por ter incentivado a publicação deste livro.

À Professora Raquel Pimenta e ao Professor Bruno Dantas, que gentilmente aceitaram o convite para compor a banca examinadora da dissertação, e cujas contribuições e sugestões foram acrescidas ao texto.

Minhas homenagens ao amigo e Professor André Macedo de Oliveira, pelos conselhos e apoio constantes, e por buscar comigo a materialização do livro. Agradeço, também, a todos do BMA Advogados, pelas discussões e reflexões que enriquecem nosso convívio diário.

Aos demais Professores do Programa de Pós-Graduação que me acompanharam, pela contribuição com a pesquisa e por terem expandido meu olhar sobre o Direito e sobre o Magistério.

LISTA DE FIGURAS

LISTA DE TABELAS

LISTA DE ABREVIATURAS E SIGLAS

AL	Acordo de Leniência
ACT	Acordo de Cooperação Técnica
AGU	Advocacia-Geral da União
CADE	Conselho Administrativo de Defesa Econômica
CF/88	Constituição Federal de 1988
CGU	Controladoria-Geral da União
CNPJ	Cadastro Nacional da Pessoa jurídica
IN	Instrução Normativa
LINDB	Lei de Introdução às Normas do Direito Brasileiro (Decreto-Lei 4.657/42)
LOTCU	Lei Orgânica do Tribunal de Contas da União (Lei 8.443/92)
MJSP	Ministério da Justiça e Segurança Pública
MPF	Ministério Público Federal
MPTCU	Ministério Público junto ao Tribunal de Contas da União
RI/TCU	Regimento Interno do Tribunal de Contas da União
STF	Supremo Tribunal Federal
TCC	Termo de Compromisso de Cessação
TCE	Tomada de Contas Especial
TCU	Tribunal de Contas da União

PREFÁCIO

Se alguma vez você já se perguntou se o signatário de Acordos de Leniência anticorrupção no Brasil têm um resultado melhor ou pior no TCU do que outros agentes econômicos não colaborativos com as autoridades públicas no Brasil, este livro é para você. Sarah, com sua clareza de propósito e seu dedicado trabalho de pesquisa, empírica e doutrinária, buscou responder à seguinte pergunta em sua dissertação de mestrado defendida na UnB: como o TCU sancionou os entes privados que celebraram acordos de leniência com a CGU/AGU entre 2017 e 2021?

Para sair do senso comum e aportar uma contribuição genuína para a doutrina brasileira e para o aprimoramento dos instrumentos consensuais com a Administração Pública no Brasil, Sarah analisou 437 processos e chegou ao universo de 20 processos, nos quais foram proferidos 30 acórdãos, em que o TCU considerou os acordos de leniência anticorrupção celebrados com a CGU/AGU como fundamento para a tomada de decisão, independentemente do resultado do julgamento (se pela imposição de sanções ou não) e incluindo decisões cujo comando é a citação de pessoas para pagamento do débito ou apresentação de defesa.

O resultado da pesquisa (que vale ler do início ao fim) é um vetor para novas reflexões a todos, desde pesquisadores, advogados e acadêmicos, até mesmo para as autoridades públicas, que podem utilizar tais insumos em eventuais modificações das legislações de Acordo de Leniência no Brasil.

Aproveitem!

Amanda Athayde

1

Introdução

A Lei 12.846/2013 (Lei Anticorrupção) prevê a possibilidade de celebração de acordo de leniência, pela prática dos atos ilícitos nela previstos, entre o Poder Público e pessoas jurídicas que colaborem efetivamente com as investigações e com o processo administrativo de responsabilização (disciplinado pela mesma lei). No âmbito federal, a competência para celebração dos acordos é da Controladoria-Geral da União (CGU), em conjunto com a Advocacia-Geral da União (AGU). Noutra ponta, está o Tribunal de Contas da União (TCU), órgão de controle externo que não foi, historicamente, envolvido no processo de negociação e de celebração dos acordos, muito embora seja, nos termos da Constituição Federal (arts. 70 e 71) e da Lei 8.443/1992 (Lei Orgânica do TCU), responsável pela instrução e pelo julgamento de processos administrativos cujos objetos coincidem, totalmente ou em partes, com os atos e fatos contemplados naqueles acordos de leniência.

Por um lado, há coincidência — os diversos órgãos detêm competência para tratar os mesmos atos e fatos —; por outro, desencontro — o que é objeto dos acordos de leniência celebrado com a CGU/AGU acaba gerando sanção ao responsável no TCU. Daí decorre, ainda nos dias atuais, amplo debate doutrinário e jurisprudencial acerca das competências de cada órgão e da sobreposição de atribuições quanto à celebração e ao sancionamento dos acordos de leniência anticorrupção. Muito se fala sobre insegurança jurídica, *bis in idem*, comunicação e cooperação interinstitucional e atuação coordenada entre as diversas instâncias envolvidas no combate à corrupção na Administração Pública.

A partir daí, formulou-se a seguinte pergunta: como o TCU sancionou os entes privados que celebraram acordos de leniência com a CGU/AGU entre 2017 e 2021? Em decorrência da dualidade mencionada, formulou-se a hipótese de que o fato de o TCU não participar da celebração de acordos de leniência anticorrupção traz repercussões negativas mais gravosas para os signatários desses acordos.

Assim, a proposta do presente trabalho é traçar o perfil sancionador[1] do TCU em relação aos signatários de acordos de leniência previstos na Lei 12.846/13, celebrados com a União, por intermédio da CGU e da AGU (referidos como acordos de leniência anticorrupção). Isto é, pretende-se identificar como os acordos de leniência anticorrupção repercutiram no âmbito de processos administrativos em trâmite perante o TCU, nas fases de instrução, de julgamento e aplicação de sanções, e de recursos. O recorte temporal se justifica pelo fato de o primeiro acordo de leniência anticorrupção ter sido celebrado em 2017, e a pesquisa ter sido realizada entre 11/01/2021 e 07/09/2021.

O problema de pesquisa inicial consistia em identificar se o TCU sancionou com maior ou menor severidade (multa e/ou inidoneidade) entes privados que celebraram acordo de leniência com a CGU/AGU entre 2017 (ano do primeiro acordo celebrado) e 2021 (ano de realização da pesquisa), em comparação com entes privados que não celebraram acordos. Entretanto, na prática, revelou-se impossível realizar a pesquisa nesses moldes com a precisão necessária, pois nem sempre o TCU adota um único processo, em que são partes todos os envolvidos, para um mesmo objeto. Dessa forma, não foi possível estabelecer com grau de confiabilidade o elemento comparativo inicialmente desejado. Outras dificuldades enfrentadas no decorrer da pesquisa estão relacionadas à ausência de transparência, tanto na CGU — que não divulga o objeto dos acordos de leniência celebrados — quanto no TCU, que conduz processos sigilosos cujo objeto também não é identificável.

Contudo, nos moldes do problema definitivo da pesquisa, foi dada uma resposta, pelo menos em parte, ao problema inicialmente proposto, pois, nos processos em que figuraram como responsáveis tanto signatários como não signatários de acordos de leniência anticorrupção, foi possível comparar a situação (mais ou menos vantajosa) de um grupo em relação ao outro.

---

[1] Conforme explicitado no Capítulo 4, o perfil sancionador traçado considerou a imputação de débito como sanção, em sentido amplo, apenas para os fins da pesquisa; sem ignorar o debate doutrinário acerca da natureza jurídica do ressarcimento do dano ao erário, e a abalizada doutrina que não o considera sanção em sentido estrito, aqui incluído o defendido pelo Ministro Bruno Dantas, para quem "o produto do crime deve ser integralmente devolvido. Sustentar o contrário significa infringir a lei. A leniência serve para atenuar sanções, criando incentivos à colaboração, jamais para anistiar empresas corruptas. A cláusula 'ability to pay' deve ser utilizada para definir o parcelamento da indenização, não seu valor principal, que é inegociável. Isso não é capricho do TCU, mas exigência expressa da lei!" (2017a).

O caminho percorrido foi dividido em duas partes e em quatro capítulos. A primeira parte do livro é dedicada à delimitação teórica do tema, com o objetivo de apresentar um panorama sobre sua evolução e os principais posicionamentos existentes, de forma não exaustiva. No Capítulo 2, são apresentadas considerações a respeito das competências do TCU para celebrar (2.1), revisar/supervisionar acordos de leniência anticorrupção (2.2) e sancionar signatários de acordos de leniência anticorrupção por fatos contemplados nesses acordos (2.3). Ao final, apresentamos nossas conclusões sobre cada aspecto analisado (2.4).

Na segunda parte do trabalho, dividida em três capítulos, expomos a pesquisa empírica realizada com a finalidade de se estabelecer o perfil sancionador do TCU em relação aos signatários de acordos de leniência anticorrupção.

O Capítulo 3 apresenta a metodologia de pesquisa utilizada (3.1) e o processo de coleta e indexação de dados, tanto na CGU como no TCU (3.2).

No Capítulo 4, estão os resultados quantitativos dos dados obtidos da CGU (4.1) e do TCU, bem como a delimitação do universo de dados utilizado para traçar o perfil sancionador do TCU em relação aos signatários de acordos de leniência anticorrupção celebrados com a CGU/AGU (4.2). Depois, sintetizamos os dados provenientes da CGU e do TCU (4.3).

Por fim, no Capítulo 5 são apresentados os resultados qualitativos dos dados, especificamente relacionados aos processos de controle externo em que os acordos de leniência anticorrupção foram considerados para a tomada de decisão pelo TCU. Os acórdãos proferidos nesses processos foram detalhados para, a partir dos fundamentos neles utilizados e dos resultados dos julgamentos, traçar o perfil sancionador do TCU em relação aos signatários de acordos de leniência anticorrupção com a CGU/AGU.

Os acórdãos analisados foram divididos em três grupos, de acordo com a fase processual em que foram proferidos: (i) fase de instauração do contraditório (acórdãos de citação) (5.1); (ii) fase de análise de mérito (acórdãos de mérito) (5.2); e (iii) fase de recurso (acórdãos de julgamento de recurso) (5.3). Ao final de cada tópico, há uma conclusão preliminar, que consiste em elaborar o perfil sancionador do TCU em cada grupo de acórdãos analisado. E, após a exposição dos três grupos, é apresentado um panorama do comportamento do TCU, a partir dos acórdãos analisados que consideraram o acordo de leniência para a tomada de decisão (5.4).

Por meio da análise empírica proposta, foi possível identificar como o TCU sancionou os entes privados que celebraram acordos de leniência com a CGU entre 2017 e 2021, verificando-se se, de fato, justifica-se a hipótese de que o fato de o TCU não participar da celebração de acordos de leniência anticorrupção trouxe repercussões negativas mais gravosas para os signatários desses acordos. Na conclusão, são retomados os resultados identificados e apresentadas sugestões que podem, no entender da autora, contribuir para — ou, ao menos, jogar luz sobre — o debate acadêmico acerca do tema e para as ações de aprimoramento do relacionamento entre a CGU/AGU e o TCU, bem como do exercício da competência sancionadora do TCU.

Parte I

Delimitação teórica: o TCU no contexto dos acordos de leniência anticorrupção no Brasil

2

Interações entre TCU e acordos de leniência anticorrupção

Considerando a "natureza multifacetária e plural dos atos de corrupção", que "atraem a incidência de um verdadeiro sistema de responsabilização que demanda a atuação articulada de várias instituições para combatê-la" (BRASIL, 2020, p. 3), e tendo em vista que é objetivo deste estudo traçar o perfil sancionador do TCU em relação aos signatários de acordos de leniência anticorrupção, ou seja, identificar como os tais acordos repercutiram no âmbito de processos administrativos em trâmite perante o TCU, este primeiro capítulo se dedica a tecer considerações a respeito das competências do TCU para celebrar (2.1) ou revisar/supervisionar acordos de leniência anticorrupção (2.2) e para sancionar signatários de acordos de leniência anticorrupção por fatos contemplados nesses acordos (2.3). Ao final, serão elencadas as conclusões da autora quanto a cada aspecto analisado (2.4). Não se pretende, é bom adiantar, esgotar o tema com todas as suas possíveis vertentes e contraditórios, já que se trata de tema alvo de grande debate doutrinário, jurisprudencial (com enfoque, no presente trabalho, para o TCU e o STF) e também no âmbito das instituições envolvidas. Objetiva-se, portanto, apresentar um panorama sobre sua evolução e os principais posicionamentos existentes, com enfoque para a competência sancionadora.

2.1 Considerações sobre a competência do TCU para celebrar acordos de leniência anticorrupção

A Lei 12.846/13, que entrou em vigor em 29 de janeiro de 2014, introduzindo no ordenamento jurídico brasileiro o acordo de leniência anticorrupção[2] — que abrange os atos lesivos à Administração Pública nacional ou estrangeira (art. 16), também disciplinados pela lei, e os atos ilícitos previstos na Lei 8.666/93 (Lei de Licitações)[3] (art. 17) — conferiu à "autoridade máxima de cada órgão ou entidade pública" a competência para celebrar acordo de leniência anticorrupção (art. 16) e, especificamente no âmbito do Poder Executivo Federal e nos casos de atos lesivos contra a Administração Pública estrangeira, à CGU (art. 16, § 10). No âmbito regulamentar, posteriormente, a Portaria Interministerial 2.278, de 15/12/16, da CGU (então denominada Ministério da Transparência, Fiscalização e Controladoria-Geral da União) e da AGU, incluiu esta última como partícipe dos acordos, inclusive nos anteriores à portaria[4], razão pela qual esse trabalho adota a menção "CGU/AGU" como lenientes.

A redação original da lei[5] nada dispôs sobre a competência do Tribunal de Contas ou sobre sua participação, seja na celebração de acordos de leniência, seja na responsabilização administrativa dos infratores.

---

2 Schertel Mendes explica que houve um incremento, no ordenamento jurídico brasileiro, de políticas de leniência, inicialmente introduzidas no Brasil na seara do Direito Antitruste, no ano 2000, e em 2013, por meio da Lei 12.850, que estabeleceu o instituto da colaboração premiada. No mesmo ano, continua o autor, "the Clean Company Act authorized the granting of privileged treatment to companies that cooperate with public officials in the prosecution of corrupt practices" (tradução livre: a Lei Anticorrupção autorizou a concessão de tratamento privilegiado a empresas que cooperem com órgãos públicos na persecução de práticas de corrupção) (2021, p. 18).

3 A esse respeito, registre-se que entrou em vigor, em 1º de abril de 2021, a Lei 14.133/21, que revoga a Lei 8.666/93 (o capítulo de crimes e penas, na data da publicação, 1º de abril de 2021, e os demais, após decorridos dois anos). Em seu Título IV, "Das irregularidades", Capítulo I, "Das infrações e sanções administrativas", é elencada como infração a prática de "ato lesivo previsto no art. 5º da Lei 12.846, de 1º de agosto de 2013" (art. 155, XII), que sujeita o infrator à sanção de declaração de inidoneidade para licitar ou contratar por período entre três e seis anos (art. 156, IV, e § 5º). A nova lei estabelece, ainda, que a prescrição da pretensão punitiva da Administração referente às infrações em licitações e contratos será "suspensa pela celebração de acordo de leniência previsto na Lei 12.846, de 1º de agosto de 2013" (art. 158, § 4º, II). Por essas razões, extraídas do próprio texto legal, entende-se que a previsão do art. 17 da Lei 12.846/13 será válida também para os ilícitos previstos na Lei 14.133/21.

4 No âmbito regulamentar, posteriormente, a Portaria Interministerial 2.278, de 15 de dezembro 2016, da CGU (então denominada Ministério da Transparência, Fiscalização e Controladoria-Geral da União) e da AGU, incluiu esta última como partícipe dos acordos, inclusive nos anteriores à portaria (parágrafo único do art. 14: "a Advocacia-Geral da União poderá assinar termo de adesão aos Memorandos de Entendimento celebrados com as pessoas jurídicas antes da entrada em vigor desta Portaria"). Tal portaria foi revogada pela Portaria da CGU nº 4, de 9 de agosto de 2019, que mantém a participação da AGU nos acordos de leniência.

5 Registra-se, também, que a redação original do anteprojeto de lei submetido ao Congresso Nacional pelo Poder Executivo não previa a celebração de acordo de leniência (Projeto de Lei 6.826/2010). O instituto apareceu no substitutivo apresentado pela Comissão Especial criada para discutir a matéria. Do Parecer do Relator nº 1 do projeto na Comissão, deputado Carlos Zarattini, extrai-se que a inclusão de capítulo sobre acordo de leniência foi sugerida pelo Instituto Brasileiro de Direito Empresarial (Ibrademp). Esse primeiro substitutivo não estabeleceu a competência da CGU para a celebração dos acordos, previsão parcialmente — referia-se apenas aos atos lesivos contra a administração estrangeira — incluída a partir de sugestão dada pela AGU em nota técnica sobre o projeto. Do Parecer do Relator nº 2, consta que: "Resolvemos acatar a sugestão tendo em vista que, dada a novidade da proposta encampada por este projeto, qualquer contribuição que venha a esclarecer e aperfeiçoar o procedimento administrativo é bem-vinda e merece ser acolhida. Nesse caso específico, o estabelecimento da CGU como autoridade competente elimina a possibilidade de dúvidas caso venha a ser questionada pelo Ministério Público, pelo Tribunal de Contas da União, pela Advocacia-Geral da União ou por concorrentes comerciais da pessoa jurídica, entre outros, a realização de acordos

O silêncio legislativo[6], somado à previsão de que "o acordo de leniência não exime a pessoa jurídica da obrigação de reparar integralmente o dano causado" (art. 16, § 3º), levaram o TCU a editar inicialmente a Instrução Normativa (IN) 74, em 11/02/2015 — à época da "Operação Lava Jato", num contexto em que havia uma proximidade entre o MPF, com forte atuação, e o TCU — e a CGU não tinha se inserido, ainda, no cenário dos acordos de leniência.[7]

Partindo das premissas de que "a celebração de acordos de leniência por órgãos e entidades da administração pública federal é ato administrativo sujeito à jurisdição do Tribunal de Contas da União quanto a sua legalidade, legitimidade e economicidade" (BRASIL, 2015d) (art. 70 da Constituição Federal) e que "cabe ao Tribunal de Contas da União apreciar as contas daqueles que derem causa a prejuízo a perda, extravio ou outra irregularidade que resulte prejuízo ao erário público" (BRASIL, 2015d) (art. 71, II, da Constituição Federal), a IN 74 estabeleceu procedimento prévio de fiscalização do TCU "quanto à organização do processo de celebração de acordo de leniência" (BRASIL, 2015d) anticorrupção.

De acordo com seus termos, "o acordo de leniência celebrado pela administração federal não afasta as competências do Tribunal de Contas da União fixadas no art. 71 da Constituição Federal, nem impede a aplicação das sanções previstas na Lei 8.443/1992" (art. 6º). (BRASIL, 2015d). Ainda, a IN 74 submeteu a autoridade celebrante — CGU, no caso do Poder Executivo Federal — a uma série de prazos e procedimentos de compartilhamento de informações a respeito do processo de negociação e celebração do acordo de leniência, dividido em etapas, estas sujeitas à apreciação do TCU, "condição necessária para a eficácia dos atos subsequentes" (art. 3º).[8]

---

de leniência, seja no caso dos atos lesivos praticados contra administração pública estrangeira ou naqueles em que a CGU avocar os processos." A redação aprovada, que determinou a competência da CGU para a celebração dos acordos no âmbito do Poder Executivo Federal, foi apresentada inicialmente pelo deputado Eduardo Cunha, em Voto em Separado nº 1, e aprovada pela Comissão Especial.

6 De acordo com Raquel Pimenta (2020, p. 147), "a lei não disciplina especificamente como deve se dar o controle sobre acordos de leniência e silencia sobre homologações. O controle externo pode reconfigurar os acordos, a depender de como ele é exercido. Ele pode atuar como fiscalizador ou das autoridades celebrantes ou dos acordos realizados. Em relação a esta última hipótese, pode apreciar sua forma e procedimentos e/ou julgar seu conteúdo. Pode atuar após a celebração ou até mesmo antes como avalizador das negociações".

7 À época, o MPF emitiu nota afirmando que "reconhece a competência da CGU para realizar acordos de leniência e pretende caminhar em harmonia com os demais órgãos e poderes da União, conforme ressaltado em recente reunião com o Tribunal de Contas. Contudo, entende o MPF que, a depender do modo de celebração desse tipo de acordo, ele pode ser prejudicial ao interesse público". Notícia relata que, em março de 2015, "três procuradores da força-tarefa da Operação Lava Jato se reuniram com ministros do Tribunal de Contas da União (TCU) para pressionar pela derrubada das tentativas de acordo de leniência entre empreiteiras investigadas no esquema e a Controladoria-Geral da União (CGU)". (PARA MPF, ..., 2015).

8 Raquel Pimenta (2020, p. 149), para quem "as ações do TCU testam os limites do arranjo institucional", justifica a edição da IN 74 da seguinte forma: "Acordos de leniência no âmbito federal tratam valores pecuniários e transacio-

Adveio, em 18/12/2015, a Medida Provisória (MP) 703, que, dentre outros, acrescentou o § 14 ao art. 16 da Lei 12.846/13, segundo o qual "o acordo de leniência depois de assinado será encaminhado ao respectivo Tribunal de Contas, que poderá, nos termos do inciso II do art. 71 da Constituição Federal, instaurar procedimento administrativo contra a pessoa jurídica celebrante, para apurar prejuízo ao erário, quando entender que o valor constante do acordo não atende o disposto no § 3º". Todavia, o Congresso Nacional não se debruçou sobre a matéria, tendo o prazo de vigência da MP 703 se encerrado em 29/05/2016.[9]

Apesar de ter recebido diversas críticas da doutrina e de membros do Poder Executivo[10] e de ter gerado reações perante os Poderes Executivo, Legislativo[11] e Judiciário[12], a IN 74 produziu efeitos jurídicos — pelo menos formais — por quase quatro anos.[13]

Em julho de 2018, a CGU e a AGU enviaram um Aviso Interministerial ao TCU, em que expuseram "situação de desconforto" causada pelo comportamento dos auditores do TCU em relação aos servidores do Executivo. (GABRIEL, 2019).

Nesse contexto, em 12/12/2018, o TCU editou a Instrução Normativa (IN) 83, que, a par de adotar as mesmas premissas da IN 74, a revoga e estabelece

---

nam, ao mínimo, multas devidas, além de poderem estipular valores de ressarcimento a entidades da União lesadas. Apesar da corte de contas não ter papel definido pela Lei Anticorrupção quanto a acordos de leniência, ela desde logo se entende competente à sua fiscalização. Em sua interpretação, caberia a ela acompanhar a gestão patrimonial da administração pública e dos controles internos do Poder Legislativo, Executivo e Judiciário, sendo que nenhum processo ou informação poderiam ser sonegados à sua fiscalização". Prossegue a autora (PIMENTA, 2020, p. 152), afirmando que "a IN 74/2015 é ponto de partida fundamental para entender como o TCU buscou se posicionar no arranjo institucional de controle da corrupção". Ao comentar o histórico da norma, afirma que "a estratégia de usar seu poder normativo para se tornar incontornável até mesmo no controle prévio dos atos é contenciosa, com tensões de parte a parte, mas bem-sucedida do ponto de vista da estratégia do Tribunal. Todos os acordos de leniência celebrados pela CGU e AGU tiveram procedimentos próprios no TCU" (PIMENTA, 2020, p. 149-153), mas relata que, em caso específico, a CGU impetrou mandado de segurança contra ato do TCU e obteve decisão favorável para eximi-la de enviar documentos ao TCU antes da assinatura de acordo de leniência. (STF, MS 34.031, Rel. Ministro Gilmar Mendes).

9 O texto recebeu críticas, especialmente de membros do Ministério Público — inclusive de membro do MPTCU, que publicou opinião de título "Medida Provisória 703 é uma verdadeira aberração jurídica afrontosa à CF" (LIVIANU; OLIVEIRA, 2016). Segundo Raquel Pimenta (2020, p. 184), "a MP 703/2015 foi fracassada, em parte pelo contexto político no qual se desenvolveu, em parte por falta de diálogo a aproximações entre instituições que pudessem sustentar o projeto".

10 Sem a pretensão de esgotar o tema, que não constitui objeto central da pesquisa, cite-se Athayde (2021, p. 494), que relata que "o entendimento de que a eficácia dos acordos de leniência anticorrupção depende da chancela ou homologação pelo TCU é minoritária, sendo, aliás, rechaçada pela AGU e pela CGU, que entendem que tal exigência carece de previsão constitucional e legal (há notícias reportando um verdadeiro embate entre seus chefes e a cúpula do TCU)".

11 Projeto de Decreto Legislativo 5/2015, apresentado pelo Deputado Raul Jungmann em 19/02/2015, "susta a Instrução Normativa 74". O projeto tramitou até 31/01/2019, sem votação conclusiva, tendo sido arquivado.

12 Tramitou perante o STF a Ação Direta de Inconstitucionalidade 5.294, ajuizada pelo Partido Popular Socialista, que questionou a norma. O processo foi autuado em 08/04/15 e foi arquivado, por perda de objeto, em 13/12/2019.

13 Amanda Athayde (2021, p. 488-493) traça panorama da IN 74 e aponta os atritos e as dificuldades dela decorrentes.

um procedimento mais brando de "controle" dos acordos de leniência anticorrupção.[14] Gabriel (2019) relata esse movimento como uma reação, do TCU, aos argumentos expostos no documento elaborado pela CGU e pela AGU.

O novo texto da IN 83, atualmente em vigor, estabelece que caberá à autoridade celebrante apenas informar ao TCU a instauração "de procedimento administrativo para celebração de acordo de leniência" (art. 1°). (BRASIL, 2018l). Dispõe, ainda, que a fiscalização do TCU "sobre os acordos de leniência seguirá, no que couber, o rito das demais ações de controle e será realizada de acordo com as diretrizes do Plano de Controle Externo, considerando os critérios de risco, materialidade e relevância" (art. 3°) (BRASIL, 2018l) e que "as autoridades celebrantes do acordo de leniência poderão ser responsabilizadas pela inclusão de cláusulas ou condições que limitem ou dificultem a atuação do Tribunal de Contas da União, bem como a eficácia e a execução de suas decisões" (art. 4°). (BRASIL, 2018l).

Desse cenário normativo — legal e infralegal —, conclui-se que ao TCU não compete celebrar acordos de leniência anticorrupção que envolvam atos lesivos disciplinados pela Lei 12.846/13, praticados no âmbito do Poder Executivo Federal ou contra a administração pública estrangeira, posto que a competência para tal é exclusiva da CGU — que, por sua vez, envolveu a AGU. Também do plano constitucional não se extrai dita competência. Todavia, nada impede que o TCU, por sua autoridade máxima, celebre acordo de leniência anticorrupção pela prática de atos lesivos em seu âmbito.[15]

Por outro lado, há uma interpretação mais aberta, no plano pragmático e da consensualidade administrativa, que ultrapassa a visão estritamente legalista e admite a possibilidade de o TCU atuar como partícipe direto na celebração dos acordos de leniência.[16] Sobre a consensualidade na Administração Pública, Palma (2015, p. 274-275), trilha um caminho no sentido de que

---

[14] Segundo Raquel Pimenta (2020, p. 153), "por um lado, a nova diretiva do TCU buscou apaziguar algumas das tensões com a CGU/AGU. Por outro, continuou em processo de demarcação da competência do Tribunal de analisar os acordos, prevendo a responsabilização das autoridades celebrantes caso limitem ou dificultem a ação do TCU, dando pistas que o embate entre autoridades não se encontrava equalizado".

[15] Isto é, na hipótese da prática dos atos lesivos previstos na Lei 12.846/2013 em contrato celebrado com o TCU, por exemplo, o próprio órgão poderia celebrar acordo de leniência com a pessoa jurídica responsável por sua pela prática — tendo em vista que o TCU não é órgão do Poder Executivo Federal.

[16] Em sua tese sobre a consensualidade na Administração Pública, Juliana Bonacorsi de Palma (2015, p. 268) afirma que "a atuação administrativa por meio de acordos suscita, assim, reflexões acerca da existência de margem de *autonomia da vontade* no âmbito do aparato público, na medida em que os atos consensuais formalizam-se por meio da aquiescência bilateral, pública e privada, acerca dos termos do pacto (autonomia da vontade *versus* vontade legal) também *questiona a centralidade da lei* na disciplina da ação administrativa, ao ter desse eminentemente regulamentar e se efetivar independentemente de previsão legal específica (preferência de norma *versus* preferência de lei). Seu caráter negocial e pragmático, focado na situação-problema, em que a consensualidade se apresenta como possível instrumento de solucionamento, enseja a feição *negativa* da legalidade e, mesmo, a *atipicidade* dos termos dos acordos administrativos (vinculação negativa e atipicidade *versus* vinculação positiva e tipicidade)".

"o fundamento legal da atuação consensual não se resume à lei formal, mas abrange também princípios e atos normativos", de forma que, com alto grau de discricionariedade, "o Poder Público tem competência para dispor sobre acordos administrativos em sede infralegal, a menos que a lei expressamente proíba a adoção da consensualidade", mesmo que se esteja diante da prerrogativa sancionadora da Administração.[17]

A sustentar tal entendimento, tem-se a Lei de Introdução às Normas do Direito Brasileiro (LINDB) com a redação que lhe foi dada pela Lei 13.655/18, em vigor desde 26 de abril 2018. Seu art. 26, em especial, dispõe que, havendo "razões de relevante interesse geral", a autoridade administrativa poderá celebrar compromisso com os interessados "para eliminar irregularidade, incerteza jurídica ou situação contenciosa na aplicação do direito público". (BRASIL, 2018e). Sobre o tema, Prado Filho e Trevelin (2020, p. 129) afirmam que

> Tal norma oferece um possível instrumento para viabilizar a cooperação institucional entre as autoridades administrativas e com partes interessadas para mitigar a insegurança jurídica existente atualmente na celebração de acordos de leniência. Independentemente do veículo normativo ou instrumento jurídico adotado, há que se debater e fixar os princípios axiológicos orientadores da solução; no caso de diálogo entre diversas autoridades competentes, todas elas em posição de igualdade entre si, porém todas titulares de *ius imperii* perante o administrado, há que se ter sempre como norte a preservação das expectativas legítimas dos beneficiários dos programas de leniência, que neles confiaram e devem ter seus benefícios preservados, quando não tenham cometido qualquer tipo de falta ou negligência que lhe possa ser imputada.

Nesse sentido, Mendes e Fernandes (2021) sustentam que "é imperioso que o Tribunal proceda a uma atualização da sua regulamentação interna no sentido de prever um procedimento objetivo, transparente e previsível, que permita às empresas realizar colaborações diretamente com o TCU".

Nesse contexto, destaca-se o Acordo de Cooperação Técnica (ACT) em matéria de combate à corrupção no Brasil, especialmente em relação aos acordos de leniência da Lei 12.846, de 2013, celebrado em 06/08/2020 pela CGU, AGU,

---

[17] A Autora (PALMA, 2015, p. 278) defende que "o princípio da supremacia do interesse público, tradicionalmente construído com a finalidade de legitimar os poderes estatais, não traz um valor metodológico em si que determine a identificação do interesse público na aplicação de sanção administrativa. Em outros termos: a cominação de multa ou o ato de advertir o administrado pela prática de determinada infração não significa necessariamente satisfazer o interesse público, assim como celebrar acordo substitutivo de sanção não corresponde à supremacia do interesse privado. Diante de um cenário de fragmentação dos interesses e de implosão entre esferas pública e privada, é necessário verificar a fundamentação da escolha negociada de celebrar o acordo administrativo quanto às finalidades de interesse público a que a Administração Pública deve imediatamente atender. Nessa medida, a indisponibilidade do interesse público não constitui óbice à celebração de acordos substitutivos de sanção, porque também este princípio corresponde a uma construção teórica sem adequada metodologia de aplicação."

Ministério da Justiça e Segurança Pública (MJSP) e TCU, sob a coordenação do STF. A celebração do ACT foi catalisada, em parte, pelo início do julgamento, pelo STF, de mandados de segurança impetrados contra atos do TCU envolvendo acordos de leniência anticorrupção e a atuação sancionadora do TCU (como será visto adiante, no item 2.3). Seu texto descreve uma série de princípios, pilares, ações sistêmicas e ações operacionais a ser adotada por seus signatários, a fim de "se aperfeiçoar o sistema de prevenção e combate à corrupção" e de forma a mitigar a "insegurança jurídica, conflitos interinstitucionais, sobreposição de atuações, insuficiência ou vácuos na atuação estatal, impunidade e desproporcionalidade na punição das pessoas físicas e jurídicas".

O ACT não inclui expressamente o TCU na fase de negociação dos acordos de leniência anticorrupção. Porém, dentre os itens pactuados, a "primeira ação operacional" parece permitir interpretação nesse sentido:[18]

> Primeira ação operacional: atuar e fomentar a atuação das SIGNATÁRIAS DO ACT de maneira cooperativa, colaborativa e sistêmica, buscando desenvolver uma cultura sobre a necessidade de chamamento das demais Instituições públicas com atuação no sistema anticorrupção brasileiro para exercício de suas atribuições e competências, desenvolvendo, assim, atuações conjuntas, com cooperação e coordenação, especialmente diante de grandes casos de corrupção. Para tanto, as Instituições signatárias buscarão atuar e fomentar atuação observando, ao menos, os seguintes parâmetros: [...]
> (3) a Controladoria-Geral da União e a Advocacia-Geral da União, no curso de negociação para acordo de leniência e à medida em que as informações forem sendo recebidas, nos termos da Lei 12.846, de 2013, compartilharão tais informações ao Tribunal de Contas da União para eventual atuação nos termos do presente ACT; (BRASIL, 2020a).

Portanto, em que pese a ausência de previsão legal, considerando os termos da LINDB e do ACT e, ainda, a evolução do Direito Administrativo para dar maior destaque à consensualidade, filio-me ao entendimento de que o TCU detém a prerrogativa de (i) editar ato normativo próprio que permita a adoção de mecanismos de solução consensual de processos envolvendo atos sujeitos à sua jurisdição, ao menos reconhecendo o acordo de leniência anticorrupção celebrado com a CGU/AGU; e/ou (ii) atuar em conjunto com a CGU/AGU no momento da negociação e da celebração dos acordos de leniência anticorrupção.

---

18 Amanda Athayde (2020, p. 160) exprime cautela ao afirmar que "há que se verificar como tais ações serão implementadas na prática, para que se constate se há, de fato, uma tentativa de um 'balcão coordenado', como se entende ser o adequado, e não de um 'balcão único', cujas críticas e preocupações já foram supramencionadas." (Para as ressalvas da autora quanto ao "balcão único", ver seu "Manual de acordos de leniência no Brasil", p. 149-152).

2.2 Considerações sobre a competência do TCU para revisar/ supervisionar acordos de leniência anticorrupção

Já no que diz respeito à revisão ou à supervisão, pelo TCU, dos acordos de leniência anticorrupção celebrados pela CGU/AGU, especialmente à luz das já mencionadas instruções normativas editadas pelo TCU, foram identificadas três linhas doutrinárias: (i) pela possibilidade de controle do TCU sobre os acordos de leniência anticorrupção; (ii) pela possibilidade limitada de controle; e (iii) pela impossibilidade de controle.

Na primeira das três linhas doutrinárias no que diz respeito à revisão ou à supervisão, pelo TCU, dos acordos de leniência anticorrupção — (i) pela possibilidade de controle do TCU sobre os acordos de leniência anticorrupção —, Willeman (2020, p. 320-321) defende que "os acordos de leniência estão sujeitos a controle externo pelos TCs, para aferição de sua legalidade, economicidade e legitimidade, nos termos do artigo 71 da Constituição Federal", atribuição de controle conferida constitucionalmente ao TCU que a legislação ordinária não pode obstar. Defesa semelhante é encontrada em Santolim (2020, p. 228), para quem o TCU é competente "para verificar sobre sua legalidade e eficiência, até pela presença de expressões normativas dotadas de vagueza semântica, como 'cooperação plena e permanente'".

O Ministro Bruno Dantas (2017b), do TCU, já manifestou entendimento nesse sentido. Para ele, os acordos de leniência anticorrupção "têm natureza administrativa, e justamente por isso se sujeitam integralmente ao controle administrativo do TCU". E acrescenta que "o ideal é que os acordos produzam efeitos erga omnes (que valem para todos) e permitam que a empresa leniente 'vire a página'. Essa eficácia global pode e deve ser obtida mediante atuação conjunta e cooperativa dos órgãos legitimados, não com sobreposição ou usurpação" (DANTAS, 2017a).[19]

Na segunda das três linhas doutrinárias no que diz respeito à revisão ou à supervisão, pelo TCU, dos acordos de leniência anticorrupção — (ii) pela possibilidade limitada de controle —, Rosilho (2019, p. 203-207) parece adotar posição intermediária, afirmando que "decorre da Constituição (arts. 70 e 71)

[19] Entende o autor que "não é possível falar, do ponto de vista prático, de acordos de leniência celebrados pelo Estado brasileiro, pois a Constituição não permite que uma única instituição isoladamente se pronuncie em substituição a todas as demais, especialmente quando o acordo deixou de contemplar todas as facetas da conduta ilícita." (DANTAS, 2017a). Em resposta, contrapondo-se ao defendido por Bruno Dantas, Floriano de Azevedo Marques Neto sustenta que "quem contrata a leniência é o Estado Brasileiro. A República é una (artigo 1º da Constituição Federal), apesar das diferentes competências. A cooperação entre órgãos é desejável. A disputa entre eles é inconstitucional. O STF já afirmou que, quando o MP firma acordos de colaboração, o faz em nome do Estado. [...]. A competência do MP é mais ampla e prevalente. Predomina sobre o próprio TCU." (2018).

e das normas da LOTCU a competência do Tribunal para: (1) requisitar para exame o acordo de leniência celebrado; (2) emitir declaração sobre a validade do acordo". Contudo, o autor entende que não cabe ao TCU "anular acordos de leniência já celebrados", bem como que o Tribunal se excedeu na edição da IN 74, conferindo a si próprio poderes além daqueles que a Constituição lhe atribuiu,[20] pois não compete ao TCU "fiscalizar (e muito menos aprovar ou rejeitar) minutas de acordos que sequer foram publicadas, sob pena de imiscuir-se em seara própria do Executivo (praticar atos, celebrar contratos e formular acordos)". (ROSILHO, 2016).[21]

Já Athayde[22] (2021, p. 495-496), apesar de reconhecer haver, ainda, "muita incerteza a respeito da extensão da atuação TCU quanto aos acordos de leniência anticorrupção, o que é um dos principais desafios na agenda de cooperação institucional no sistema nacional anticorrupção", sustenta que

> Em que pese ser justificável o desejo do TCU de poder acompanhar a legalidade das negociações em curso na CGU e na AGU, no exercício do controle externo, essa atuação concomitante às negociações pode ser prejudicial para o programa de leniência anticorrupção da CGU e da AGU. Isso porque a negociação torna-se muito mais formal e burocrática, com possível prejuízo ao foco de obter provas sobre o ilícito. Ademais, na medida em que há mais de uma instituição envolvida na negociação, há maiores riscos de perda de confidencialidade, em especial no caso de

---

20 De acordo com o autor: "À luz da zona de incerteza criada pela legislação acerca das possibilidades de controle do TCU sobre a matéria — vez que a Constituição lhe atribuiu a missão de fiscalizar temas ligados às finanças do Estado, mas a Lei Anticorrupção previu a assinatura de acordo de leniência sem nem mesmo mencionar o Tribunal -, o próprio TCU, via edição de instrução normativa (n. 74/2015), buscou esclarecer a maneira pela qual iria participar do processo de celebração do acordo de leniência. Ao fazê-lo, no entanto, excedeu-se. [...] O que se nota é que o Tribunal, calcado em motivação justa (disciplinar procedimento voltado a fiscalizar o acordo sobre tema que tangencia suas competências), acabou editando diploma que, na prática, 'deu' ao TCU poder que não lhe fora conferido pela Constituição, pela LOTCU ou pela Lei Anticorrupção (aprovar ou rejeitar minutas de acordos de leniência, participar da elaboração dos seus termos etc.). Tudo indica, assim, que o Tribunal tenha se valido da zona de incerteza criada pela legislação para 'interpretá-la' de modo a fortalecê-lo. Muitas incertezas rondam os acordos de leniência. Em boa medida elas decorrem do fato de esses acordos não vincularem órgãos de controle como o Judiciário, o Ministério Público e os Tribunais de Contas. Há enorme disputa de espaço entre os órgãos de controle, caracterizando o que Calor Ari Sundfeld descreveu como sabotagem do controle pelo controle". (ROSILHO, 2019, p. 203-207).

21 Em posição semelhante, ao tratar de Termo de Ajustamento de Conduta celebrado entre ANATEL e Telefônica, Juliana Bonacorsi de Palma (2017) afirma que "Acordos administrativos são atividades-fim, cabendo ao TCU apenas controlar a regularidade do processo de tomada da decisão consensual. Isso foi feito no caso do TAC da Telefônica, em que o TCU avaliou o cumprimento das etapas processuais e a suficiência da motivação. O controle contido, focado no processo administrativo, preserva o plano do acordo quanto aos compromissos negociados e aos objetivos que serão alcançados com a realização dos investimentos programados".

22 Em seu "Manual dos acordos de leniência no Brasil" (ATHAYDE, 2021, p. 162), defende "que a existência de um 'balcão coordenado' é a melhor alternativa para a cooperação interinstitucional no momento da negociação e da celebração dos acordos de leniência no Brasil, que pode e deve ser implementada sem modificações legislativas. Trata-se de solução pragmática, que mantém as respectivas competências e atribuições de cada uma das autoridades públicas, que confirma a necessidade de especialização e de valor à *expertise* de cada uma das instituições na persecução de ilícitos no Brasil, sem criação de novas burocracias administrativas ou de riscos mais amplos aos incentivos para se colaborar por meio de acordos de leniência".

desistência ou rejeição. [...] Ainda assim, caso a interpretação do Judiciário seja no sentido da sua participação obrigatória, melhor seria que o TCU exercesse, portanto, um controle *a posteriori* de legalidade, mas não concomitante, bem como circunscrevesse sua atuação na análise dos danos ao erário. (ATHAYDE, 2021, p. 495-496).

A terceira e última linha doutrinária no que diz respeito à revisão ou à supervisão, pelo TCU, dos acordos de leniência anticorrupção — (iii) pela impossibilidade de controle —, à qual me filio, pode ser vista em Moreira (2018), que afirma que "existem fronteiras rígidas à intervenção dos Tribunais de Contas nos acordos de leniência; não se está diante de contratos ou pactos que se submetam naturalmente à sua 'fiscalização contábil, financeira, orçamentária, operacional e patrimonial'". Para o autor, a validade e a eficácia dos acordos de leniência anticorrupção não dependem do aval do TCU, tendo em vista que "o conteúdo do acordo integra o núcleo, duro e indevassável, da competência discricionária desses órgãos públicos".

Da mesma forma, Ana Paula Barcellos (2015) entende que os acordos de leniência anticorrupção

> não são, em si, atos que envolvam a utilização de recursos públicos federais. Trata-se de ato administrativo de outra natureza — sancionadora, provavelmente — não se enquadrando dentre aqueles, nos termos da Constituição, que cabe ao Tribunal de Contas rever e menos ainda aprovar previamente. Há muitas instâncias na Administração Pública nas quais são aplicadas sanções a particulares (inclusive pecuniárias), não se cogitando da atribuição do Tribunal de Contas no particular. Assim, a competência prevista na IN não parece decorrer naturalmente das atribuições constitucionais do TCU.

O mesmo posicionamento é adotado por Maia Alves (2018, p. 170), segundo o qual, embora do acordo de leniência anticorrupção "resulte receita pública, correspondente à multa prevista no art. 6º, inciso I, da lei anticorrupção empresarial, ele não constitui ato jurídico praticado no bojo da administração de recursos públicos", razão pela qual não está sujeito a controle do TCU.[23]

---

[23] Afirma Maia Alves (2018, p. 170): "[...] entende-se que o Tribunal de Contas da União não é competente para fiscalizar a legalidade e a economicidade da celebração dos acordos de leniência. [...] o acordo de leniência não é celebrado no âmbito da atividade de gestão de bens, dinheiros e valores públicos. Embora ele resulte receita pública, correspondente à multa prevista no art. 6º, inciso I, da lei anticorrupção empresarial, ele não constitui ato jurídico praticado no bojo da administração de recursos públicos. Ademais, o ato de celebração do acordo de leniência não é apto a gerar, por si só, perda, extravio ou outra irregularidade de que resulte prejuízo ao erário público, uma vez que não é possível, por meio dele, reduzir ou isentar a pessoa jurídica do pagamento do dano causado à administração pública em virtude do ato ilícito praticado. Dessa forma, considerando que o acordo de leniência não envolve a utilização, arrecadação, gerência ou administração de dinheiros, bens e valores públicos, entende-se que ele não gera o dever de prestar contas, nem está sujeito à fiscalização contábil, financeira, orçamentária, operacional e patrimonial do Tribunal de Contas da União. [...] Assim como o exame da materialidade e da conduta do agente infrator para fins de aplicação de sanções, a valoração da efetiva colaboração, mediante a análise dos documentos e das informações

Nesse sentido, é pertinente a lição de Sundfeld e Câmara (2013, p. 181-184), de que o TCU não é Conselho de Estado e, portanto, "não é instância revisora integral da atividade administrativa". Os autores defendem haver "forte limitação jurídica" quanto aos "atos que o Tribunal produz em decorrência dos procedimentos que realiza", o que chamam de "produto da fiscalização", tendo em vista que (i) "o Tribunal não pode dar qualquer tipo de ordem, constituindo ou desconstituindo direitos e deveres"; (ii) "o Tribunal só pode emitir comandos se constatar ilegalidades, não por outros motivos"; e (iii) "o poder de comando do Tribunal só existe se a ilegalidade apurada for em matéria financeira, orçamentária, contábil ou patrimonial, mas não por conta de ilegalidades em outras matérias administrativas". Conjugando esses elementos, conclui-se que não cabe ao TCU atuar como instância revisora ou supervisora dos acordos de leniência anticorrupção.

2.3 Considerações sobre a competência do TCU para sancionar signatários de acordos de leniência anticorrupção por fatos contemplados nesses acordos

Ao contrário da competência do TCU para celebrar, revisar e/ou supervisionar acordos de leniência anticorrupção, que não decorrem de expressa previsão legal, sua competência sancionadora deriva diretamente da Constituição Federal,[24] que delegou ao legislador ordinário o estabelecimento das sanções passíveis de aplicação pelo TCU[25].

---

prestadas pelo colaborador com vistas à celebração da leniência é matéria de competência exclusiva da autoridade administrativa. Não cabe ao TCU adentrar nesse aspecto e verificar a justeza e a correção do exercício do *ius puniendi* pelas autoridades administrativas legitimadas pela lei. Além de ter fixado indevidamente a jurisdição do TCU sobre os acordos de leniência, a Instrução Normativa-TCU 74/2015 instituiu modalidade de controle prévio, o qual se mostra incompatível com o regime constitucional vigente. [...] Dessa forma e considerando, ainda, que a lei anticorrupção empresarial não atribuiu ao TCU competência para celebrar ou aprovar acordo de leniência, nem para verificar a legalidade na aplicação da referida norma, como, por exemplo, o fez a Lei 8.666/199311, compreende-se que o TCU extrapolou o poder regulamentar que lhe foi conferido, ao disciplinar, por meio da Instrução Normativa-TCU 74/2015, a fiscalização da organização do processo de celebração de acordo de leniência pela administração pública federal".

24 De acordo com Viana (2019, p. 154), "a Constituição Federal, nos incisos VIII e IX do artigo 71, ao outorgar aos Tribunais de Contas a competência para aplicar penalidades aos responsáveis por despesas ilegais e irregularidades de contas, positivou a função sancionadora".

25 A CF/88 delegou ao legislador ordinário o estabelecimento das sanções passíveis de aplicação pelo TCU, mas dispôs que deverá constar daquele rol a sanção de multa (art. 71, VIII, segundo o qual ao TCU compete "aplicar aos responsáveis, em caso de ilegalidade de despesa ou irregularidade de contas, as sanções previstas em lei, que estabelecerá, entre outras cominações, multa proporcional ao dano causado ao erário"). Rosilho (2019, p. 185 - 189) esclarece que "de acordo com a Constituição, duas são as possíveis causas para a aplicação de sanções pelo Tribunal: 'ilegalidade de despesa' e 'irregularidade de contas'.", e que o constituinte "atribuiu ao legislador o poder-dever de arrolar, em lei, as sanções a serem, na prática, manejadas pelo Tribunal (instituindo, assim, reserva legal para o tema)". A esse respeito, Pelegrini (2014, p. 111) destaca que "as sanções a serem aplicadas pelo Tribunal de Contas devem ser

De acordo com a Lei Orgânica do Tribunal de Contas da União (LOTCU)[26], o rol de sanções — em sentido estrito — aplicáveis pelo TCU inclui: multa (arts. 57[27] e 58[28])[29] e inabilitação para o exercício de cargo em comissão ou função de confiança no âmbito da Administração Pública (art. 60)[30],[31] e

---

criadas em sintonia com a função de controle e devem ser estabelecidas na medida necessária e indispensável para instrumentalizar o desempenho dessa específica função".

26 O Título II ("Julgamento e Fiscalização"), Capítulo V, da LOTCU disciplina as sanções aplicáveis pelo TCU (arts. 56 a 61). "Art. 56. O Tribunal de Contas da União poderá aplicar aos administradores ou responsáveis, na forma prevista nesta Lei e no seu Regimento Interno, as sanções previstas neste capítulo". A declaração de inidoneidade para participar de licitação na Administração Pública Federal está prevista também no Título II, mas no Capítulo II ("Fiscalização a Cargo do Tribunal"), Seção IV ("Fiscalização de Atos e Contratos"), art. 46, aplicável apenas aos licitantes que comprovadamente fraudarem licitações. No RI/TCU, as sanções estão dispostas no Título VII, arts. 266 a 272, que abrange também a declaração de inidoneidade para participar de licitação na Administração Pública Federal, o que, no entender da autora, revela melhor técnica do que aquela empregada na redação da LOTCU.

27 Art. 57. Quando o responsável for julgado em débito, poderá ainda o Tribunal aplicar-lhe multa de até cem por cento do valor atualizado do dano causado ao Erário.

28 Art. 58. O Tribunal poderá aplicar multa de Cr$ 42.000.000,00 (quarenta e dois milhões de cruzeiros), ou valor equivalente em outra moeda que venha a ser adotada como moeda nacional, aos responsáveis por:
I - contas julgadas irregulares de que não resulte débito, nos termos do parágrafo único do art. 19 desta Lei;
II - ato praticado com grave infração à norma legal ou regulamentar de natureza contábil, financeira, orçamentária, operacional e patrimonial;
III - ato de gestão ilegítimo ou antieconômico de que resulte injustificado dano ao Erário;
IV - não atendimento, no prazo fixado, sem causa justificada, a diligência do Relator ou a decisão do Tribunal;
V - obstrução ao livre exercício das inspeções e auditorias determinadas;
VI - sonegação de processo, documento ou informação, em inspeções ou auditorias realizadas pelo Tribunal;
VII - reincidência no descumprimento de determinação do Tribunal.
§ 1° Ficará sujeito à multa prevista no caput deste artigo aquele que deixar de dar cumprimento à decisão do Tribunal, salvo motivo justificado.
§ 2° O valor estabelecido no caput deste artigo será atualizado, periodicamente, por portaria da Presidência do Tribunal, com base na variação acumulada, no período, pelo índice utilizado para atualização dos créditos tributários da União.

29 Há duas espécies de multa. A primeira, mais gravosa, é aplicável somente a responsáveis a quem forem imputados débitos (art. 57), e seu valor pode chegar a 100% do valor atualizado do dano causado ao erário, a depender do juízo discricionário do Tribunal. A segunda, menos gravosa, é aplicável a responsáveis por contas irregulares sem imputação de débito e nas demais hipóteses previstas nos incisos I a VII e no § 1º do art. 58. Seu valor é atualizado anualmente, atualmente pela variação do IPCA no ano anterior; para o exercício de 2021, o valor é de R$ 67.854,38, conforme estabelece a Portaria do TCU 15/2021 (TCU, 2021). Apesar de o art. 58 ser taxativo ("O Tribunal poderá aplicar multa de [...]"), ao contrário do art. 57 (que fala em "multa de *até* cem por cento"), o RI/TCU permite gradações no valor da multa, a depender da infração, podendo variar entre 5% e 100% do valor estabelecido na Portaria (art. 268).

30 Art. 60. Sem prejuízo das sanções previstas na seção anterior e das penalidades administrativas, aplicáveis pelas autoridades competentes, por irregularidades constatadas pelo Tribunal de Contas da União, sempre que este, por maioria absoluta de seus membros, considerar grave a infração cometida, o responsável ficará inabilitado, por um período que variará de cinco a oito anos, para o exercício de cargo em comissão ou função de confiança no âmbito da Administração Pública.

31 A inabilitação para o exercício de cargo em comissão ou função de confiança no âmbito da Administração Pública é sanção aplicável somente a responsáveis pessoas físicas e em casos de infrações consideradas graves, por período que varia de cinco a oito anos. O Tribunal delibera, em primeiro lugar, sobre a gravidade da infração, que somente poderá ser considerada grave por votação da maioria absoluta de seus membros. Considerando que a inabilitação pressupõe infração grave, o período dependerá do juízo discricionário do Tribunal.

declaração de inidoneidade para participar de licitação na Administração Pública Federal (art. 46)[32].[33]

Pode ainda o TCU, nos casos de julgamento de contas, condenar o responsável ao pagamento do dano causado ao erário (art. 19).[34] A chamada imputação de débito, embora não seja considerada sanção em sentido estrito, será entendida como sanção, em sentido genérico, para os fins da presente pesquisa.[35]

Speck (2000, p. 177-178) resume a competência sancionadora do TCU da seguinte forma:

> Além da reparação do dano causado, o Tribunal está autorizado ordenar uma multa adicional, que poderá chegar até 100% do valor do dano. Mesmo nos casos em que não há dano identificável, e sim somente uma irregularidade, o TCU pode aplicar uma multa. [...]

---

32 Art. 46. Verificada a ocorrência de fraude comprovada à licitação, o Tribunal declarará a inidoneidade do licitante fraudador para participar, por até cinco anos, de licitação na Administração Pública Federal.

33 A declaração de inidoneidade para participar de licitação na Administração Pública Federal é aplicável apenas aos licitantes que comprovadamente fraudarem licitações, por período de até cinco anos, a depender do juízo discricionário do Tribunal. Há precedente do TCU no sentido de que a declaração de inidoneidade "abrange as licitações e contratações diretas promovidas por estados e municípios, cujos objetos sejam custeados por recursos oriundos de transferências voluntárias da União" (acórdão 348/2016, Plenário, j. 24/02/2016). Registre-se vertente doutrinária que defende ter sido o dispositivo tacitamente revogado pela Lei 8.666/93, que prevê que a imposição da sanção de inidoneidade, no âmbito federal, é de competência exclusiva do Ministro de Estado. A esse respeito, veja-se Viana (2019 p. 211) e Marques Neto (1997). Há, contudo, precedentes no STF no sentido da constitucionalidade do art. 46, e que "seu âmbito de incidência não se confunde com o do art. 87 da Lei 8.666/1993, que trata de hipótese de inidoneidade por inexecução contratual" (MS 30.788, Plenário, j. 21/05/2015).

34 Art. 19. Quando julgar as contas irregulares, havendo débito, o Tribunal condenará o responsável ao pagamento da dívida atualizada monetariamente, acrescida dos juros de mora devidos, podendo, ainda, aplicar-lhe a multa prevista no art. 57 desta Lei, sendo o instrumento da decisão considerado título executivo para fundamentar a respectiva ação de execução.

35 A imputação de débito, presente no texto constitucional (art. 71, § 3º), equivale ao ressarcimento ao erário pelo dano patrimonial causado — tal afirmação é facilmente constatável pela leitura da própria LOTCU, que faz a equiparação no art. 57 (reproduzido acima). Cristina Telles (2020, p. 142) aponta que, embora essa interpretação possa ser questionada, em uma leitura literal ou gramatical da Constituição Federal, é a orientação que prevalece na jurisprudência. Para os fins do presente estudo, será genericamente considerada sanção, para indexação dos dados coletados. Todavia, não se ignora o debate doutrinário acerca da natureza jurídica do ressarcimento do dano ao erário, e a abalizada doutrina que não o considera sanção em sentido estrito, "pois tão somente visa a repor o *status quo*" (GARCIA, 2014, p. 644), inserido no rol das medidas ressarcitórias, que "ainda que dotadas de finalidades intimidatórias, não podem, pura e simplesmente, ser tratadas como sanções administrativas" (OSÓRIO, 2011, p. 107). Para Maria Sylvia Zanella Di Pietro (2009, p. 824), o ressarcimento do dano ao erário "constitui uma forma de recompor o patrimônio lesado. Seria cabível, ainda que não previsto na Constituição, já que decorre do artigo 159 do Código Civil de 1916, que consagrou, no direito positivo, o princípio geral de direito segundo o qual quem quer que causa dano a outrem é obrigado a repará-lo. A norma repete-se no artigo 186 do novo Código Civil, com o acréscimo de menção expressa ao dano moral". Di Pietro (2009, p. 825) acrescenta que o legislador poderia ter se limitado a dispor sobre o ressarcimento do dano no artigo 5º da Lei n.º 8.429/92, não o inserindo no artigo 12, incluído no capítulo "das penas", "já que não se trata propriamente de medida punitiva, mas de simples reposição das coisas no *status quo ante*". Hely Lopes Meirelles (2016, p. 621) considera acertado o entendimento manifestado em alguns julgados do Superior Tribunal de Justiça no sentido de que "o ressarcimento não pode ser considerado propriamente uma sanção, senão uma consequência imediata e necessário do ato combatido". Já Carvalho Filho 2012, p. 1075) o considera sanção ("com a relação do art. 12, resultaram inócuos os arts. 5º e 6º da Lei 8.429/1992, que, em desnecessária repetição, previram respectivamente as sanções de ressarcimento do dano e de perda de bens e valores acrescidos indevidamente ao patrimônio privado").

Em casos de infrações graves, além da responsabilização financeira o TCU poderá declarar os agentes envolvidos como inabilitados para o exercício de cargos públicos. A inabilitação se refere a cargos em comissão, e é limitada a um período máximo de cinco anos. Da mesma forma como o agente público pode ser punido com a inabilitação para cargos, o agente privado que estiver envolvido em licitações irregulares poderá ser excluído de futuras licitações.

Tabela 1 Sanções aplicáveis pelo TCU

Sanções aplicáveis pelo TCU (LOTCU)
Débito (art. 19)
Multa (art. 57)
Multa (art. 58)
Inabilitação para o exercício de cargo em comissão ou função de confiança (art. 60)
Declaração de inidoneidade (art. 46)

Fonte: Elaborada pela autora, 2022.

A Lei 12.846/13, por seu turno, não inclui como benefícios dos acordos de leniência a isenção ou atenuação das sanções aplicáveis pelo TCU, além de estabelecer que a celebração do acordo de leniência não exime a pessoa jurídica da obrigação de reparar integralmente o dano causado (art. 16, § 3º) — ponto de apoio do TCU para justificar suas decisões, como será visto no Capítulo 5.

Cabe-nos, portanto, analisar se a competência sancionadora do TCU, à luz de uma interpretação abrangente e concertada, pode ser mitigada em relação a signatários de acordos de leniência anticorrupção por fatos contemplados nesses acordos que sejam também objeto de processo de controle externo. Como pontua Athayde (2021, p. 163): "como viabilizar que esse colaborador não fique em posição pior que todos os demais investigados não colaboradores nas demais esferas em que não colaborou?"

Se, por um lado, o TCU detém competência sancionadora,[36] é instituição independente[37] e a Lei 12.846/13 não incide sobre seu âmbito jurisdicional, por outro, os princípios da segurança jurídica e da proteção da confiança podem justificar a atenuação ou mesmo a isenção das sanções aplicáveis nos casos de celebração de acordo de leniência anticorrupção. Valemo-nos, neste estudo, das definições de Canotilho, segundo o qual:

> Em geral, considera-se que a **segurança jurídica** está conexionada com elementos protecção da ordem jurídica — garantia de estabilidade jurídica, segurança de orientação e realização do direito — enquanto a **protecção da confiança** se prende mais com as componentes subjectivas da segurança, designadamente a calculabilidade e previsibilidade dos indivíduos em relação aos efeitos jurídicos dos actos dos poderes públicos. A segurança e a protecção da confiança exigem, no fundo: (1) fiabilidade, clareza, racionalidade e transparência dos actos do poder; (2) de forma que em relação a eles o cidadão veja garantida a segurança nas suas disposições pessoais e nos efeitos jurídicos dos seus próprios actos. Deduz-se já que os postulados da segurança jurídica e da protecção da confiança são exigíveis perante *qualquer acto* de *qualquer poder* — legislativo, executivo e judicial. O **princípio geral da segurança jurídica** em sentido amplo (abrangendo, pois, a ideia de protecção da confiança) pode formular-se do seguinte modo: o indivíduo têm do direito poder confiar em que aos seus actos ou às decisões públicas incidentes sobre os seus direitos, posições ou relações jurídicas alicerçados em normas jurídicas vigentes e válidas por esses actos jurídicos deixado pelas autoridades com base nessas normas se ligam os efeitos jurídicos previstos e prescritos no ordenamento jurídico. (CANOTILHO, 2002, p. 257).

Essa parece ser a linha atualmente adotada pelo TCU, em conjunto com CGU, AGU e MJSP, a partir de agosto de 2020, com a celebração do ACT, conduzida pelo STF. Contextualmente, em 26/05/2020, a Segunda Turma do Tribunal iniciou o julgamento de quatro Mandados de Segurança (MS 35.435, MS 36.173, MS 36.496 e MS 36.526) impetrados por empresas contra atos do TCU. O relator, Ministro Gilmar Mendes, apresentou substancioso voto em que limitava a atuação do TCU em razão dos acordos de leniência

---

[36] "[...] aos Tribunais de Contas foram entregues duas distintas competências, jurisdicional para as hipóteses previstas no inciso II do art. 71, e administrativa para aquelas dos demais incisos do mesmo artigo. Ademais, cumpre lembrar que o TCU exerce dois papéis relevantes para a legalidade, legitimidade e economicidade dos gastos públicos: o controle prévio (quando fiscaliza e faz determinações à administração pública para modificar atos administrativos) e o *a posteriori* (quando anula atos administrativos, aplica sanções e condena em ressarcimento os responsáveis)." (SALLES, 2018, p. 154).

[37] A esse respeito, cite-se Medauar (2020, p. 138): "Tendo em vista que a própria Constituição assegura, ao Tribunal de Contas, as mesmas garantias de independência do Poder Judiciário, impossível considerá-lo subordinado ao Legislativo ou inserido na estrutura do Legislativo. Se a sua função é de atuar em auxílio ao Legislativo, sua natureza, em razão das próprias normas da Constituição, é de instituição independente, desvinculada da estrutura de qualquer dos três poderes. Por conseguinte, o Tribunal de Contas configura *instituição estatal independente*."

celebrados em outras instâncias, o que pode ser uma das justificativas para a negociação e assinatura do ACT.[38]

O julgamento foi finalizado em 30/03/2021, ocasião em que a 2ª Turma do STF decidiu que o TCU não pode declarar inidôneas responsáveis que tenham celebrado acordo de leniência com a CGU ou com o MPF, em razão de fatos contemplados nos acordos existentes.[39] A decisão transitou em julgado em 18/08/2021.

O Ministro relator, ao buscar "aplicar aos casos concretos uma interpretação harmônica das funções constitucionais do Tribunal de Contas da União, que preserve os princípios constitucionais da segurança jurídica (artigo 5º, XXXVI, CF) e da eficiência (art. 37, CF)", ratificou a competência do TCU para fiscalizar e sancionar, mesmo existindo acordo de leniência anticorrupção, mas indagou "se o poder sancionador do Tribunal de Contas da União (TCU) é de alguma maneira impactado pela disciplina dos acordos de leniência da Lei Anticorrupção firmados com o CGU/AGU". (BRASIL, 2021g).

De seu voto, extrai-se que devem prevalecer (i) o "alinhamento de incentivos institucionais à colaboração" e (ii) a "realização do princípio da segurança jurídica, a fim de que os colaboradores tenham previsibilidade quanto

---

[38] Athayde (2021, p. 174) relata que esse julgamento "parece ter sido, inclusive, o motivo pelo qual as instituições decidiram celebrar o já mencionado Acordo de Cooperação Técnica".

[39] DIREITO ADMINISTRATIVO. MANDADO DE SEGURANÇA. ACÓRDÃO DO TRIBUNAL DE CONTAS DA UNIÃO (TCU). TOMADAS DE CONTAS ESPECIAIS. INVESTIGAÇÕES RELACIONADAS A FRAUDES NA CONSTRUÇÃO DA USINA TERMONUCLEAR DE ANGRA III. IMPETRANTES SIGNATÁRIAS DE ACORDOS DE LENIÊNCIA DA LEI 12.846/2013 CELEBRADOS COM A CONTROLADORIA-GERAL DA UNIÃO (CGU), COM A ADVOCACIA-GERAL DA UNIÃO (AGU) OU COM O MINISTÉRIO PÚBLICO FEDERAL (MPF). MÚLTIPLAS ESFERAS DE RESPONSABILIZAÇÃO ADMINISTRATIVA. NECESSIDADE DE COORDENAÇÃO INSTITUCIONAL ENTRE AS ENTIDADES E HARMONIZAÇÃO DAS SANÇÕES PREMIAIS. SOBREPOSIÇÃO DOS ILÍCITOS ADMITIDOS PELAS COLABORADORAS PERANTE A CGU/AGU OU MPF COM OS RESPECTIVOS OBJETOS DE APURAÇÃO PELO TCU EM SEDE DE CONTROLE EXTERNO. INEFICÁCIA DOS ACORDOS DE LENIÊNCIA. IMPOSIÇÃO E AMEAÇA DE SANÇÃO DE INIDONEIDADE PREVISTA NO ART. 46 DA LEI 8.443/1992. VIOLAÇÃO AO PRINCÍPIO CONSTITUCIONAL DA SEGURANÇA JURÍDICA. DESPROPORCIONALIDADE. SEGURANÇA CONCEDIDA. [...]

4. Diante da sobreposição fática entre os ilícitos admitidos pelas colaboradoras perante a CGU/AGU e o objeto de apuração do controle externo, a possibilidade de o TCU impor sanção de inidoneidade pelos mesmos fatos que deram ensejo à celebração de acordo de leniência com a CGU/AGU não é compatível com o princípio constitucional da segurança jurídica e com a noção de proporcionalidade da pena.
5. Apesar de a Lei Anticorrupção (Lei 12.846/2013) não precluir a incidência da Lei 8.443/1992, nos casos concretos a imposição de inidoneidade pelo TCU poderia resultar em ineficácia das cláusulas dos acordos de leniência que preveem a isenção ou a atenuação das sanções administrativas estabelecidas nos arts. 86 a 88 da Lei 8.666/1993, por consequência, esvaziando a força normativa do art. 17 da Lei 12.846/2013. (BRASIL, 2021g).
6. A Lei 8.433/1992 prevê outros meios menos gravosos para que o TCU possa garantir a reparação integral do dano ao erário, tais como a decretação de indisponibilidade de bens (art. 44, § 2º) e a aplicação de multa (arts. 57 e 58). Essas medidas sancionatórias devem ser manejadas pela Corte de Contas considerando a sua proporcionalidade e os impactos sobre os acordos pactuados com a Administração Pública.
7. Segurança concedida para afastar a possibilidade de o TCU declarar a inidoneidade das impetrantes pelos fatos abarcados por acordo de leniência firmado com a AGU/CGU ou com o MPF.
   (MS 35435, Relator(a): GILMAR MENDES, Segunda Turma, julgado em 30/03/2021, DJe-131, publicado em 02/07/2021).

às sanções e benefícios premiais cabíveis quando da adoção de postura colaborativa com o Poder Público". Para isso, prossegue, a Administração Pública deve adotar comportamento coordenado, evitando portar-se de forma contraditória e incoerente que desconsidere a colaboração no momento do sancionamento, o que gera a "percepção de que a Administração Pública está desonrando os seus compromissos". E conclui:

> Assim, por todas as razões expostas, a possibilidade de o TCU impor sanção de inidoneidade pelos mesmos fatos que deram ensejo à celebração de acordo de leniência com a CGU/AGU não é compatível com os princípios constitucionais da eficiência e da segurança jurídica.
>
> Embora a sanção de inidoneidade aplicada com base na Lei 8.443/1992 não esteja contemplada expressamente na Lei Anticorrupção (Lei 12.846/2013), a aplicação desta penalidade pela Corte de Contas resultará em ineficácia da cláusula que prevê a isenção ou a atenuação das sanções administrativas estabelecidas nos arts. 86 a 88 da Lei 8.666/1993, por consequência, esvaziando a força normativa do art. 17 da Lei 12.846/2013, pois os efeitos práticos das sanções mencionadas são semelhantes, senão coincidentes.
>
> Destaco, no entanto, que esse entendimento de modo algum suprime a realização da missão institucional do TCU. Como já destacado, o próprio microssistema anticorrupção reconhece que a celebração do acordo de leniência em si não esgota o dever jurídico de reparação integral do dano ao erário. Esse é o sentido do art. 16, § 3º, da própria Lei Anticorrupção, o qual deixa claro que "o acordo de leniência não exime a pessoa jurídica da obrigação de reparar integralmente o dano causado". Assim, nada obsta que, mesmo após a celebração do acordo de leniência com a CGU/AGU, o TCU apure a existência de danos complementares que não foram integrados na reparação ao erário entabulada naqueles acordos. Ocorre que, nessa hipótese, não é dado ao TCU valer-se de sanção que obstrua a execução daqueles acordos.
>
> É válido lembrar que, para alcançar a reparação do dano ao erário, além de declarar a inidoneidade, o TCU pode, de acordo com a Lei 8.443/1992, decretar a indisponibilidade de bens (art. 44, § 2º), aplicar multa (arts. 57 e 58), bem como conceder eficácia de título executivo às suas decisões que resulte em imputação de débito ou cominação de multa (art. 24).
>
> Essas medidas devem ser manejadas pela Corte de Contas considerando a sua proporcionalidade e os impactos sobre os acordos pactuados com a Administração Pública.
>
> Por todas as razões expostas, concedo a ordem no âmbito do MS 35.435, impetrado pela Construtora Andrade Gutierrez S.A., e do MS 36.496, impetrado pela UTC Engenharia S.A. (BRASIL, 2021g).

Nessa linha de raciocínio, o ACT traz como segundo princípio específico aplicável aos acordos de leniência da Lei 12.846/13 justamente o da segurança jurídica, "para que haja o devido incentivo à autodenúncia voluntária"; o quarto princípio dispõe sobre a inaplicabilidade "de sanções adicionais àquelas aplicadas ao colaborador no acordo de leniência, com fundamento nos fatos admitidos e nas provas diretas ou derivadas do acordo de leniência"; o décimo terceiro princípio, da razoabilidade e da proporcionalidade, veda

> a imposição de obrigações e sanções em medida superior àquelas condizentes ao atendimento do interesse público e à recuperação de ativos em montante suficiente à prevenção do ilícito e à justa indenização dos prejuízos ao erário, sempre prevalecendo a lógica de que o colaborador não pode estar nas mesmas condições do não colaborador, mas também não pode equiparar-se àquele que, desde o início, optou por não delinquir; (BRASIL, 2020a).

Por fim, o décimo quinto princípio, do *non bis in idem*, estabelece que

> a celebração do acordo de leniência suspende a aplicação de sanções pelas SIGNATÁRIAS DO ACT em relação ao objeto do acordo, extinguindo-se a pretensão punitiva com o cumprimento integral do acordo, bem como admitindo-se a possibilidade de compensação entre valores e rubricas de mesma natureza jurídica e relacionados aos mesmos ilícitos sancionados nas diversas esferas de responsabilização. (BRASIL, 2020a).

Ainda de acordo com os termos do ACT, estabeleceu-se ação sistêmica (a terceira delas) no sentido de

> adequar os atos normativos e os procedimentos internos de cada partícipe aos termos do presente ACT, devendo envidar esforços no sentido de adequar os acordos de leniência já firmados e os procedimentos em curso. Além disso, as SIGNATÁRIAS DO ACT procurarão, por ato próprio; (3) comprometer-se em não utilizar, direta ou indiretamente, as provas para sancionamento da empresa colaboradora, e de não aplicar as sanções de inidoneidade, suspensão ou proibição para contratar com a Administração Pública, para os ilícitos que venham a ser resolvidos no acordo de leniência; (BRASIL, 2020a).

Além disso, a quarta ação operacional elencada no ACT estabelece que as informações e os documentos constantes do acordo de leniência anticorrupção serão compartilhados com o TCU, mediante compromisso "de não aplicação de sanção de inidoneidade, suspensão ou proibição para contratar com a Administração Pública, para os ilícitos já resolvidos no escopo do acordo de leniência". (BRASIL, 2020a).

Ainda é cedo para se avaliar o comportamento do TCU, da CGU e da AGU "pós-ACT". Antes, porém, de sua celebração, o cenário era de grande incerteza em relação às sanções em sentido estrito, o que motivou o desenvolvimento da pesquisa empírica que será apresentada na Parte II deste estudo.

Quanto à imputação de débito, parece haver entendimento sedimentado de que não pode ser objeto de concessões em razão do acordo de leniência anticorrupção, mas apenas considerar aquilo que foi pago a título de ressarcimento ao erário em decorrência do acordo.[40] Willeman (2020, p. 321), na defesa da interpretação literal do art. 16, § 3º, da Lei 12.846/13 (o acordo de leniência não exime a obrigação de reparar integralmente o dano causado), afirma que "isso se coaduna com o artigo 37, §5º, da Constituição Federal, que confere especial proteção ao erário, distinguindo nitidamente a aplicação das sanções decorrentes de atos lesivos ao patrimônio público do seu respectivo dever de indenizar".[41]

A discussão ganha contornos mais relevantes no que diz respeito às sanções em sentido estrito, cuja imposição não poderia ignorar a existência dos acordos de leniência anticorrupção e deveria vir acompanhada de reflexões e esforços no sentido de uma atuação estatal coordenada.

Alice Voronoff (2018, p. 121), em sua busca por "um discurso de justificação, interpretação e aplicação para o direito administrativo sancionador", destaca a necessidade de se

> compreender o papel e a vocação da sanção administrativa e de seus institutos: como instrumento, e não como um fim em si; como meio conformativo de condutas que pressupõe um esquema complexo e específico de incentivos, e não como resposta automática e indisponível do ordenamento jurídico ao cometimento de uma infração.

Para a autora, a sanção não deve ser vista como "consequência necessária e automática do descumprimento de uma obrigação pelos administrados", mas como "uma resposta apropriada em cada contexto, à luz dos incentivos que potencialmente pode produzir" (VORONOFF, 2018, p. 198). E prossegue:

---

[40] É o que defendem Mendes e Fernandes (2021): "Diante desse cenário, relevante questionamento que se coloca é saber se as cláusulas dos acordos de leniência que dispõem sobre a reparação de danos de alguma maneira ensejam algum tipo de vinculação do TCU aos termos do acordo. À primeira vista, a problemática poderia ser facilmente resolvida com um simples apelo à tradicional tese de incomunicabilidade ou independência das esferas punitivas. A aplicabilidade da tese no direito pátrio em geral decorre da uma interpretação sistemática do art. 37, § 4º, do texto constitucional, naquilo que ressalva a responsabilização penal do regime dos atos de improbidade administrativa, bem como do artigo 935 do Código Civil, que prevê a ação civil *ex delicto*. Nesse sentido, a abertura de tomada de contas pelo TCU e a eventual aplicação das sanções previstas na Lei 8.443/1992 seriam totalmente infensas à celebração dos acordos. Essa abordagem, se levada ao extremo, poderia ensejar dupla punição da empresa signatária, no que se refere ao exercício da pretensão indenizatória. É que, ainda que as sanções administrativas possam ser cumuladas diante da sobreposição normativa dos sistemas, quando se trata do dever de reparação de danos, não há maiores dificuldades em se entender que o ressarcimento pelo dano é uno."

[41] Segundo Maia Alves (2018, p. 174), "A celebração dos acordos de leniência não afeta a competência do TCU de imputar débitos e apurar a responsabilidade financeira daqueles que deram causa a prejuízo ao erário. O eventual ressarcimento dos prejuízos decorrentes dos atos ilícitos praticados pelas pessoas jurídicas, no âmbito dos processos administrativos instaurados pela administração pública ou pelo Ministério da Transparência, Fiscalização e Controladoria-Geral da União - CGU, na esfera federal, não constitui óbice à atribuição constitucional do TCU de julgar as contas dos responsáveis, que, por óbvio, levará em conta o valor devolvido na decisão final quanto ao valor do débito."

[...] no limite, a acumulação de sanções poderia até inviabilizar a empresa. [...] o princípio da legalidade opera como garantia e limite quando está em jogo a restrição dos direitos dos particulares, mediante a previsão de infrações e de punições. Mas há outras situações envolvendo a aplicação do direito administrativo sancionador em que a legalidade, se tomada como barreira e limite, pode inviabilizar soluções tanto mais alinhadas aos aspectos funcionais, finalísticos, operacionais e ao caráter instrumental da sanção administrativa, como mais benéficas aos próprios administrados. Nessas hipóteses, há de se atribuir à legalidade o sentido mais amplo (de juridicidade) que atenua a exigência de reserva legal. (VORONOFF, 2018, p. 263-264).

Viana (2019, p. 174) afirma "não subsistirem dúvidas de que o postulado da segurança jurídica é de observância obrigatória não apenas por parte de quem decide, mas de quem investiga, acusa e instrui os processos no âmbito dos Tribunais de Contas". E, de acordo com Gabriel (2020, p. 403-404):

Para o acordo de leniência, a aplicação dessas sanções pelo TCU pode ser problemática, visto que um dos principais pontos negociados no acordo é justamente que a empresa possa continuar contratando com a administração, bem como que a multa não seja tão pesada a ponto de impedir sua sobrevivência. Como o TCU não é parte no acordo, ele possui autonomia para sancionar, independentemente do que foi negociado. Contudo, para que o acordo de leniência alcance sua finalidade, é necessário algum comprometimento do Tribunal, pois suas decisões podem impactar na efetividade dos termos acordados.

No mesmo sentido, Prado Filho e Trevelin (2020, p. 135) defendem uma "desejável uniformidade de posicionamento do Estado", que, "em prol da boa-fé, equidade e, acima de tudo, para estabelecer uma íntegra relação de confiança", "não deveria se colocar de maneira contraditória na negociação de eventuais acordos com a contraparte (administrado)".[42] E Pimenta (2020, p.

[42] Os autores citam a experiência estadunidense com a política do "*no piling on policy*": "[...] foi instituída uma política com a intensão de, essencialmente, encorajar a coordenação entre as áreas do DOJ e outras autoridades competentes quando da imposição de múltiplas penalidades relacionadas a uma mesma conduta. Referido tópico, atualizado em novembro de 2018, prevê que as políticas e procedimentos para uma coordenação apropriada entre as soluções governamentais criminais, civis, regulatórias e administrativas, devem focar em comunicações prévias, efetivas e regulares entre as autoridades. Além disso, estabelece que essas políticas e procedimentos sejam os mais completos possíveis, de acordo com cada caso e conforme autorizado por lei. Por fim, determina que essas políticas e procedimentos considerem três momentos mínimos de coordenação. O primeiro deles diz respeito à instauração. Ou seja, a partir da instauração do caso, deve haver a consideração das potenciais soluções de todas as esferas (civil, administrativa, regulatória e criminal), sendo necessária a discussão dessas soluções entre as autoridades responsáveis. Durante a investigação deve haver uma ponderação sobre as estratégias de investigação que maximizem a habilidade estatal de compartilhar informações entre as esferas criminal, civil e administrativa. Por fim, no momento da resolução, devem as autoridades considerar os potenciais impactos de suas decisões nas outras esferas. É nesse momento que a nova política institucional tem maiores efeitos, já que trata, especificamente, da aplicação de penas em investigações conjuntas ou paralelas, decorrentes da mesma conduta infrativa. A nova política instituiu o tópico 1-12.100, entitulado (sic) *Coordination of Corporate Resolution Penalties in Parallel and / or Joint Investigations and Proceedings Arising from the Same Misconduct*. Referida política foi apelidada de '*no piling on policy*', em analogia a uma jogada de futebol americano, na qual os jogadores de um mesmo time se 'empilham' uns sobre os outros e

190) conclui sua tese acerca da construção dos acordos de leniência da lei anticorrupção no sentido de que "iniciativas exclusivamente repressivas poderão fomentar apatia, cinismo e incredulidade que dificultarão a construção de um país mais justo, mais próspero e menos corrupto".

Por seu turno, Oliveira (2021) defende que os acordos de leniência tenham "oponibilidade *erga omnes* em relação aos demais colegitimados", única solução, segundo o autor, para que não tenham seus efeitos e atrativos "vulnerabilizados, provendo a necessária e esperada segurança jurídica aos colaboradores e demais envolvidos, bem como atingindo o interesse público que visa satisfazer".

Em sentido contrário, Maia Alves (2018, p. 175) defende que "a lei anticorrupção empresarial somente autorizou a administração pública a transacionar as sanções administrativas que lhe compete aplicar, conforme os arts. 16, § 2º e 17 da norma" e, portanto, "a celebração de acordo de leniência também não afeta a competência do TCU de imputar as sanções previstas em sua lei orgânica".

Já numa posição intermediária, ponderando as justificativas e os pilares dos programas de leniência e os papéis desempenhados pelas instituições no microssistema de combate à corrupção, Athayde (2021, p. 170-171) reconhece que "parece haver relativo consenso no sentido de que as autoridades públicas podem e devem cooperar quando do sancionamento de atos objeto de acordos de leniência", mas entende que se deve ter cautela para "não transformar essa linha de raciocínio em uma tentativa de alijamento das competências e atribuições institucionais". Assim, propõe "que o caminho para a cooperação interinstitucional no momento do sancionamento, via 'balcão coordenado', deve se dar por meio da dosimetria da pena", isto é: "as autoridades públicas julgadoras [...] devem aplicar sua legislação, mantendo suas respectivas competência e atribuições, mas utilizando os atenuantes da pena". Por essa razão, aponta preocupações[43] em relação ao fato de o ACT dispor que a celebração do acordo de leniência anticorrupção suspende a aplicação de outras sanções e, ao final, extingue a pretensão punitiva. Conclui:

---

esses sobre o oponente abatido no chão. À semelhança do esporte, a ideia da nova política é justamente que se evite o 'empilhamento' diante de uma realidade de aplicação de múltiplas penalidades sobre uma empresa, penalidades essas decorrentes de investigações por conduta de mesma natureza e relacionada aos mesmos fatos, bem como que se evitem inconsistências e demandas conflitantes dos reguladores sobre os regulados". (PRADO FILHO; TREVELIN, 2020, p. 130-131).

[43] Preocupações de caráter (i) institucional, no sentido de que as instituições poderiam perder, ainda que parcialmente, sua competência; (ii) individual, pois os servidores dos órgãos deixariam de aplicar sanções sem embasamento legal, podendo ser responsabilizados; (iii) operacional, tendo em vista que deve ser observado o cumprimento dos termos pactuados nos acordos; e (iv) estratégico, pois "esse caminho de abstenção ao sancionamento por alguns órgãos pode ser usado indevidamente pelas empresas". (ATHAYDE, 2021, p. 170-171).

> Em resumo, a cooperação interinstitucional apenas será possível quando houver respeito às competências e atribuições de cada uma das autoridades públicas competentes para negociar e celebrar os acordos de leniência no Brasil. Não se pode querer inibir competências por parte de outras autoridades pelo fato de que se colaborou com apenas uma ou a parte delas. Por outro lado, não se pode sancionar os investigados sem qualquer distinção entre aqueles que colaboraram e aqueles que não colaboraram, em sentido mais amplo, com o Estado brasileiro. (ATHAYDE, 2021, p. 175).

Fora do plano teórico, quando do julgamento, em 22/03/2017, de processo de acompanhamento de auditoria que investigava fraude à licitação de obras da Usina Termonuclear de Angra 3, o relator, Ministro Bruno Dantas, reconheceu a necessidade de os órgãos de controle agirem de forma coordenada e complementar, com foco no "interesse público primário — e não seus próprios resultados institucionais isoladamente considerados", de modo que "cada decisão deve ser tomada considerando uma estratégia conjunta de combate à corrupção" (acórdão 483/2017 — Plenário). Contudo, ponderou que:

> os acordos de leniência e outras formas de colaboração não podem afastar o Tribunal do exercício de suas funções. Com efeito, ainda que possamos considerar essas louváveis iniciativas nas nossas decisões, esta Corte não pode se furtar de cumprir seu papel constitucional de buscar o ressarcimento do dano sofrido pelos cofres públicos. (BRASIL, 2017f).

O mesmo ministro, em entrevista concedida em outubro de 2017, voltou ao tema para ratificar a necessidade de ressarcimento integral do dano ao erário, em que pese a possibilidade de isenção de outras sanções, como a declaração de inidoneidade:

> Dantas: Esse escândalo da Lava-Jato é cercado de muitas peculiaridades e incertezas, mas há um ponto em que todos os ministros titulares do TCU convergem, sem exceção: a Constituição brasileira não concedeu a qualquer agente público ou órgão de controle o poder de anistiar dinheiro roubado do erário. Nem o MPF, nem a CGU, nem a AGU e nem o TCU podem perdoar o dano causado por empresas corruptas. Pode-se negociar o parcelamento, com cláusula de *ability to pay* (capacidade de pagamento), a declaração de inidoneidade pela fraude à licitação e até mesmo a condenação solidária que obriga cada empresa a responder individualmente pelo valor total do prejuízo. Mas o valor principal do superfaturamento é absolutamente inegociável. (CAMAROTTO, 2017).[44]

---

[44] No mesmo sentido, mais de um ano depois, em fala proferida no seminário "O interesse público e as novas relações entre Estado e empresas", realizado em 26/11/2018, o Ministro Bruno Dantas afirmou que o TCU estaria disposto a deixar de aplicar a sanção de inidoneidade — naquele momento específico, referia-se às empresas signatárias de acordo de leniência com o MPF e o caso de Angra 3 — se houvesse uma espécie de "recall" naqueles acordos, para que contemplassem o superfaturamento de contratos. Todavia, ressaltou: "O que não vamos fazer é renunciar a uma competência legal, porque a lei não permite que façamos isso".

Igualmente, o ministro "Benjamin Zymler já se posicionou no sentido de que, a despeito de o Tribunal de Contas dever pugnar pelo integral ressarcimento do dano ao erário, não poderia atuar [...] ignorando seus [dos acordos de leniência] efeitos e aplicando penalidades adicionais". (ATHAYDE, 2021, p. 167).

De todo o exposto, concluo que o TCU detém a prerrogativa de sancionar os signatários de acordos de leniência, competência que não se extingue em razão da celebração desses acordos. Avançando nesse sentido, contudo, entendo ser necessária a adoção de formas de atuação coordenada no momento do sancionamento, sendo imprescindível que o TCU reconheça e considere os acordos de leniência anticorrupção para o deslinde dos processos de controle externo, porém não de forma impositiva, mas acompanhada de deliberação do Tribunal, no exercício de sua discricionariedade.

Seja para atenuar as sanções, no momento da dosimetria, como defende Athayde (2021), seja para isentar os responsáveis que celebraram acordo de leniência anticorrupção, como prevê o ACT, questionamentos surgem e devem ser equacionados, tais como: (i) quais critérios para dosimetria (a própria LOTCU não dispõe sobre o tema para procedimentos regulares de controle externo); (ii) a inidoneidade pode inviabilizar o próprio cumprimento do acordo, mesmo que seu prazo seja reduzido, e, nos termos da LOTCU, é a única sanção aplicável nos casos de fraude à licitação, não podendo ser substituída por multa, por exemplo; (iii) se a isenção ou atenuação das sanções decorre da mera existência do acordo de leniência anticorrupção, ou se depende de cooperação dos beneficiários da leniência também junto ao TCU. Não se trata, portanto, de matéria de fácil solução — o comportamento do TCU nesses casos será investigado nos próximos capítulos.

2.4 Conclusões do capítulo

Este capítulo tratou de apresentar um panorama a respeito das competências do TCU para celebrar (2.1) ou revisar / supervisionar acordos de leniência anticorrupção (2.2) e para sancionar signatários de acordos de leniência anticorrupção por fatos contemplados nesses acordos (2.3).

Quanto à celebração de acordos de leniência pelo TCU, há (i) uma vertente legalista, segundo a qual a lei não atribui tal competência ao Tribunal de Contas; e (ii) uma construção doutrinária — à qual adiro — no sentido de que, embora não haja previsão legal, pode o TCU (ii.a) editar ato normativo próprio que permita a adoção de mecanismos de solução consensual de processos envolvendo atos sujeitos à sua jurisdição, ao menos reconhecendo o acordo de leniência anticorrupção celebrado com a CGU / AGU; e / ou (ii.b) atuar em conjunto com a

CGU/AGU no momento da negociação e da celebração dos acordos de leniência anticorrupção. Isso, em razão da evolução do Direito Administrativo para dar maior destaque à consensualidade, além dos termos da LINDB e do ACT.

Em relação à competência para revisar/supervisionar acordos de leniência anticorrupção celebrados com a CGU/AGU, foram identificadas três linhas doutrinárias: (i) pela possibilidade de controle do TCU sobre os acordos de leniência anticorrupção; (ii) pela possibilidade limitada de controle; e (iii) pela impossibilidade de controle, à qual me filio, por entender que os acordos de leniência fogem do escopo fiscalizatório do Tribunal de Contas, além de estarem inseridos no âmbito discricionário da Administração Pública.

Por fim, há a competência sancionadora do TCU em relação aos signatários de acordos de leniência, que será analisada empiricamente nos próximos capítulos. A seu respeito também foram identificadas três vertentes: (i) pela impossibilidade de o TCU sancionar signatários de acordos de leniência; (ii) pela possibilidade irrestrita de o TCU sancionar; e (iii) pela possibilidade mitigada de o TCU sancionar. Posiciono-me nesta terceira linha, por considerar que a celebração dos acordos de leniência não elide a competência sancionadora do TCU, mas torna necessária a adoção de formas de atuação coordenada no momento do sancionamento. A tabela a seguir reproduz os cenários identificados em cada competência analisada no capítulo:

Tabela 2 Vertentes doutrinárias e jurisprudenciais sobre as competências do TCU analisadas

Celebrar acordos de leniência anticorrupção	Revisar/supervisionar acordos de leniência anticorrupção	Sancionar signatários de acordos de leniência anticorrupção por fatos contemplados nesses acordos
Não detém competência legal para celebrar acordos de leniência anticorrupção	Impossibilidade de controle do TCU sobre os acordos de leniência anticorrupção	Impossibilidade de o TCU sancionar signatários de acordos de leniência
Detém competência para adotar mecanismos de solução consensual de processos envolvendo atos sujeitos à sua jurisdição, ao menos reconhecendo o acordo de leniência celebrado com a CGU/AGU; e/ou para atuar em conjunto com a CGU/AGU no momento da negociação e da celebração dos acordos de leniência anticorrupção	Possibilidade limitada de controle do TCU sobre os acordos de leniência anticorrupção	Possibilidade mitigada de o TCU sancionar signatários de acordos de leniência
	Possibilidade de controle do TCU sobre os acordos de leniência anticorrupção	Possibilidade irrestrita de o TCU sancionar signatários de acordos de leniência

Fonte: Elaborada pela autora, 2022.

Parte II

Pesquisa empírica: perfil sancionador do TCU em relação aos signatários de acordos de leniência anticorrupção

Apresentadas as principais considerações doutrinárias e jurisprudenciais acerca das interações entre o TCU e os acordos de leniência anticorrupção, seja para celebrar e/ou revisar/supervisionar tais acordos e/ou sancionar seus signatários, por fatos neles contemplados, passa-se à exposição da pesquisa empírica realizada com a finalidade de se estabelecer o comportamento decisório do TCU nos processos de controle externo envolvendo signatários de acordos de leniência anticorrupção.

A segunda parte do estudo foi dividida em três capítulos, que apresentam, respectivamente, a metodologia de pesquisa utilizada para coleta e indexação dos dados (Capítulo 3); os resultados quantitativos dos dados e a delimitação do universo de dados utilizado para traçar o perfil sancionador do TCU em relação aos signatários de acordos de leniência anticorrupção celebrados com a CGU/AGU (Capítulo 4); e os resultados qualitativos dos dados, especificamente relacionados aos processos de controle externo em que os acordos de leniência anticorrupção foram considerados para a tomada de decisão pelo TCU (Capítulo 5).

3

Metodologia de pesquisa: coleta e análise de dados na CGU e no TCU

Conforme mencionado na Introdução, a partir da hipótese de que o fato de o TCU não participar da celebração de acordos de leniência anticorrupção trouxe repercussões negativas mais gravosas para os signatários desses acordos, fez-se a seguinte pergunta de pesquisa: como o TCU sancionou os entes privados que celebraram acordos de leniência com a CGU entre 2017 e 2021?

Para responder a essa pergunta de pesquisa, propôs-se, com o presente trabalho, traçar o perfil sancionador do TCU em relação aos signatários de acordos de leniência previstos na Lei 12.846/13, celebrados com a União, por intermédio da CGU (referidos como acordos de leniência anticorrupção). Isto é, buscou-se identificar como os acordos de leniência anticorrupção repercutiram no âmbito de processos administrativos em trâmite perante o TCU, nas fases de instrução, de julgamento e aplicação de sanções, e de recursos.

A opção pelos acordos de leniência anticorrupção se deu em razão de decorrerem de lei específica sobre a matéria, que determina a competência para a celebração de tais acordos no âmbito do Poder Executivo Federal. Não se desconhece que o sistema federal de combate à corrupção engloba a atuação de diversos outros órgãos de investigação, regulação e controle, os quais, inclusive, também detêm prerrogativa legal para celebrar acordos,[45] ou que os

---

45 São eles o Conselho Administrativo de Defesa Econômica (CADE), onde o instituto apareceu pela primeira vez em nosso ordenamento jurídico, com base na alteração da Lei 8.884/94, promovida pela Lei 10.149/10; e o Banco Central do Brasil e a Comissão de Valores Mobiliários (CVM), com base na Lei 13.506/17, que fala em "termo de compromisso", e na Instrução CVM 607/19, que entrou em vigor em 1º de setembro de 2019. Todavia, estes acordos podem extrapolar o âmbito do combate à corrupção, na medida em que, por exemplo, nem toda infração à ordem econômica envolverá um ato lesivo à administração pública e vice-versa.

celebram, mesmo à míngua de previsão legal expressa,[46] mas com aceitação pelo Judiciário, por outros órgãos estatais e pela sociedade.[47] Trata-se, portanto, de um recorte metodológico a escolha dos acordos de leniência anticorrupção celebrados com a União, por intermédio da CGU.

Optou-se, ainda, por delimitar o objeto de pesquisa à esfera federal, muito embora os mesmos atos ilícitos revelados em um acordo de leniência anticorrupção celebrado com a CGU e/ou investigados em processos administrativos no âmbito do TCU possam também envolver verbas, agentes e órgãos estaduais e/ou municipais e, portanto, ser objeto de acordos de leniência estaduais[48] e/ou municipais e de processos nos tribunais de contas estaduais e municipais[49].

A opção se justifica pelo fato de os acordos de leniência serem, em sua maioria, celebrados na esfera federal, tendo sido criada estrutura específica

---

[46] Lei 8.429/92 (Lei de Improbidade Administrativa - LIA), alterada pela Lei 14.230/21, que entrou em vigor em 26/10/2021. A lei tipifica os atos de improbidade administrativa, alguns deles equivalentes aos atos lesivos à administração pública da Lei 12.846/13. Em sua redação original, era expressamente vedada a celebração de acordo, a transação e a conciliação (art. 17, § 1º). Em dezembro de 2015, houve uma tentativa de alteração desse cenário. Com a edição da Medida Provisória 703, revogou-se o parágrafo primeiro do artigo 17 da LIA e incluiu-se na Lei 12.846/13 dispositivo segundo o qual o acordo de leniência celebrado impediria o ajuizamento ou o prosseguimento das ações de improbidade. Todavia, a medida provisória teve sua vigência encerrada em 29/05/2016. Em 26/07/2017, o Conselho Nacional do Ministério Público, por meio da Resolução 179, em sentido diametralmente oposto ao que dispunha a lei, afirmou ser possível o compromisso de ajustamento de conduta nas hipóteses configuradoras de improbidade administrativa, desde que haja o ressarcimento ao erário e que seja aplicada no mínimo uma das sanções previstas na LIA. Em 25/10/2021, sobreveio a Lei 14.230, que empreendeu profunda reforma da LIA. Dentre outras alterações, incluiu-se o art. 17-B, que permite a celebração de acordo de não persecução civil com o Ministério Público, desde que haja, ao menos, o integral ressarcimento do dano (inciso I) e a reversão à pessoa jurídica lesada da vantagem indevida obtida, ainda que oriunda de agentes privados (inciso II) — condições menos gravosas que as previstas no ato normativo do CNMP, portanto. O acordo dependerá de homologação judicial (§ 1º, III) e o Tribunal de Contas competente deverá ser ouvido a respeito da apuração do valor do dano a ser ressarcido (§ 3º).

[47] O Ministério Público Federal, que, antes da edição da Lei 12.846/13, e mesmo após sua entrada em vigor, celebrou acordos de leniência com pessoas jurídicas, em cujo escopo se incluía a prática de atos de corrupção envolvendo a administração pública. Na ausência de uma lei específica que garanta ao Ministério Público tal competência, o órgão utiliza como base legal a Constituição, Convenções Internacionais, os Códigos Civil e de Processo Civil, as Leis 9.807/99 (proteção a vítimas e testemunhas), 9.613/98 (lavagem de dinheiro), 12.850/13 (organizações criminosas), que dispõem sobre a colaboração em processos criminais; 7.347/85 (ação civil pública), que dispõe sobre compromisso de ajustamento de conduta; 12.529/11, que dispõe sobre o acordo de leniência no âmbito do CADE; e a própria Lei 12.846/13.

[48] A Lei 12.846/13 deixa margem de interpretação para a possibilidade de celebração de acordos de leniência nos âmbitos estadual e municipal, desde que firmado pela "autoridade máxima de cada órgão ou entidade pública" (art. 16). Algumas unidades da federação já o fizeram, a saber: o estado do Rio de Janeiro, por intermédio de sua Controladoria-Geral e de sua Procuradoria-Geral, celebrou acordo de leniência com a Andrade Gutierrez, em 19/01/2021; no estado de Minas Gerais, a mesma empresa celebrou acordo de leniência, assinado em 18/08/2021 pela Controladoria-Geral, pela Advocacia-Geral e pelo Ministério Público Estadual. O estado de Minas Gerais possui legislação própria sobre o tema, Decreto Estadual 46.782/15, que "dispõe sobre o Processo Administrativo de Responsabilização, previsto na Lei Federal 12.846, de 1º de agosto de 2013, no âmbito da Administração Pública do Poder Executivo Estadual."

[49] Há 33 Tribunais de Contas no Brasil, "divididos em três níveis: União (TCU), Estados (nas 26 capitais e Distrito Federal), dos Municípios do Estado (Bahia, Goiás e Pará) e Tribunais de Contas do Município (São Paulo e Rio de Janeiro)". (BRASIL, 2019).

para essa finalidade na CGU,[50] e, por se tratar de âmbito federal, o objeto de tais acordos se insere na competência do TCU. Ademais, as informações a respeito dos acordos de leniência celebrados pela CGU/AGU estão sistematizadas e eram, no momento da coleta de dados, de fácil acesso aos cidadãos.

Definidos os parâmetros para a pesquisa empírica, passa-se à apresentação da metodologia utilizada, bem como à explicação da forma de coleta e indexação dos dados.

3.1 Metodologia

Para se traçar o perfil sancionador do TCU em relação aos signatários de acordo de leniência anticorrupção celebrados, entre 11/01/2021 e 07/09/2021 foi realizada pesquisa empírica, com o objetivo de identificar (i) as pessoas jurídicas que celebraram tais acordos com a CGU/AGU, desde a instituição dos acordos de leniência anticorrupção, em 29/01/2014, com a entrada em vigor da Lei 12.846/13, até 07/09/2021; (ii) os processos envolvendo essas pessoas no TCU, sem recorte temporal; e (iii) as interações entre os acordos de leniência anticorrupção e o resultado do julgamento dos processos.

Em primeiro lugar, portanto, utilizou-se o método quantitativo para coleta de informações, que resultou em duas bases de dados (uma referente à CGU e outra, ao TCU), em que os dados, em formato de linguagem natural (isto é, textos), foram classificados manualmente em expressões regulares (por exemplo, "sim" e "não") (CASTRO, 2017, p. 45). Maiores detalhes serão apresentados adiante, no item 3.2. deste trabalho.

Foi utilizada abordagem censitária (COSTA, 2020a), o que quer dizer que foram considerados todos os acordos de leniência celebrados pela CGU/AGU e aos quais foi dada publicidade, e todos os processos envolvendo as signatárias de tais acordos que tramitam ou tramitaram no TCU. Todavia, cumpre necessário registrar uma dificuldade da pesquisa, consistente em não ser possível identificar, no TCU, processos que tramitam sob sigilo, os quais não compõem a base de dados.

Na base de dados CGU, os acordos de leniência anticorrupção são as unidades de análise, e as variáveis foram identificadas indutivamente em colunas. Na base de dados TCU, mais extensa, os processos são as unidades de análise e as variáveis foram identificadas, também indutivamente, em colunas, o que permite a análise quantitativa por diversos filtros, tais como relator, órgão julgador, data, classe processual e tipo de sanção aplicada. (COSTA, 2020b).

Em seguida, utilizou-se filtros para delimitação do conjunto de dados, até que se chegasse ao grupo dos processos em que foram proferidas decisões

[50] A Diretoria de Acordos de Leniência, vinculada à Secretaria de Combate à Corrupção. (BRASIL, 2021b).

(acórdãos) que consideraram os acordos de leniência anticorrupção celebrados. A partir desse momento, utilizou-se o método qualitativo, pela técnica do estudo de casos[51], em que as unidades de análise foram as decisões (acórdãos) proferidas pelo TCU.

Em síntese, partiu-se de estratégia quantitativa para a qualitativa de estudo de casos (COSTA, 2020a). Registre-se, por fim, que não se pretende, nesse espaço, oferecer explicações causais acerca do comportamento do TCU, mas sim identificar e apresentar evidências que permitam formular o perfil sancionador da Corte de Contas em relação aos signatários de acordos de leniência anticorrupção. (FULGÊNCIO; COSTA, 2018). A presente pesquisa, assim, possui natureza observacional com o objetivo de traçar inferências descritivas[52] e, com isso, responder ao problema de pesquisa. (EPSTEIN; KING, 2013, p. 36).

Em seguida, serão apresentados os meios pelos quais os dados foram coletados e indexados.

3.2 Coleta e indexação de dados

Nos próximos tópicos, serão apresentadas a forma de coleta e de indexação dos dados da pesquisa,[53] divididos por órgão provedor dos dados. Primeiro, serão apresentados os dados provenientes da CGU (3.2.1) e, depois, os dados provenientes do TCU (3.2.2).

3.2.1 Coleta e indexação de dados da CGU

O ponto de partida para o desenvolvimento da pesquisa foi a identificação das pessoas jurídicas que celebraram acordo de leniência com a União, por intermédio da CGU, com fundamento na Lei 12.846/13. Para tanto, foi realizada consulta ao sítio eletrônico da CGU, que dedica uma página específica a informações sobre os acordos já celebrados (BRASIL, 2021c), reproduzida na figura 1:

---

[51] Segundo Machado (2017b, p. 362), "é possível caracterizar o 'estudo de caso' como uma estratégia metodológica de construção de um objeto empírico muito bem definido e específico, potencialmente revelador de aspectos e características de uma problemática que não seriam facilmente acessados por intermédio de outras estratégias. Tomado dessa forma, o estudo de caso nos convoca a mergulhar profundamente em um fenômeno e a observar a partir de variadas fontes e perspectivas. E, justamente por isso, boa parte do trabalho está em restringir e recortar o caso, explicitando suas fronteiras"

[52] Segundo Epstein e King (2013, p. 36), "inferências descritivas são diferentes de resumos de dados. Não as fazemos resumindo fatos; nós as fazemos utilizando os fatos que conhecemos para aprender sobre fatos que não conhecemos".

[53] Os dados coletados e indexados estão consolidados na dissertação de mestrado da autora apresentada no Programa de Pós-Graduação em Direito da Universidade de Brasília, publicada em https://repositorio.unb.br/handle/10482/44135.

Figura 1 Acordos de leniência celebrados pela CGU/AGU

≡ Controladoria-Geral da União

O que você procura?

Acordo de Leniência

Conforme previsto na Lei Anticorrupção, a Controladoria-Geral da União (CGU) detém competência exclusiva, no Poder Executivo Federal, para celebrar **acordos de leniência** com **empresas** investigadas pela prática de atos lesivos contra a Administração Pública.

As empresas podem ter atenuadas ou ficar isentas das respectivas sanções - o que inclui a aplicação de **multa** e também a **pena de inidoneidade (proibição de contratar com o poder público)** - desde que colaborem efetivamente com as investigações e o processo administrativo.

Conheça as vantagens

TERMOS FIRMADOS E VALORES PAGOS - ATUALIZADO EM JUNHO/2021

≡ Controladoria-Geral da União

O que você procura?

Clique nas empresas abaixo para acessar **detalhes** e **termos firmados** de cada acordo.

ANO	EMPRESA	VALOR ACORDADO	VALORES PAGOS*
2021	**Amec Foster Wheeler**	R$ 86.196.063.32	R$ 86.196.063.32
2021	**SICPA e CEPTIS**	R$ 762.736.310,10	-
2021	**Samsung Heavy Industries**	R$ 811.786.743,49	R$ 811.786.743,49
2020	**Car Rental Systems do Brasil**	R$ 762.200,76	R$ 762.200,76
2019	**OAS**	R$ 1.929.257.982,37	R$ 2.100.825,83
2019	**Nova Participações S/A**	R$ 516.301.313,70	R$ 1.755.590,10
2019	**Camargo Corrêa****	R$ 1.396.128.459,76	R$ 455.553.425,67
2019	**Technip Brasil e Flexibras**	R$ 819.794.768,79	R$ 849.371.947,71
2019	**Braskem S/A****	R$ 2.872.038.787,73	R$ 1.842.869.672,81
2018	**Andrade Gutierrez****	R$ 1.489.361.135,28	R$ 399.991.783,47
2018	**SBM Offshore*****	R$ 1.286.038.200,00	R$ 751.096.652,29
2018	**Odebrecht****	R$ 2.727.239.997,64	R$ 113.921.532,70
2018	**Mullenlowe e FCB Brasil**	R$ 50.000.000,00	R$ 53.985.613,81
2017	**Bilfinger******	R$ 11.036.345,49	R$ 11.036.345,49
2017	**UTC Participações S/A**	R$ 574.658.165,21	R$ 36.600.038,93
	TOTAL	**R$15.333.336.473,64**	**R$5.417.028.436,38**

Fonte: BRASIL, 2021c.

Por celebrado, entende-se o acordo de leniência assinado, momento a partir do qual a CGU dá publicidade à sua existência.[54]

Embora a lei de referência seja datada de 1º de agosto de 2013 e tenha entrado em vigor em 29 de janeiro de 2014 (art. 31) (BRASIL, 2013), o primeiro acordo celebrado pela CGU/AGU foi assinado em 10 de julho de 2017. O último acordo informado no sítio eletrônico da CGU foi assinado em 25 de junho de 2021 — as informações foram atualizadas pela autora, pela última vez, em 7 de setembro de 2021. Portanto, o período considerado na presente investigação vai de julho de 2017 a setembro de 2021.

Os acordos de leniência anticorrupção celebrados nesse período foram dispostos em linhas de uma tabela denominada "Base de Dados CGU". Para sistematização dos dados, a autora os numerou em ordem cronológica, do mais antigo para o mais recente, separando-os por ano, em formato número/ano. Assim, em 2017, por exemplo, tem-se o "Acordo de Leniência 01/2017" e o "Acordo de Leniência 02/2017" (coluna 1). Os acordos foram catalogados também por data de assinatura (coluna 2), empresa(s) signatária(s) (coluna 3), respectivos CNPJ (coluna 4) e órgão(s) lesado(s) (coluna 5).

Quanto às empresas signatárias, é possível que um único acordo de leniência anticorrupção seja assinado por mais de uma pessoa jurídica, desde que integrem o mesmo grupo econômico e firmem o acordo em conjunto.[55] Nos casos em que houve a assinatura conjunta, optou-se por listar todas as empresas signatárias, ainda que não na qualidade de infratora, podendo figurar, por exemplo, como interveniente anuente[56] ou garantidora[57], e seus respectivos números de inscrição no CNPJ, repetindo-se as demais informações (número, data e órgão lesado) em tantas linhas quantas necessárias para listá-las. Foram identificadas signatárias estrangeiras que, em razão disso, não possuem inscrição no CNPJ; essas ocorrências foram identificadas como "N/A" na base de dados.

Por fim, necessário tecer alguns comentários quanto à opção por identificar o órgão lesado a que se referem os fatos descritos nos acordos de leniência.

A proposta original era elencar os próprios fatos descritos, o que permitiria construir uma relação de equivalência da informação constante no acordo da

---

[54] Art. 16. [...]
§ 6º A proposta de acordo de leniência somente se tornará pública após a efetivação do respectivo acordo, salvo no interesse das investigações e do processo administrativo.

[55] Art. 16. [...]
§ 5º Os efeitos do acordo de leniência serão estendidos às pessoas jurídicas que integram o mesmo grupo econômico, de fato e de direito, desde que firmem o acordo em conjunto, respeitadas as condições nele estabelecidas.

[56] Ocorrências verificadas nos acordos de leniência do grupo Andrade Gutierrez e de Car Rental Systems S.A.

[57] Ocorrência verificada no acordo de leniência do grupo Camargo Corrêa.

CGU/AGU com o objeto dos processos administrativos no âmbito do TCU, no sentido de identificar os exatos processos do TCU em que os acordos de leniência poderiam, em tese, repercutir. Todavia, nos acordos de leniência essas informações constam dos Anexos, que não são divulgados pela CGU; pois apenas são públicas as cláusulas dos acordos.[58]

Indisponíveis tais dados, a alternativa encontrada pela autora foi indicar, quando possível, o órgão lesado a que se referem os fatos descritos nos acordos de leniência, o que se deu a partir de notícias e informações divulgadas pela própria CGU em seu sítio eletrônico. (BRASIL, 2021c). O dado "órgão lesado" é útil à pesquisa na medida em que o TCU informa a "unidade jurisdicionada" a que se referem os processos administrativos, o que possibilita o cruzamento dos dados, ainda que com menor grau de precisão.

Ainda assim, não está publicamente disponível a informação "órgão lesado" para um dos acordos de leniência celebrados pela CGU. Essa ocorrência foi identificada como "N/D" na base de dados, e se repete em três linhas por se tratar de um acordo de leniência assinado por mais de uma pessoa jurídica, como exposto acima.

Ao final, os dados coletados da CGU foram dispostos em uma tabela com configuração reproduzida pela figura 2, abaixo.

Figura 2 Configuração da Base de Dados CGU

Coluna1	Coluna2	Coluna3	Coluna4	Coluna5
Número do AL CGU	Data	Empresas signatárias (CGU)	CNPJ	Órgão lesado

Fonte: Elaborada pela autora, 2022.

3.2.2 Coleta e indexação de dados do TCU

Identificadas as pessoas jurídicas que celebraram acordos de leniência com a CGU, passou-se ao levantamento de processos em que estas mesmas pessoas jurídicas constam como responsáveis[59].

[58] No caso dos acordos celebrados por SICPA do Brasil e Indústria de Tintas e Sistemas Ltda. e CEPTIS Indústria e Comércio de Tintas e Sistemas S.A., e por Amec Foster Wheeler Energy Limited, a CGU não disponibilizou sequer as cláusulas do acordo até o fechamento da pesquisa (última verificação em 06/11/2021).

[59] Termo utilizado pela CF/88 e pela LOTCU para se referir às pessoas, físicas e/ou jurídicas, sujeitas à jurisdição do TCU e que, portanto, podem figurar como parte nos processos que ali tramitam. O RI/TCU dispõe que "são partes no processo o responsável e o interessado" (art. 144) e define como responsável "aquele assim qualificado, nos termos da Constituição Federal, da Lei Orgânica do Tribunal de Contas da União e respectiva legislação aplicável" (art. 144, § 1º). Segundo Viana (2019, p. 236), "trata-se do agente, público ou privado, sujeito à jurisdição do Tribunal, ou seja, qualquer pessoa física ou jurídica, pública ou privada, que utilize, arrecade, guarde, gerencie ou administre dinheiros,

Figura 3 Busca por processos no sítio do TCU

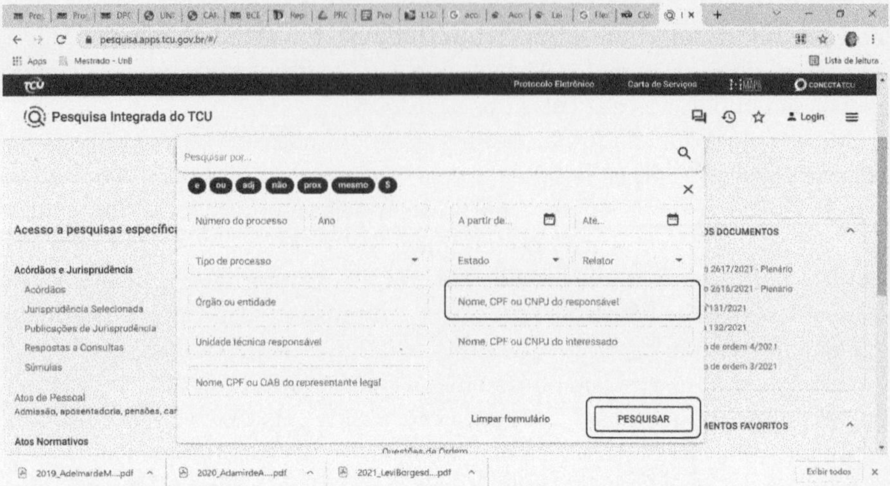

Fonte: BRASIL, 2021k.

Para tanto, foram realizadas consultas no sítio eletrônico do TCU, página de "Pesquisa Integrada do TCU" (BRASIL, 2021k), especificamente na base de dados de "Processos" e no campo "Nome, CPF ou CNPJ do responsável". Foram consultados os nomes de todas as pessoas jurídicas signatárias de acordos de leniência com a CGU/AGU e seus respectivos números de inscrição no CNPJ (quando existente, vide ressalva contida no item anterior). Acima, a figura 3 ilustra o método de busca.

Nesta etapa, não foi feito recorte temporal, pois, embora os acordos de leniência da CGU/AGU tenham sido celebrados em um período específico

bens e valores públicos ou pelos quais a União responda, ou que, em nome desta, assuma obrigações de natureza pecuniária". Salles (2018, p. 155 e 171) aponta que o responsável é o "sujeito processual", "fiscalizado, auditado e acusado", e pode ser, conforme a jurisprudência do TCU, também os que atuaram em conluio com "aquele que usa, arrecada, guarda, gerencia e recebe recursos públicos". Sobre a possibilidade de particulares figurarem como responsáveis em processos no TCU, incidente de uniformização de jurisprudência decidiu que compete ao Tribunal "julgar as contas de pessoa física ou jurídica de direito privado que causarem dano ao erário, independentemente da coparticipação de servidor, empregado ou agente público, desde que as ações do particular contrárias ao interesse público derivem de ato ou contrato administrativo sujeitos ao Controle Externo" (acórdão 321/2019, Plenário, j. 20/02/2019). Rosilho (2019, p. 186) tece comentários ao "enquadramento de agentes privados contratados pela Administração Pública no conceito de 'responsáveis'", o que, em sua visão, "não é simples". Sundfeld e Câmara (2020c, p. 64-69), por seu turno, apresentam consistente crítica a essa orientação. Para os autores, trata-se de competência autoproclamada e "função alheia a seu perfil constitucional e legal", pois somente podem ser "jurisdicionados do TCU os agentes públicos integrantes da administração (*administradores*) e os particulares que atuem como delegados responsáveis pelo exercício da função de gerir recursos públicos (*demais responsáveis*)", não sendo permitido "promover leitura ampliativa da palavra 'responsável', de modo a incluir, entre os jurisdicionados da Corte de Contas, particulares contratados pela administração federal para atuar como agentes privados externos". Em que pese a pertinência e robustez dos argumentos dos autores, para os fins da presente pesquisa, os particulares contratados serão entendidos como responsáveis, seguindo a posição jurisprudencial do TCU.

(2017 a 2021), não há informações públicas disponíveis sobre a época dos fatos objeto desses acordos, não sendo possível precisar quando os processos correspondentes a tais fatos teriam sido instaurados no TCU. Ainda que tais informações estivessem disponíveis, optou-se por construir uma ampla base de dados,[60] sem delimitação, ainda, de classe processual, de objeto e de unidade jurisdicionada (isto é, o órgão federal relacionado ao objeto do processo), que foi sendo gradativamente delimitada com a utilização de filtros, como será explicitado adiante.

A busca realizada não retorna processos sigilosos, assim entendidos aqueles que possuem "regras adicionais de restrição, as quais permitem o acesso ao processo apenas a servidores indicados nominalmente", o que inclui os processos referentes à "celebração de acordos de leniência pela Administração Pública Federal, nos termos da Lei 12.846/2013", tudo nos termos da Resolução 259/2014 do TCU. (BRASIL, 2014b).

Considerando o grande número de variáveis (40, no total, conforme descrito no item 3.2.1, *supra*), apenas para melhor e mais clara exposição optou-se por dividi-las em cinco seções, cada uma dividida em categorias. A primeira seção se refere a características gerais dos processos no TCU (3.2.2.1); a segunda, a informações acerca do julgamento de mérito no TCU (3.2.2.2); a terceira, a informações acerca da interposição de recursos e alteração do resultado do julgamento em fase recursal no TCU (3.2.2.3); a quarta, a informações acerca da imposição de sanções pelo TCU, após o julgamento de recurso (3.2.2.4); e a quinta, a se os processos analisados possuem interações com acordos de leniência e, em específico, com acordos de leniência anticorrupção celebrados pela CGU, elemento central da pesquisa (3.2.2.5). Ao final, serão apresentados, num único tópico, os filtros utilizados para delimitação dos dados (3.2.2.6). A figura a seguir reproduz as 40 variáveis utilizadas para indexação dos dados do TCU, que serão detalhadas nas próximas seções.

---

[60] Para essa opção metodológica, foi considerado o fato de que a LOTCU é omissa quanto à prescrição das pretensões punitivas e ressarcitórias do TCU. Assim, em tese, o TCU pode instaurar processo a qualquer tempo — ainda que, ao final, eventualmente reconheça a prescrição da pretensão punitiva ("a operabilidade da prescrição da pretensão punitiva não constitui óbice à processualização apuratória de atos e fatos levados ao conhecimento do Tribunal". (VIANA, 2019, p. 203)). É bastante controversa, na doutrina e na jurisprudência, a questão atinente ao prazo prescricional para atuação do Tribunal, especialmente nos casos que envolvem dano ao erário, considerados imprescritíveis pelo TCU — entendimento fixado em incidente de uniformização de jurisprudência (acórdão 2709/2008, Plenário, j. 26/11/2008) e, posteriormente, sumulado no verbete 282, de 15/08/2012 ("as ações de ressarcimento movidas pelo Estado contra os agentes causadores de danos ao erário são imprescritíveis") — mas com posicionamentos variáveis no STJ e no STF, que possuem precedentes no sentido de o prazo prescricional para imputação de débito ser quinquenal. A controvérsia se estende também aos casos de aplicação de sanção, havendo vertentes que consideram o prazo decenal (posição defendida pelo TCU) em vez do prazo quinquenal (orientação que prevalece no Judiciário). No diagnóstico de Cristina Telles (2020, p. 137), "não raro, o Tribunal age mais de uma década após a prática do suposto ato ilícito, em processos que já sequer se voltam contra as agentes do alegado desvio de recursos públicos, atingindo seus herdeiros, quando pessoas naturais, ou seus sucessores, políticos ou empresariais, quando entes públicos ou privados". Para estudo aprofundado do tema, recomenda-se a leitura do trabalho completo da autora.

Figura 4 Variáveis da Base de Dados do TCU

Seção	Coluna	Variável
Seção 1: Características gerais	Coluna 1	Controle
	Coluna 2	Classe
	Coluna 3	Processo
	Coluna 4	Relator
	Coluna 5	Assunto
	Coluna 6	Unidades Jurisdicionadas
	Coluna 7	Deliberações
	Coluna 8	Responsável
	Coluna 9	Natureza do responsável
	Coluna 10	Obra
	Coluna 11	Data Autuação
	Coluna 12	FILTRO 1: Com menção à PJ no acompanhamento ou no texto de decisão e acórdão?
Seção 2: Julgamento de Mérito	Coluna 13	FILTRO 2: Julgamento de mérito
	Coluna 14	Acórdão mérito
	Coluna 15	Órgão julgador
	Coluna 16	Data Acórdão
	Coluna 17	FILTRO 3: Imposição de sanção
Seção 3: Recursos	Coluna 18	Interposição de recurso
	Coluna 19	Tipo de recurso(s) interposto(s)
	Coluna 20	Julgamento recurso
	Coluna 21	Acórdão recurso
	Coluna 22	Data acórdão recurso
	Coluna 23	Alteração da condenação em recurso
	Coluna 24	FILTRO 4: Imposição de sanção, após recurso
Seção 4 Imposição de sanções	Coluna 25	Imputação de débito (art. 19)
	Coluna 26	Sanção multa (art. 57)
	Coluna 27	Sanção multa (art. 58)
	Coluna 28	Valor da multa
	Coluna 29	Sanção inabilitação (art. 60)
	Coluna 30	Tempo inabilitação
	Coluna 31	Sanção inidoneidade (art. 46)
	Coluna 32	Tempo inidoneidade
	Coluna 33	Outra condenação
	Coluna 34	Data da condenação
Seção 5 Interações com Acordos de Leniência	Coluna 35	FILTRO 5: Nos casos de imposição de sanção sobrestamento ou conversão em diligência, menção aos ALs?
	Coluna 36	FILTRO 6: AL considerado para a tomada de decisão
	Coluna 37	FILTRO 7: Órgão signatário do AL mencionado
	Coluna 38	Momento da Sanção (em relação ao AL CGU)
	Coluna 39	Situação do processo
	Coluna 40	Data de verificação

Fonte: Elaborada pela autora, 2022.

3.2.2.1 Características gerais dos processos no TCU

Os resultados retornados para cada pessoa jurídica foram dispostos em linhas de uma nova tabela, denominada "Base de Dados TCU", indicados por classe processual (coluna 2) e por número (coluna 3).

Após a catalogação de todos os resultados, foram excluídos os processos duplicados, assim considerados (i) aqueles que retornaram tanto na busca por nome quanto na busca por CNPJ de uma mesma pessoa jurídica; (ii) aqueles que retornaram na busca por mais de um nome e/ou CNPJ de pessoas jurídicas diferentes, mas integrantes de um mesmo grupo econômico (hipótese em que mais de uma empresa de um só grupo figura como responsável no processo); e (iii) aqueles que retornaram na busca por mais de um nome e/ou CNPJ de pessoas jurídicas diferentes, integrantes de grupos econômicos diferentes (hipótese em que mais de uma empresa de grupos distintos figura como responsável no processo).

Os processos foram, então, consultados individualmente, para obtenção das seguintes informações: relator (coluna 4), assunto (como identificado pelo TCU) (coluna 5), unidade jurisdicionada (coluna 6), *link* para as deliberações (acórdãos) proferidas (coluna 7), responsáveis (coluna 8), natureza do responsável (coluna 9), obra (quando existente e/ou identificável) (coluna 10), e data de autuação (coluna 11).

Quanto aos responsáveis, é possível que um único processo envolva mais de uma pessoa física e/ou jurídica, signatária ou não de acordo de leniência. Nesses casos, optou-se por listar todas as pessoas jurídicas repetindo-se as demais informações (classe, processo, relator, assunto, unidade jurisdicionada, *link* para as deliberações, obra e data de autuação) em tantas linhas quantas necessárias para listá-las, exceto aquelas referentes à imposição de sanções (seção 4 da base de dados, que será exposta adiante, no item 3.2.2.4). Quando um mesmo processo foi listado mais de uma vez, em razão de envolver mais de uma pessoa jurídica, à primeira ocorrência foi dado o índice 0 na coluna "Controle" (coluna 1), e às demais ocorrências, o índice 1, colorido em cinza para facilitar a diferenciação.

A partir da identificação dos responsáveis, foi realizada consulta individualizada da página de acompanhamento processual de cada um dos processos, sendo observado que, embora tenham retornado como resultados das buscas por nome e número de inscrição no CNPJ das empresas signatárias de acordos de leniência anticorrupção, há processos em que nenhuma dessas empresas aparece no rol de responsáveis disponível na página de acompanhamento processual.

Verificou-se, então, as deliberações proferidas nesses processos e se constatou que as empresas signatárias de acordos de leniência também não foram mencionadas nas decisões e nos acórdãos disponíveis.

É desconhecido o motivo pelo qual esses processos retornaram no resultado das buscas por nome e por número de inscrição no CNPJ, mas as empresas não aparecem no rol de responsáveis disponível na página de acompanhamento processual, nem nas decisões e nos acórdãos proferidos.

Foi possível identificar a existência de processo resultante da busca por nome envolvendo pessoa jurídica com nome similar ao de uma das signatárias de acordo de leniência, mas sem relação com ela (a busca pelo nome "Odebrecht" trouxe como resultado, dentre outros, processo em que a responsável era "Odebrecht Comércio e Indústria de Café Ltda.").

Ou seja, há ocorrências de processos resultantes das buscas por nome e por número de inscrição no CNPJ que não envolvem as pessoas jurídicas signatárias de acordos de leniência com a CGU. Esses processos foram relacionados na "Base de Dados TCU", e foi criado um primeiro filtro ("Filtro 1") para que eles não sejam considerados no resultado da análise de dados que se pretende realizar.

No Filtro 1, que consiste em responder se há menção à pessoa jurídica na página de acompanhamento processual ou no texto das decisões e dos acórdãos, os processos sem relação com a investigação objeto desta pesquisa foram identificados com "não"; o restante foi identificado com "sim" (coluna 12).

A figura 5 reproduz a configuração da parte geral da Base de Dados TCU.

Figura 5 Configuração da Base de Dados TCU, seção 1 (características gerais)

Seção 1: Características gerais	
Coluna 1	Controle
Coluna 2	Classe
Coluna 3	Processo
Coluna 4	Relator
Coluna 5	Assunto
Coluna 6	Unidades Jurisdicionadas
Coluna 7	Deliberações
Coluna 8	Responsável
Coluna 9	Natureza do Responsável
Coluna 10	Obra
Coluna 11	Data Autuação
Coluna 12	FILTRO 1: Com menção à PJ no acompanhamento ou no texto de decisão e acórdão?

Fonte: Elaborada pela autora, 2022.

3.2.2.2 Julgamento de mérito no TCU

Em seguida, passou-se à constatação de haver ou não julgamento de mérito do processo no TCU, considerando sempre a data de verificação (ou seja, o período compreendido entre 11/01/2021 e 07/09/2021). Neste segundo filtro ("Filtro 2"), se respondeu "sim" para os processos com mérito julgado e "não" para os processos pendentes de julgamento de mérito (coluna 13).

Entende-se por julgamento de mérito a decisão (acórdão) do TCU que contenha juízo de valor sobre o objeto do processo, após a análise de instrução efetuada pela unidade técnica responsável, ainda que o dispositivo do acórdão seja no sentido de recomendar ou determinar algo, e não de impor sanção.

A respeito do julgamento de mérito, foram informados o número do acórdão (coluna 14), o órgão julgador (coluna 15) e a data do acórdão (coluna 16). Essas informações foram inseridas em uma só linha, mesmo nos processos em que há mais de um acórdão de mérito[61]. Nesses casos, cada coluna apresenta mais de uma informação, em ordem cronológica, da mais antiga para a mais recente, separadas por ponto e vírgula.

Havendo julgamento de mérito, passou-se ao terceiro filtro ("Filtro 3"), que consistiu em responder se houve ou não imposição de sanções pelo TCU. Foram identificadas quatro respostas possíveis: sim, não, sobrestamento (hipótese em que o processo foi sobrestado até que determinada condicionante, em cada caso concreto, se efetivasse) ou conversão em diligência (hipótese em que o julgamento foi convertido em diligência para que se verificasse determinado elemento, em cada caso concreto) (coluna 17). Esse terceiro filtro se refere à imposição de sanção antes do julgamento de recurso, que pode ou não alterar o resultado da fase de julgamento de mérito; não se confunde, portanto, com o "Filtro 4" (que será detalhado em 3.2.2.4 e diz respeito à imposição de sanções, pelo TCU, após o julgamento de recurso).

Apenas nos casos em que houve imposição de sanções, foram listadas também as pessoas físicas constantes do rol de responsáveis dos processos, para que se possa comparar o perfil sancionador do TCU em relação às empresas signatárias de acordos de leniência anticorrupção com relação às pessoas físicas.

Nesses casos, tal como feito quando mais de uma pessoa jurídica figura no rol de responsáveis (vide item 3.2.2.1), foram incluídas tantas linhas quantas

---

[61] Considerando que, muitas vezes, a fiscalização é feita em etapas, segundo planos de auditoria, "é comum que sejam elaborados vários acórdãos parciais em um mesmo processo de auditoria". (SUNDFELD *et al.*, 2020, p. 316). Há, ainda, casos em que a responsabilidade dos sujeitos investigados é apurada e julgada em momentos distintos no âmbito de um mesmo processo.

necessárias para listá-las, repetindo-se as demais informações (classe, processo, relator, assunto, unidade jurisdicionada, *link* para as deliberações, obra e data de autuação), exceto aquelas referentes à imposição de sanções (seção 4 da base de dados, que será exposta adiante, no item 3.2.2.4). Quando um mesmo processo foi listado mais de uma vez, em razão de envolver mais de uma pessoa, física ou jurídica, à primeira ocorrência foi dado o índice 0 na coluna "Controle" (coluna 1), e às demais ocorrências, o índice 1, colorido em cinza para facilitar a diferenciação.

A figura 6 reproduz a configuração da parte de julgamento de mérito da Base de Dados TCU.

Figura 6 Configuração da Base de Dados TCU, seção 2 (julgamento de mérito)

Seção 2: Julgamento de Mérito	
Coluna 13	FILTRO 2: Julgamento de Mérito
Coluna 14	Acórdão Mérito
Coluna 15	Órgão Julgador
Coluna 16	Data Acórdão
Coluna 17	FILTRO 3: Imposição de Sanção

Fonte: Elaborada pela autora, 2022.

3.2.2.3 Recursos e alteração do resultado do julgamento em fase recursal no TCU

A terceira seção da Base de Dados TCU refere-se a informações acerca da interposição de recursos[62] e eventual alteração da condenação em sede recursal, e se aplica apenas aos casos em que houve julgamento de mérito no TCU (Filtro 2 é igual a "sim").

[62] Os recursos estão disciplinados pela LOTCU, em seu Título II ("Julgamento e Fiscalização"), Capítulo I ("Julgamento de Contas"), Seção IV, arts. 31 a 35; e Capítulo II ("Fiscalização a Cargo do Tribunal"), Seção V, art. 48; e no RI/TCU, Título IX, arts. 277 a 289. São cabíveis, a depender do processo, da fase em que se encontra e da finalidade do recurso: (i) recurso de reconsideração, (ii) embargos de declaração, (iii) recurso de revisão, (iv) pedido de reexame e (v) agravo. Este último está previsto apenas no RI/TCU e, embora não seja passível de interposição contra julgamento de mérito, foi considerado para registro na base de dados.

Esta seção se inicia com uma coluna que indica se houve ou não a interposição de recursos (coluna 18). Os casos em que não houve julgamento de mérito e, portanto, não tiveram a fase recursal iniciada, foram identificados como "não aplicável".

Foram informados o tipo de recurso (coluna 19), se foi ou não julgado (coluna 20) e, em caso positivo, o número do acórdão (coluna 21) e a data do acórdão (coluna 22). Essas informações foram inseridas em uma só linha, mesmo nos processos em que mais de um recurso foi interposto. Nesses casos, cada coluna apresenta mais de uma informação, em ordem cronológica, da mais antiga para a mais recente, separadas por ponto e vírgula.

Ainda em relação aos processos em que mais de um recurso foi interposto, nos casos em que um ou mais recursos tenham sido julgados e um ou mais recursos não tenham sido julgados, a coluna 19 foi identificada como "parcial".

Em seguida, foi informado se houve ou não alteração da condenação em sede de recurso (coluna 23), em relação aos casos em que houve julgamento dos recursos, ainda que parcial (coluna 20, vide comentário acima). Respondeu-se "sim" para os casos em que a condenação foi alterada — identificando-se, conforme o caso, se a sanção foi abrandada ("sim, abrandar sanção", categoria que abrange os casos em que a sanção foi excluída), agravada ("sim, agravar sanção"), ou suspensa ("sim, suspender sanção", categoria que abrange os casos em que sanção foi aplicada a responsável não sancionado anteriormente) — e "não" para os casos em que a condenação foi mantida. As demais ocorrências (em que não houve julgamento dos recursos interpostos) foram identificadas como "não aplicável".

Por fim, nesta seção foi criado o quarto filtro da base de dados, que indica se houve a imposição de sanção, após o julgamento de recursos (ainda que parcial) ("Filtro 4", coluna 24). Seguiu-se a mesma identificação utilizada para o Filtro 3 (coluna 17), havendo 4 respostas possíveis: sim, não, sobrestamento (hipótese em que o processo foi sobrestado até que determinada condicionante, em cada caso concreto, se efetive) ou conversão em diligência (hipótese em que o julgamento foi convertido em diligência para que se verifique determinado elemento, em cada caso concreto). As respostas se referem ao processo, não ao responsável a que determinada linha se refere, exceto quando é hipótese de sobrestamento, tendo em vista que, em um mesmo processo, foram impostas sanções a alguns responsáveis e sobrestada a análise em relação a outros.

A figura 7 reproduz a configuração da parte de recursos da Base de Dados TCU.

Figura 7 Configuração da Base de Dados TCU, seção 3 (recursos)

Seção 3: Recursos	
Coluna 18	Interposição de recurso
Coluna 19	Tipo de recurso(s) interposto(s)
Coluna 20	Julgamento recurso
Coluna 21	Acórdão recurso
Coluna 22	Data acórdão recurso
Coluna 23	Alteração da condenação em recurso
Coluna 24	FILTRO 4: Imposição de sanção, após recurso

Fonte: Elaborada pela autora, 2022.

3.2.2.4 Imposição de sanções pelo TCU, após o julgamento de recurso

A quarta seção da base de dados consiste em identificar as sanções impostas pelo TCU, nos processos que tiveram o mérito julgado, já contemplando eventuais alterações do resultado do julgamento em sede de recurso. Isto é, os dados de sanções apresentados representam a situação do processo na data de verificação.

A base de dados apresenta as sanções impostas nos seguintes casos: (i) no julgamento de mérito, podendo haver (i.a) processos encerrados e (i.b) processos ativos, com julgamento pendente de um ou mais recursos; e (ii) no julgamento de recurso, podendo haver (ii.a) processos encerrados e (ii.b) processos ativos, com julgamento pendente de outro(s) recurso(s).

Foram incluídas na base dados colunas para se especificar o tipo de sanção[63] aplicada, considerando as sanções elencadas na LOTCU[64] — imputação

[63] Vide Capítulo 2.
[64] Vide Capítulo 2.

de débito (art. 19)[65] (coluna 25),[66] multa (arts. 57[67] e 58[68]) (colunas 26 e 27),[69] inabilitação para o exercício de cargo em comissão ou função de confiança no âmbito da Administração Pública (art. 60)[70] (coluna 29),[71] e declaração de inidoneidade para participar de licitação na Administração Pública Federal (art. 46)[72] (coluna 31).[73] Os campos foram identificados com "sim" e "não". Considerando que a sanção de inabilitação é aplicável a pessoas físicas, a coluna correspondente, nas linhas referentes a pessoas jurídicas, foi identificada como "não aplicável". O mesmo raciocínio aplicou-se à sanção de inidoneidade, nas linhas referentes a pessoas físicas.

Foram também incluídas colunas para se especificar os valores, nos casos de imposição de multa (coluna 28), e os prazos, nos casos de inabilitação para o exercício de cargo em comissão ou função de confiança no âmbito da Admi-

---

65 Art. 19. Quando julgar as contas irregulares, havendo débito, o Tribunal condenará o responsável ao pagamento da dívida atualizada monetariamente, acrescida dos juros de mora devidos, podendo, ainda, aplicar-lhe a multa prevista no art. 57 desta Lei, sendo o instrumento da decisão considerado título executivo para fundamentar a respectiva ação de execução. (BRASIL, 1992b).

66 Vide Capítulo 2, com a ressalva de que, para os fins do presente estudo, será genericamente considerada sanção, para indexação dos dados coletados.

67 Art. 57. Quando o responsável for julgado em débito, poderá ainda o Tribunal aplicar-lhe multa de até cem por cento do valor atualizado do dano causado ao Erário. (BRASIL, 1992b).

68 Art. 58. O Tribunal poderá aplicar multa de Cr$ 42.000.000,00 (quarenta e dois milhões de cruzeiros), ou valor equivalente em outra moeda que venha a ser adotada como moeda nacional, aos responsáveis por:
I - contas julgadas irregulares de que não resulte débito, nos termos do parágrafo único do art. 19 desta Lei;
II - ato praticado com grave infração à norma legal ou regulamentar de natureza contábil, financeira, orçamentária, operacional e patrimonial;
III - ato de gestão ilegítimo ou antieconômico de que resulte injustificado dano ao Erário;
IV - não atendimento, no prazo fixado, sem causa justificada, a diligência do Relator ou a decisão do Tribunal;
V - obstrução ao livre exercício das inspeções e auditorias determinadas;
VI - sonegação de processo, documento ou informação, em inspeções ou auditorias realizadas pelo Tribunal;
VII - reincidência no descumprimento de determinação do Tribunal.
§ 1° Ficará sujeito à multa prevista no caput deste artigo aquele que deixar de dar cumprimento à decisão do Tribunal, salvo motivo justificado.
§ 2° O valor estabelecido no caput deste artigo será atualizado, periodicamente, por portaria da Presidência do Tribunal, com base na variação acumulada, no período, pelo índice utilizado para atualização dos créditos tributários da União. (BRASIL, 1992b).

69 Vide Capítulo 2.

70 Art. 60. Sem prejuízo das sanções previstas na seção anterior e das penalidades administrativas, aplicáveis pelas autoridades competentes, por irregularidades constatadas pelo Tribunal de Contas da União, sempre que este, por maioria absoluta de seus membros, considerar grave a infração cometida, o responsável ficará inabilitado, por um período que variará de cinco a oito anos, para o exercício de cargo em comissão ou função de confiança no âmbito da Administração Pública. (BRASIL, 1992b).

71 Vide Capítulo 2.

72 Art. 46. Verificada a ocorrência de fraude comprovada à licitação, o Tribunal declarará a inidoneidade do licitante fraudador para participar, por até cinco anos, de licitação na Administração Pública Federal. (BRASIL, 1992b).

73 Vide Capítulo 2.

nistração Pública (coluna 30), e de declaração de inidoneidade para participar de licitação na Administração Pública Federal (coluna 32).

Por fim, foi incluída coluna para especificação de outras condenações eventualmente aplicadas (coluna 33). Muito embora as sanções previstas na legislação e normativos do TCU sejam as relacionadas acima,[74] identificou-se que o TCU determinou, em alguns casos, a desconsideração da personalidade jurídica de empresas, ocorrências que foram consideradas apenas para registro, não sendo entendidas como sanção.[75] Não foram consideradas sanções as medidas cautelares que podem ser determinadas pelo TCU, tais como o afastamento temporário e a decretação de indisponibilidade de bens dos responsáveis (LOTCU, art. 44).[76] A última coluna desta seção indica a data da condenação (coluna 34).

A figura 8 reproduz a configuração da parte de imposição de sanções da Base de Dados TCU.

---

[74] O julgamento pela irregularidade de contas, que no TCU pode gerar a imputação de débito e/ou a imposição de multa, pode gerar (MEDAUAR, 2020, p. 131) também consequência prevista na Lei Complementar 64/90, que disciplina os casos de inelegibilidade. O art. 1º, I, "g", estabelece que são inelegíveis "os que tiverem suas contas relativas ao exercício de cargos ou funções públicas rejeitadas por irregularidade insanável que configure ato doloso de improbidade administrativa, e por decisão irrecorrível do órgão competente, salvo se esta houver sido suspensa ou anulada pelo Poder Judiciário, para as eleições que se realizarem nos 8 (oito) anos seguintes, contados a partir da data da decisão". Sobreveio alteração a esse comando com a publicação, em 30/09/2021, da Lei Complementar 184/21, que dispõe que "a inelegibilidade prevista na alínea 'g' do inciso I do caput deste artigo não se aplica aos responsáveis que tenham tido suas contas julgadas irregulares sem imputação de débito e sancionados exclusivamente com o pagamento de multa". Para os fins do presente estudo, a inelegibilidade não foi considerada na base de dados, por se tratar de consequência do julgamento do TCU e não constar do dispositivo dos acórdãos proferidos. Ademais, a orientação do STF é no sentido de que a inelegibilidade não configura punição (MS 22.087, Plenário, j. 28/03/1996).

[75] A esse respeito, Carlos Ari Sundfeld e Jacintho Arruda Câmara defendem que a desconsideração da personalidade jurídica, pelo TCU, não possui respaldo jurídico: "Outra estratégia do TCU para atingir também os acionistas da empresa processada é a desconsideração da personalidade jurídica. Esse tipo de medida tem sido adotada sem demonstração de insolvência da empresa investigada, ou mesmo a indicação de indício de fraude. O TCU tenta alcançar diretamente pessoas físicas apenas com o argumento de que estas poderiam se beneficiar remotamente dos atos ilícitos. [...] O TCU não pode, com base na suposição de que os recursos oriundos de contratação investigada reverteram diretamente aos acionistas da empresa, desconsiderar, ainda mais preventivamente, a personalidade jurídica da contratada. O TCU não recebeu atribuição constitucional ou legal para isso." (2020, p. 72-73).

[76] Art. 44. No início ou no curso de qualquer apuração, o Tribunal, de ofício ou a requerimento do Ministério Público, determinará, cautelarmente, o afastamento temporário do responsável, se existirem indícios suficientes de que, prosseguindo no exercício de suas funções, possa retardar ou dificultar a realização de auditoria ou inspeção, causar novos danos ao Erário ou inviabilizar o seu ressarcimento.

§ 1° Estará solidariamente responsável a autoridade superior competente que, no prazo determinado pelo Tribunal, deixar de atender à determinação prevista no caput deste artigo.

§ 2° Nas mesmas circunstâncias do caput deste artigo e do parágrafo anterior, poderá o Tribunal, sem prejuízo das medidas previstas nos arts. 60 e 61 desta Lei, decretar, por prazo não superior a um ano, a indisponibilidade de bens do responsável, tantos quantos considerados bastantes para garantir o ressarcimento dos danos em apuração. (BRASIL, 1992b).

Figura 8 Configuração da Base de Dados TCU, seção 4 (imposição de sanções)

Seção 4: Imposição de sanções	
Coluna 25	Imputação de débito (art. 19)
Coluna 26	Sanção multa (art. 57)
Coluna 27	Sanção multa (art. 58)
Coluna 28	Valor da multa
Coluna 29	Sanção inabilitação (art. 60)
Coluna 30	Tempo inabilitação
Coluna 31	Sanção inidoneidade (art. 46)
Coluna 32	Tempo inidoneidade
Coluna 33	Outra condenação
Coluna 34	Data da Condenação

Fonte: Elaborada pela autora, 2022.

3.2.2.5 Interações dos processos do TCU com acordos de leniência e, em específico, acordos de leniência anticorrupção celebrados pela CGU/AGU

A quinta e última seção da base de dados apresenta informações acerca de possíveis interações entre acordos de leniência e, em específico, acordos de leniência anticorrupção, com os processos catalogados em que foram impostas uma ou mais sanções.

Como essas informações não são de fácil acesso, obteníveis com simples consulta à página de acompanhamento processual, foi necessário reunir todos os acórdãos[77] proferidos nos processos em que houve a imposição de sanções, o sobrestamento ou a conversão do julgamento em diligência. A opção metodológica, em razão do tempo e dos recursos disponíveis para a realização da pesquisa, foi de analisar somente esse grupo de acórdãos, não incluindo aqueles proferidos em processos em que não houve aplicação de uma ou mais sanções a nenhum responsável — nos quais, em tese, o fundamento para não sancionar pode ter sido a existência de acordo de leniência.

---

[77] Os acórdãos "constituem a principal forma de manifestação do Tribunal de Contas e a mais recorrente na prática. [...] acórdãos do TCU nada mais são do que *manifestações* do TCU, as quais poderão ter conteúdo vinculante (contendo determinações), ou não (contendo apenas recomendações), podendo, ainda, envolver decisões finais (por exemplo, imputação de débito e aplicação de multas), ou parciais [...]". (SUNDFELD *et al.*, 2020, p. 316).

Em seguida, neles foram realizadas buscas pelas seguintes palavras-chave, que podem, ainda que vagamente, remeter-nos a acordos de leniência: "leniência", "colaboraç" (para abranger o singular e o plural de colaboração), "TCC", "termo de compromisso", "termos de compromisso", "12.846" e "12846" (em referência à lei anticorrupção), "74/2015" (em referência à Instrução Normativa do TCU[78]) e "OLJ" (sigla para "Operação Lava-Jato").

O quinto filtro da base de dados ("Filtro 5", coluna 35) identifica os processos em que há acórdãos mencionando acordos de leniência, em sentido amplo. Respondeu-se "sim" para os casos de menção a acordos de leniência e "não" para os casos sem menção.

Na sequência, o inteiro teor de cada um desses acórdãos foi analisado, para que se compreendesse o contexto em que tais palavras-chave foram utilizadas. A partir dessa análise, foram identificados os acórdãos em que os acordos de leniência — ainda em sentido amplo — foram considerados pelo TCU para a tomada de decisão, independentemente do resultado do julgamento (se pela imposição de sanções ou não) e incluindo decisões cujo comando é a citação de pessoas para pagamento do débito ou apresentação de defesa. O sexto filtro da base de dados apresenta essa informação, sendo "sim" para os casos em que o acordo de leniência foi considerado e "não" para os casos em que não foi considerado ("Filtro 6", coluna 36).

Por fim, o sétimo e último filtro da base de dados ("Filtro 7", coluna 37) indica o órgão com o qual foi celebrado o acordo de leniência considerado para a tomada de decisão. Foram identificados acordos de leniência celebrados com a CGU, o CADE e o MPF. Nos processos em que acordos de leniência foram considerados para a tomada de decisão e que envolvem mais de um responsável, os responsáveis que não celebraram acordo de leniência anticorrupção foram identificados como "não aplicável".

Foi criada, também, coluna que indica se a sanção foi imposta em momento anterior ou posterior à data de assinatura do acordo de leniência anticorrupção (coluna 38). Da mesma forma que na coluna anterior, os responsáveis que não celebraram acordo de leniência anticorrupção foram identificados como "não aplicável".

---

[78] A Instrução Normativa 74/2015 do TCU, expedida em 11 de fevereiro de 2015, "dispõe sobre a fiscalização do Tribunal de Contas da União, com base no art. 3º da Lei n.º 8.443/1992, quanto à organização do processo de celebração de acordo de leniência pela administração pública federal, nos termos da Lei 12.846/2013". Foi posteriormente revogada pela Instrução Normativa 83, de 12/12/2018, mas se optou por incluí-la entre as palavras-chave em razão de ter produzido efeitos por mais de três anos e cuidar, especificamente, dos acordos de leniência anticorrupção no âmbito do TCU.

As três últimas colunas da base de dados indicam a situação do processo, se "ativo" ou "encerrado" (coluna 39), e a data em que o processo foi analisado (coluna 40). Quanto à situação do processo, os ativos englobam tanto aqueles pendentes de julgamento de mérito quanto aqueles pendentes de julgamento de recurso — hipóteses em que o resultado do julgamento de mérito poderá ser alterado, para impor ou excluir sanções, a depender do caso.

A figura 9 reproduz a configuração da parte de interações dos processos do TCU com acordos de leniência da Base de Dados TCU.

Figura 9 Configuração da Base de Dados TCU, seção 5 (interações dos processos com acordos de leniência)

Seção 5: Interações com acordos de leniência	
Coluna 35	FILTRO 5: Nos casos de imposição de sanção sobrestamento ou conversão em diligência, menção aos ALs?
Coluna 36	FILTRO 6: AL considerado para a tomada de decisão
Coluna 37	FILTRO 7: Órgão signatário do AL mencionado
Coluna 38	Momento da Sanção (em relação ao AL CGU)
Coluna 39	Situação do Processo
Coluna 40	Data Verificação

Fonte: Elaborada pela autora, 2022.

3.2.2.6 Filtros utilizados para delimitação dos dados

Diante do exposto, ao todo foram utilizados na base de dados sete filtros para delimitar os dados considerados na presente pesquisa, cada um apresentado na seção da base de dados em que aplicado, que serão reproduzidos neste tópico apenas para sistematização das informações.

O Filtro 1 (coluna 12) consiste em responder se, nos processos catalogados a partir da busca no sítio eletrônico do TCU, há menção à pessoa jurídica na página de acompanhamento processual ou no texto das decisões e dos acórdãos.

O Filtro 2 (coluna 13) indica se há ou não julgamento de mérito do processo, considerando sempre a data de verificação. Havendo julgamento de mérito, passa-se ao Filtro 3 (coluna 17), que indica se há ou não imposição de sanção.

Considerando os casos em que foram interpostos recursos contra o julgamento de mérito, e que tais recursos foram julgados, passa-se ao Filtro 4 (coluna 24) da base de dados, que indica se há ou não imposição de sanção após o julgamento de recurso.

O Filtro 5 (coluna 35) identifica os processos em que há acórdãos mencionando acordos de leniência, em sentido amplo. O Filtro 6 (coluna 36) indica os acórdãos em que os acordos de leniência — ainda em sentido amplo — foram considerados pelo TCU para a tomada de decisão, independentemente do resultado do julgamento (se pela imposição de sanções ou não). Por fim, o Filtro 7 (coluna 37) indica o órgão com o qual foi celebrado o acordo de leniência considerado para a tomada de decisão.

A figura 10 ilustra os filtros utilizados na Base de Dados TCU.

Figura 10 Filtros utilizados na Base de Dados TCU

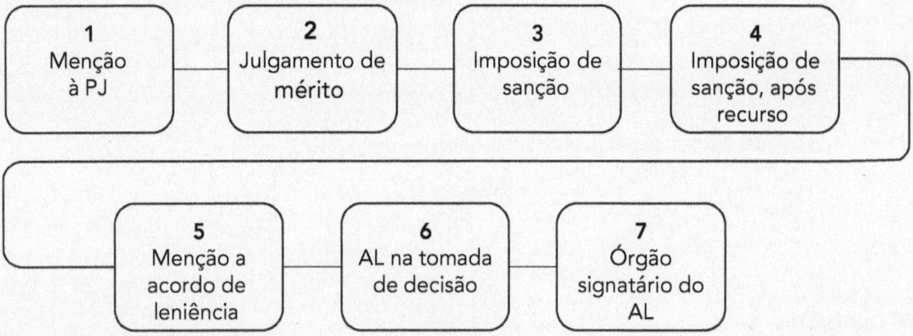

Fonte: Elaborada pela autora, 2022.

Em resumo, para se traçar o perfil sancionador do TCU em relação aos signatários de acordos de leniência anticorrupção, em primeiro lugar, procedeu-se à identificação das empresas signatárias desses acordos e, em seguida, à construção de uma base de dados com os processos no TCU envolvendo essas pessoas jurídicas.

Em razão de dificuldades encontradas no decorrer da pesquisa, especificamente quanto à exata identificação dos atos ilícitos descritos nos acordos e da época em que ocorreram, optou-se por não realizar recorte temporal, de objeto ou de unidade jurisdicionada para a criação da base de dados do TCU, o que resultou em uma ampla base de dados.

A partir desse universo de processos no TCU, que são objeto do Capítulo 4, que traz uma análise quantitativa dos dados obtidos, foram aplicados sucessivamente sete filtros, delimitando o conjunto analisado, até que se obteve o grupo de processos em que foi possível verificar interações entre o TCU e os acordos de leniência anticorrupção e que são objeto do Capítulo 5, que apresenta uma análise qualitativa do conjunto de dados especificamente relacionado a esses acordos de leniência.

Portanto, este capítulo tratou de explicitar a metodologia utilizada e a forma de coleta e indexação dos dados provenientes da CGU e do TCU. No quarto capítulo serão apresentados os resultados dos dados colhidos e, no quinto capítulo, a análise dos acórdãos proferidos nos processos em que os acordos de leniência, em especial, os celebrados pela CGU/AGU, foram considerados pelo TCU para a tomada de decisão, na tentativa de se traçar o perfil sancionador do TCU em relação aos signatários de acordos de leniência anticorrupção.

4

Resultados dos dados coletados e análise quantitativa

Nos próximos tópicos, serão apresentados os resultados da pesquisa quantitativa, a partir da base de dados alcançada após a aplicação de todo o passo a passo e todos os filtros descritos no Capítulo 3 deste trabalho. Seguindo a mesma divisão proposta no capítulo anterior, primeiro serão apresentados os resultados dos dados provenientes da CGU (4.1) e, depois, dos dados provenientes do TCU (4.2). Ao final, far-se-á uma síntese dos dados quantitativos provenientes da CGU e do TCU (4.3).

4.1 Resultados quantitativos dos dados da CGU

No período de julho de 2017 (data do primeiro acordo) a setembro de 2021 (data da última verificação para a pesquisa), foram celebrados 15 acordos de leniência pela CGU/AGU. A tabela 3, na página seguinte, apresenta a relação de beneficiárias desses acordos (identificada pelo grupo econômico, quando celebrado em conjunto por mais de uma pessoa jurídica), indicadas por ordem cronológica de assinatura, do mais antigo para o mais recente.

A assinatura em conjunto por mais de uma pessoa jurídica do mesmo grupo econômico ocorreu na maior parte dos casos (12, dos 15 acordos de leniência celebrados). Ao todo, foram listadas 44 pessoas jurídicas, pertencentes a 15 grupos econômicos, , conforme tabela 4 na página seguinte.

Distribuídos por ano, verificou-se que foram celebrados dois acordos de leniência anticorrupção em 2017, quatro acordos em 2018, cinco acordos em 2019, um acordo em 2020 e três acordos em 2021 (até a data da última verificação, em 07/09/2021). Confira figura 11 na página 73.

Tabela 3 Acordos de leniência anticorrupção identificados a partir da consulta na CGU

Beneficiárias dos Acordos de Leniência Anticorrupção
UTC
Bilfinger
Mullenlowe e FCB Brasil
Odebrecht
SBM Offshore
Andrade Gutierrez
Braskem
Technip Brasil e Flexibrás
Camargo Corrêa
Nova Participações (antigo Grupo Engevix)
OAS
Car Rental Systems do Brasil
Samsung Heavy Industries
SICPA e CEPTIS
Amec Foster Wheeler

Fonte: Elaborada pela autora, 2022.

Tabela 4 Acordos de leniência celebrados em conjunto

Acordos de Leniência celebrados por mais de uma pessoa jurídica, em conjunto	
Sim	12
Não	3

Fonte: Elaborada pela autora, 2022.

Figura 11 Acordos de leniência celebrados por ano

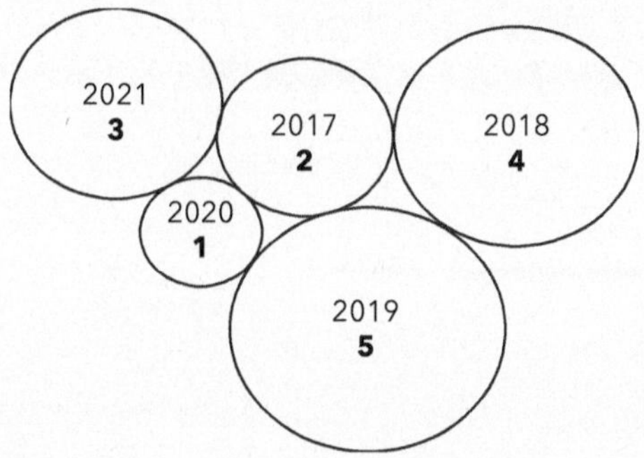

Fonte: Elaborada pela autora, 2022.

Em relação ao(s) órgão(s) lesado(s), em seis acordos de leniência foi possível identificar que há mais de um órgão lesado envolvido; em sete acordos, que há apenas um órgão envolvido; e em dois acordos não foi possível identificar quantos ou quais são os órgãos envolvidos.

Naqueles em que foi possível identificar, a Petrobras é o órgão com mais ocorrências (11 acordos, dos 13 com indicação de órgão lesado); a Eletronuclear e a Caixa Econômica Federal aparecem em três acordos, cada; a Eletrobras, a Eletronorte, a Companhia Hidrelétrica do São Francisco (Chesf), a BR Distribuidora e a Infraero, em dois acordos, cada; a Marinha, a Transpetro, a Agência Brasileira de Promoção de Exportações e Investimentos (Apex), a Valec, o Banco do Nordeste, o Conselho Federal de Engenharia e Agronomia (CONFEA), Furnas e a Casa da Moeda do Brasil aparecem em um acordo, cada. A lista não é exaustiva, havendo dois acordos em que foi possível identificar menções a "outros órgãos federais". Conforme ressalva feita no capítulo anterior (item 3.2.1), esses dados não foram obtidos do texto dos acordos de leniência, mas de notícias e de informações divulgadas pela CGU em seu sítio eletrônico.

Tabela 5 Órgãos lesados abrangidos pelos acordos de leniência

Órgãos lesados	
Mais de um	6
Apenas 1	7
Não identificado	2

Fonte: Elaborada pela autora, 2022.

Tabela 6 Relação de órgãos lesados abrangidos pelos acordos de leniência

Órgão Lesado	N° de Acordos
Petrobras	11
Eletronuclear	3
Caixa Econômica Federal	3
Eletrobras	2
Eletronorte	2
Chesf	2
BR Distribuidora	2
Infraero	2
Marinha	1
Transpetro	1
Apex	1
Valec	1
Banco do Nordeste	1
Confea	1
Furnas	1
Casa da Moeda do Brasil	1

Fonte: Elaborada pela autora, 2022.

4.2 Resultados quantitativos dos dados do TCU

Também aqui se seguirá a mesma divisão proposta no capítulo anterior. A primeira seção se refere a características gerais dos processos (4.2.1); a segunda, a informações acerca do julgamento de mérito (4.2.2); a terceira, a informações acerca da interposição de recursos e alteração do resultado do julgamento em fase recursal (4.2.3); a quarta, a informações acerca da imposição de sanções (4.2.4); e a quinta, às interações dos processos com acordos de leniência e, em específico, com acordos de leniência anticorrupção (4.2.5).

4.2.1 Características gerais dos processos no TCU

No total, as consultas processuais realizadas por nome e por número de inscrição no CNPJ, quando existente, retornaram 745 resultados. Excluídos os processos duplicados (vide item 3.2.2.1), foram identificados 437 processos administrativos no TCU em que constam como responsáveis ao menos uma das 44 pessoas jurídicas signatárias de acordos de leniência com a CGU / AGU (vide item 4.1), sem recorte temporal ou delimitação de classe processual, de objeto e de unidade jurisdicionada, como exposto no item 3.2.2, resultando na base da dados inicial, na qual se aplicou todo o passo a passo e todos os filtros descritos no Capítulo 3 deste trabalho.

Figura 12 Processos identificados a partir da consulta no TCU

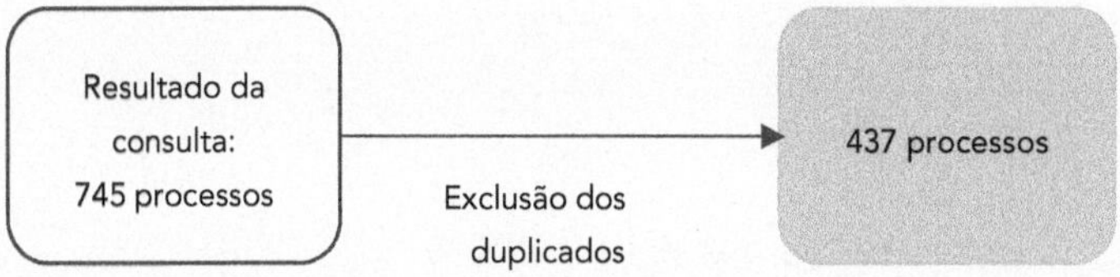

Fonte: Elaborada pela autora, 2022.

Após a consulta individualizada da página de acompanhamento processual de cada um dos 437 processos, foi possível identificar 129 processos em que nenhuma das empresas signatárias de acordos de leniência anticorrupção aparece no rol de responsáveis disponível na página de acompanhamento processual, nem nas decisões e nos acórdãos proferidos.

Foi possível identificar, ainda, um processo resultante da busca por nome em que é responsável pessoa jurídica com nome similar ao de uma das signatárias de acordo de leniência, mas sem relação com ela (a busca pelo nome "Odebrecht" trouxe como resultado, dentre outros, processo em que a responsável era "Odebrecht Comércio e Indústria de Café Ltda.").

Ou seja, 130 processos resultantes das buscas por nome e por número de inscrição no CNPJ não envolvem as pessoas jurídicas signatárias de acordos de leniência com a CGU, para os quais o Filtro 1 corresponde a "não" (vide item 3.2.2.1). Será considerado, portanto, o universo de 307 processos envolvendo as empresas signatárias de acordos de leniência anticorrupção, para os quais o Filtro 1 é igual a "sim".

Figura 13 Processos com e sem menção às pessoas jurídicas signatárias de acordos de leniência com a CGU/AGU ("Filtro 1")

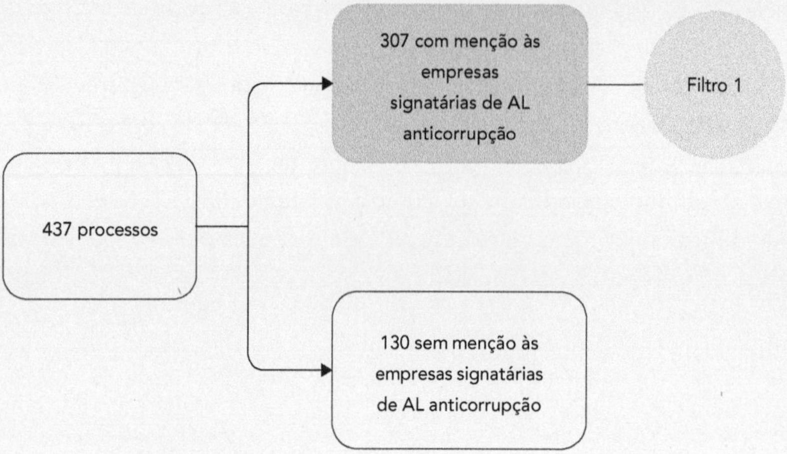

Fonte: Elaborada pela autora, 2022.

4.2.2 Julgamento de mérito no TCU

Dos 307 processos envolvendo uma ou mais pessoas jurídicas signatárias de acordo de leniência com a CGU, 215 tiveram julgamento de mérito e 92 estão pendentes de julgamento.

Figura 14 Processos com e sem julgamento de mérito ("Filtro 2")

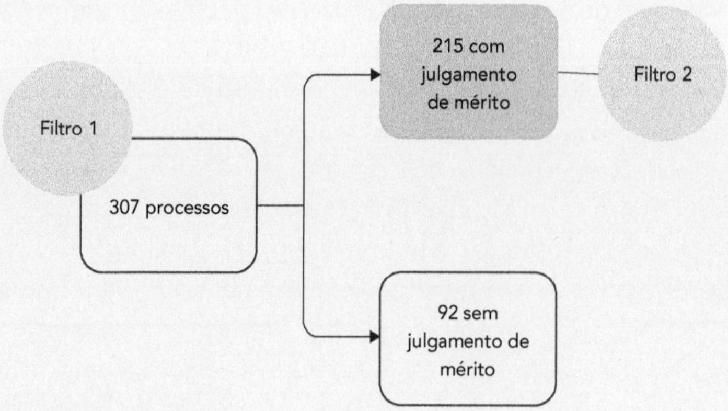

Fonte: Elaborada pela autora, 2022.

Figura 15 Imposição de sanções ("Filtro 3")

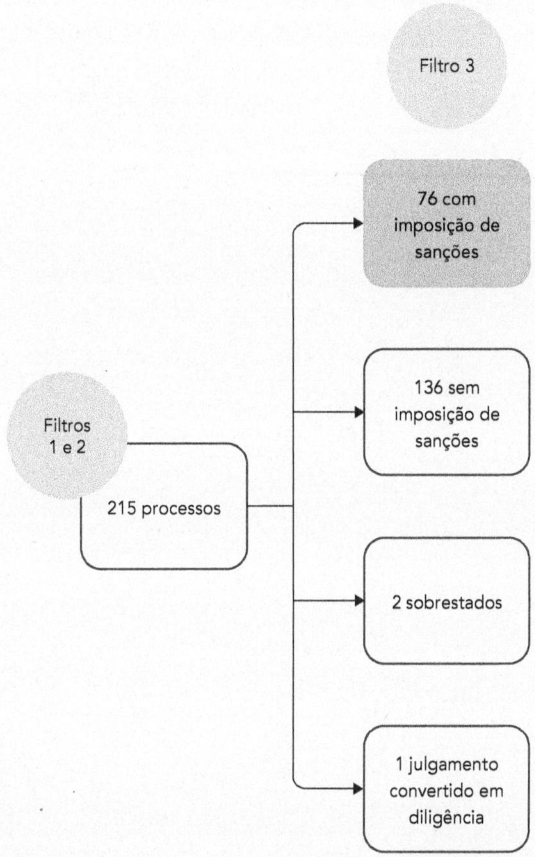

Fonte: Elaborada pela autora, 2022.

Destes 215 processos, em 76 houve imposição de uma ou mais sanções, a um ou mais responsáveis; em 136 não houve imposição de sanções; dois foram sobrestados e um teve o julgamento convertido em diligência, conforme mostrado na figura 15.

4.2.3 Recursos e alteração do resultado do julgamento em fase recursal no TCU

Dos 215 processos em que houve julgamento de mérito, 115 receberam recursos, conforme figura 16 na página seguinte.

Figura 16 Interposição de recursos

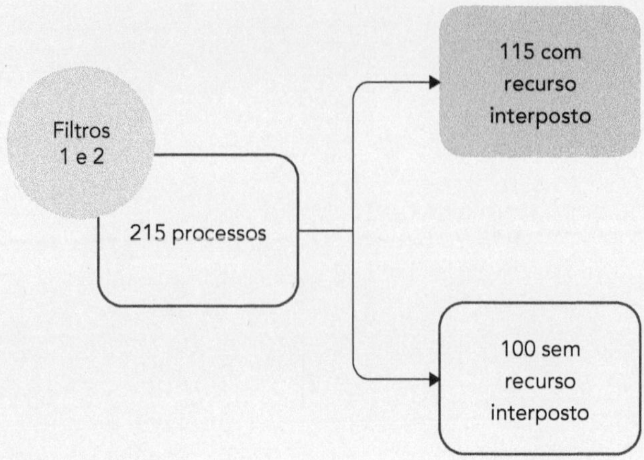

Fonte: Elaborada pela autora, 2022.

Destes 115 processos, 88 tiveram todos os recursos julgados, 19 tiveram um ou mais recursos julgados, mas não todos, e oito processos não tiveram recursos julgados (figura 17).

Figura 17 Julgamento de recursos

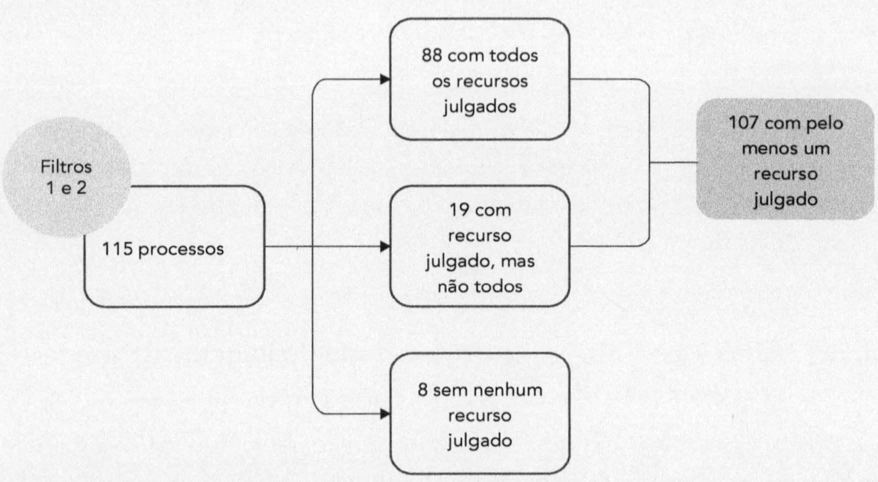

Fonte: Elaborada pela autora, 2022.

Do total de 107 processos com recursos julgados, ainda que não todos, 80 não tiveram o resultado do julgamento de mérito alterado e 27 o tiveram, sendo 21 para abrandar ou excluir sanção aplicada a um ou mais responsáveis, cinco para agravar ou aplicar sanção a um ou mais responsáveis (casos em que o recurso foi interposto pelo MPTCU), e um para suspender sanção anteriormente aplicada, como visto na figura 18, abaixo.

Figura 18 Alteração da condenação em sede de recurso ("Filtro 4")

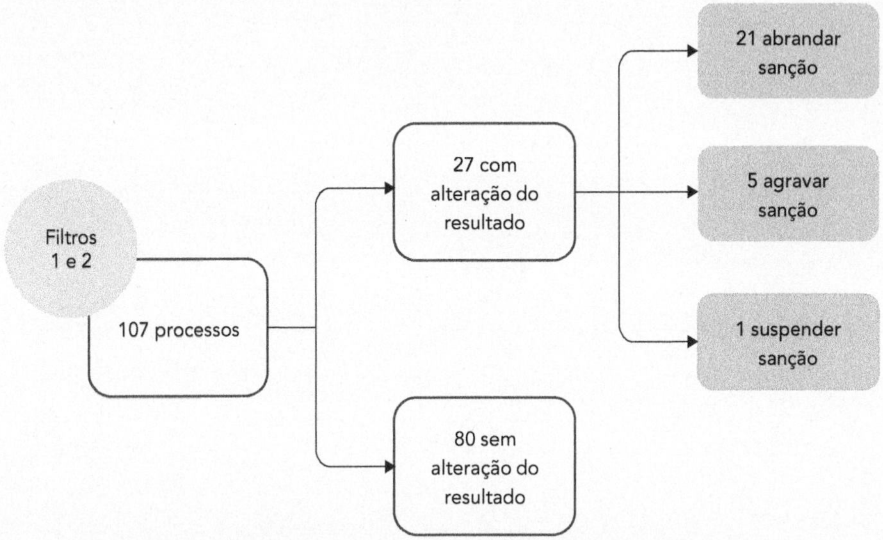

Fonte: Elaborada pela autora, 2022.

Se considerado apenas o universo dos 76 processos em que houve imposição de sanções, foram interpostos um ou mais recursos em 72 deles. Desses, 47 tiveram todos os recursos julgados, 19 tiveram um ou mais recursos julgados, mas não todos, e seis processos não tiveram recursos julgados.

Dos 66 processos em que ao menos um recurso foi julgado, 26 tiveram o resultado do julgamento de mérito alterado, sendo 21 para abrandar ou excluir sanção aplicada a um ou mais responsáveis, quatro para agravar ou aplicar sanção a um ou mais responsáveis (casos em que o recurso foi interposto pelo MPTCU), e um para suspender sanção anteriormente aplicada, conforme visto na figura 19 na página a seguir.

Figura 19 Alteração da condenação em sede de recurso, processos com condenação anterior

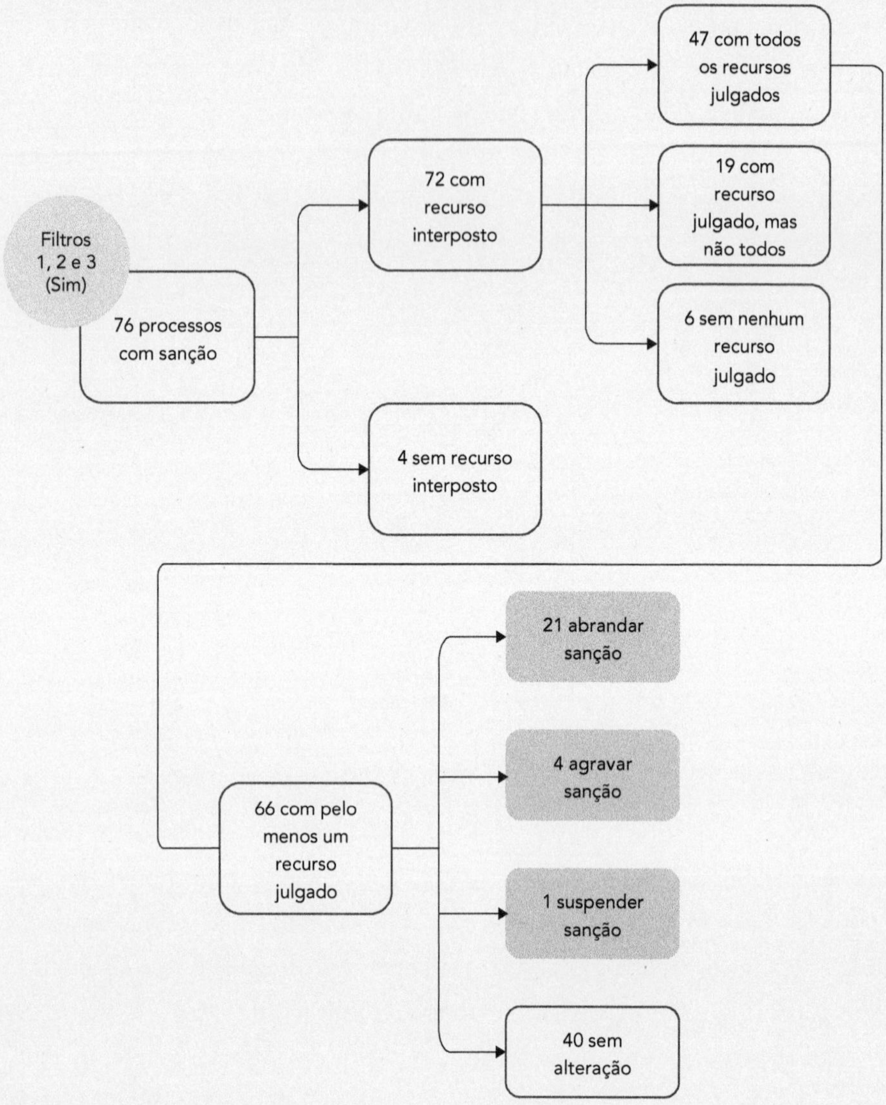

Fonte: Elaborada pela autora, 2022.

Por outro lado, se considerado apenas o universo dos 136 processos em que não houve imposição de sanções quando do julgamento de mérito, foram interpostos um ou mais recursos em 42 deles. Desses, 40 tiveram todos os recursos julgados, sendo que em apenas um foi aplicada sanção a responsável que não havia sido sancionada anteriormente (figura 20).

Figura 20 Alteração da condenação em sede de recurso, processos sem condenação anterior

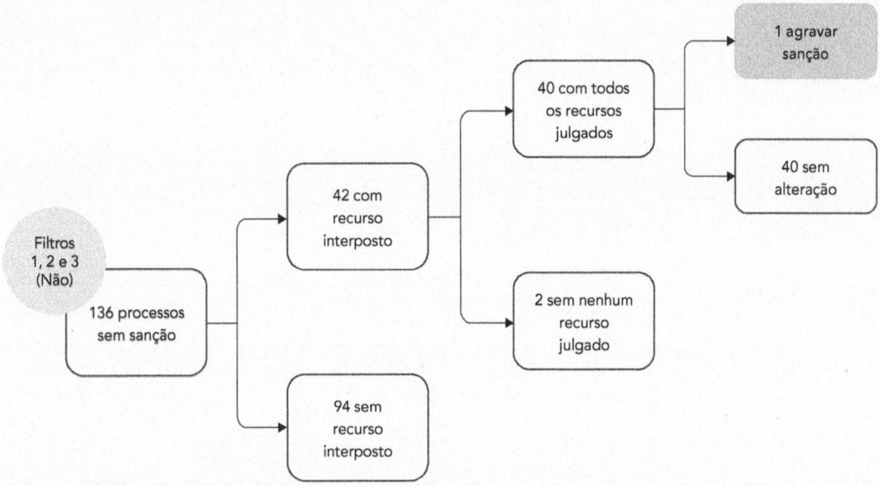

Fonte: Elaborada pela autora, 2022.

4.2.4 Imposição de sanções pelo TCU, após o julgamento de recurso

A partir dos dados acima (itens 4.2.2 e 4.2.3), dos 215 processos que tiveram o mérito julgado, já contemplando eventuais alterações do resultado do julgamento em sede de recurso, em 69 foram aplicadas uma ou mais sanções, a um ou mais responsáveis. Deste, 43 estão ativos e 26 estão encerrados, sendo definitiva a sanção aplicada, conforme a figura 21 e a tabela 7 a seguir.

Figura 21 Imposição de sanções, considerando alterações em recursos

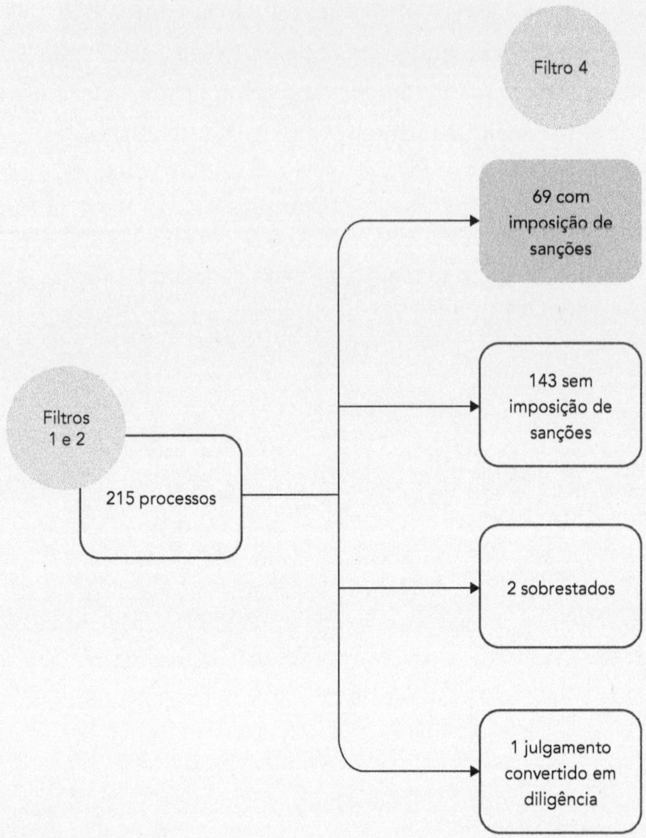

Fonte: Elaborada pela autora, 2022.

Tabela 7 Situação dos processos em que foram impostas sanções

Sanções – Situação do Processo	
Ativo	43
Encerrado	26

Fonte: Elaborada pela autora, 2022.

Os 69 processos envolvem 392 responsáveis, dos quais: 272 foram sancionados; um foi sancionado, mas teve, posteriormente, a sanção suspensa; quatro tiveram o julgamento sobrestado; e 115 não foram sancionados (figura 22).

Figura 22 Imposição de sanções, considerando alterações em recursos

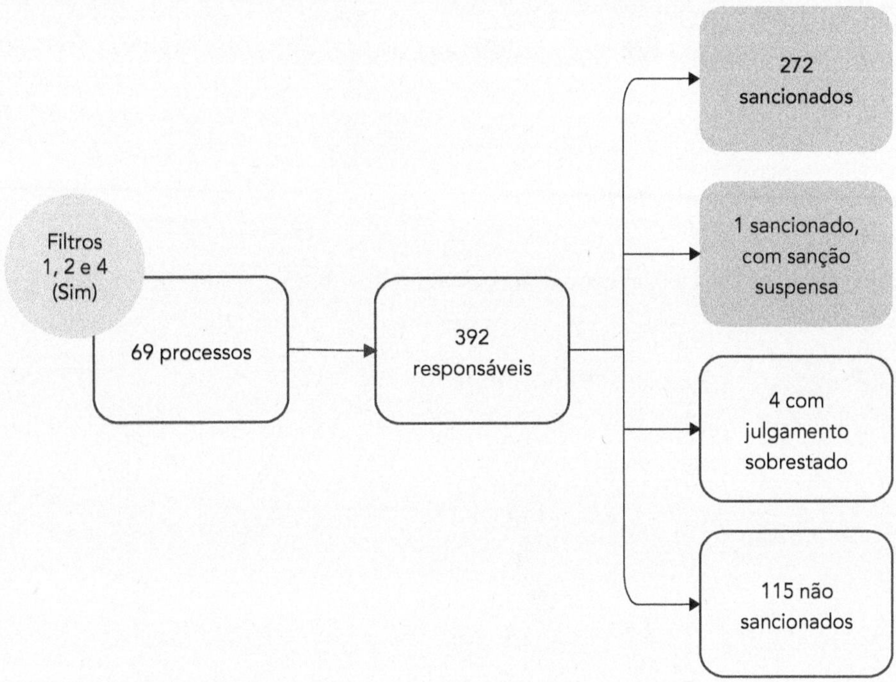

Fonte: Elaborada pela autora, 2022.

Quanto aos 273 responsáveis sancionados (incluindo o que teve a sanção suspensa), 197 são pessoas físicas e 76 são pessoas jurídicas. A 133 deles foi aplicada apenas uma sanção; a 140 responsáveis foi aplicada mais de uma sanção.

Tabela 8 Natureza do Responsável

Sanções – Natureza do Responsável	
Pessoa física	197
Pessoa jurídica	76

Fonte: Elaborada pela autora, 2022.

Tabela 9 Quantidade de sanções aplicadas

Sanção isolada ou cumulada	
Apenas 1	133
Mais de 1	140

Fonte: Elaborada pela autora, 2022.

Quanto aos responsáveis, as sanções estão distribuídas da seguinte forma:

Figura 23 Sanções aplicadas (por responsável)

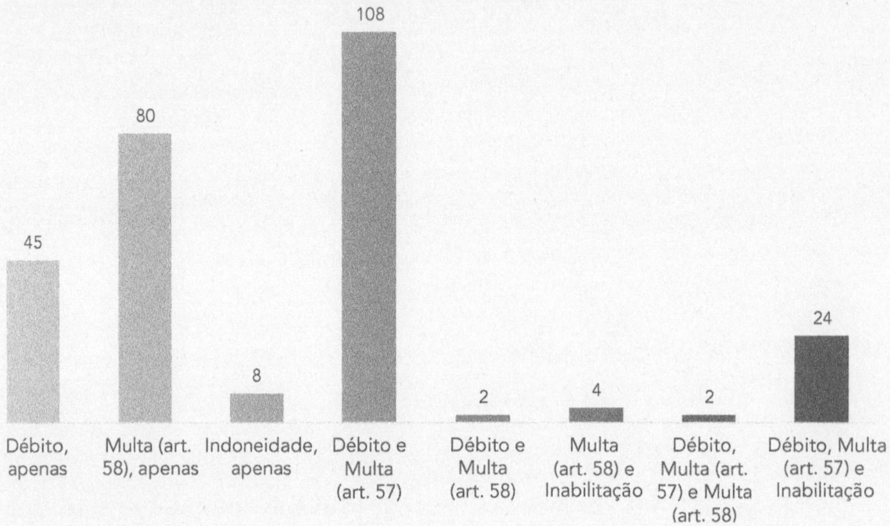

Fonte: Elaborada pela autora, 2022.

A seguir, são apresentados os resultados para cada tipo de sanção.

4.2.4.1 Imposição da sanção de imputação de débito pelo TCU

A imputação de débito (art. 19 da LOTCU) ocorreu em 40[79], dos 69 processos em que foram aplicadas uma ou mais sanções, aplicada a 181, dos 273 responsáveis sancionados com uma ou mais sanções, sendo 113 pessoas físicas e 68 pessoas jurídicas.

[79] Diferentemente da figura 23, que mostra o número de responsáveis sancionados com cada tipo de sanção, aqui o dado se refere ao número de processos em que a sanção foi aplicada.

Figura 24 Imputação de Débito (art. 19)

181	Responsáveis imputados em débito
40	Processos

Fonte: Elaborada pela autora, 2022.

Tabela 10 Imputação de Débito – natureza do responsável

Débito – Natureza do Responsável	
Pessoa física	113
Pessoa jurídica	68

Fonte: Elaborada pela autora, 2022.

4.2.4.2 Imposição da sanção de multa (art. 57) pelo TCU

A multa de que trata o art. 57 da LOTCU foi aplicada a 134 responsáveis (dos 273 responsáveis sancionados com uma ou mais sanções), em 33 processos distintos (dos 69 processos em que foram aplicadas uma ou mais sanções). 80 dos responsáveis são pessoas físicas e 54 são pessoas jurídicas.

Figura 25 Multa (art. 57)

134	Responsáveis multados (art. 57)
33	Processos

Fonte: Elaborada pela autora, 2022.

Tabela 11 Multa (art. 57) – natureza do responsável

Multa (art. 57) – Natureza do responsável	
Pessoa física	80
Pessoa jurídica	54

Fonte: Elaborada pela autora, 2022.

4.2.4.3 Imposição da sanção de multa (art. 58) pelo TCU

Já a multa do art. 58 da LOTCU foi aplicada a 88 responsáveis pessoas físicas (dos 273 responsáveis sancionados com uma ou mais sanções — sendo 197 pessoas físicas), em 27 processos distintos (dos 69 processos em que foram aplicadas uma ou mais sanções).

Figura 26 Multa (art. 58)

88 Responsáveis multados (art. 58)

28 Processos

Fonte: Elaborada pela autora, 2022.

Tabela 12 Multa (art. 58) – natureza do responsável

Multa (art. 58) – Natureza do Responsável	
Pessoa física	88

Fonte: Elaborada pela autora, 2022.

4.2.4.4 Imposição da sanção de inabilitação para o exercício de cargo em comissão ou função de confiança pelo TCU

A sanção de inabilitação para o exercício de cargo em comissão ou função de confiança (art. 60 da LOTCU) foi aplicada a 28 responsáveis pessoas físicas (dos 273 responsáveis sancionados com uma ou mais sanções — sendo 197 pessoas físicas), em 14 processos (dos 69 processos em que foram aplicadas uma ou mais sanções).

Figura 27 Inabilitação para exercício de cargo em comissão ou função de confiança (art. 60)

28 Responsáveis inabilitados para o exercício de cargo ou função

14 Processos

Fonte: Elaborada pela autora, 2022.

4.2.4.5 Imposição da sanção de inidoneidade para participar de licitação pelo TCU

Por fim, a sanção de inidoneidade para participar de licitação (art. 46 da LOTCU) foi aplicada a oito responsáveis pessoas jurídicas (dos 273 responsáveis sancionados com uma ou mais sanções — sendo 76 pessoas jurídicas), em cinco processos (dos 69 processos em que foram aplicadas uma ou mais sanções).

Figura 28 Inidoneidade para participar de licitação (art. 46)

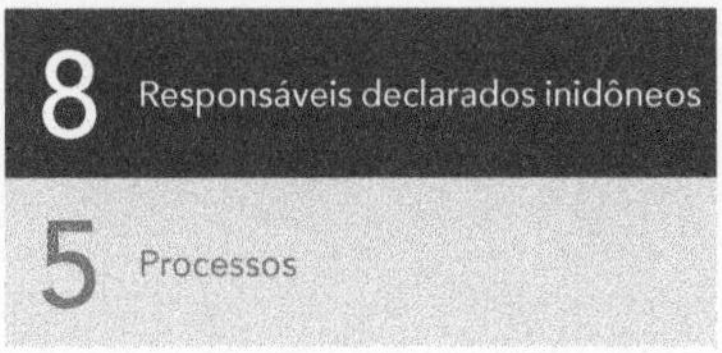

Fonte: Elaborada pela autora, 2022.

Foi observado, ainda quanto à declaração de inidoneidade, que uma das empresas sancionadas teve, em sede de recurso, a eficácia da sanção suspensa. E que, em um processo em que quatro empresas foram declaradas inidôneas, outras quatro pessoas jurídicas que figuram como responsáveis tiveram sobrestada a análise de mérito em relação a si. Essas constatações serão detidamente analisadas no próximo capítulo.

4.2.4.6 Imposição da sanção de desconsideração da personalidade jurídica pelo TCU

Por último, foram identificados três processos em que o TCU decretou a desconsideração da personalidade jurídica de responsáveis, sem qualquer outra sanção. Como exposto anteriormente (item 3.2.2.4), essas ocorrências foram consideradas apenas para registro, não sendo entendidas doutrinariamente, e para os fins deste trabalho, como sanção.

Figura 29 Desconsideração da Personalidade Jurídica

Fonte: Elaborada pela autora, 2022.

4.2.5 Interações dos processos do TCU com acordos de leniência e, em específico, acordos de leniência anticorrupção celebrados pela CGU/AGU

Como visto no tópico anterior, dos 215 processos que tiveram o mérito julgado, já contemplando eventuais alterações do resultado do julgamento em sede de recurso, em 69 foram aplicadas uma ou mais sanções, a um ou mais responsáveis; em 143 não foi aplicada nenhuma sanção, a nenhum responsável; dois foram sobrestados; e um teve o julgamento convertido em diligência (vide figura 21).

Figura 30 Acórdãos com menção a acordo de leniência

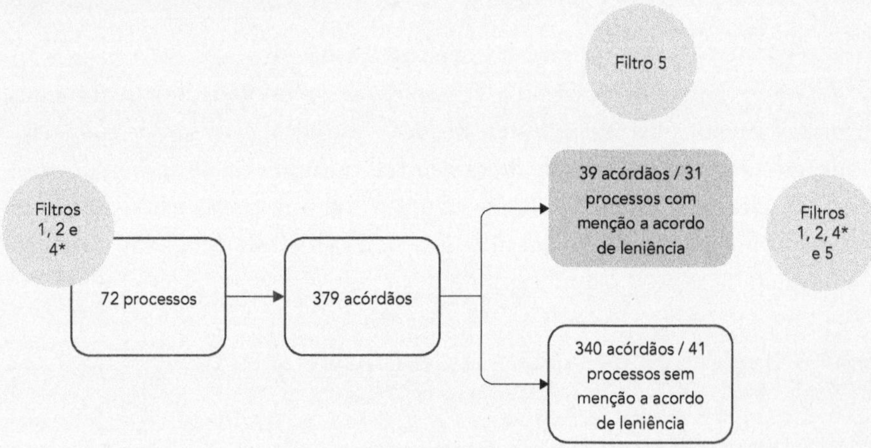

*Filtro 4 = "sim", "sobrestamento" e "conversão em diligência"

Fonte: Elaborada pela autora, 2022.

Esta etapa da pesquisa consistiu em analisar se acordos de leniência, celebrados pelas empresas que figuram como responsáveis, foram considerados para a tomada de decisão, pelo TCU, nos casos de (i) imposição de sanções; (ii) sobrestamento; e (iii) conversão em diligência, totalizando 72 processos.

Figura 31 Processos em que acordo de leniência foi considerado para a tomada de decisão

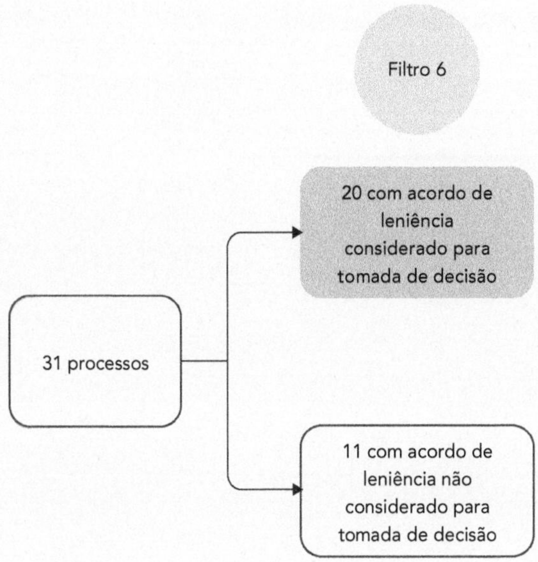

*Filtro 4 = "sim", "sobrestamento" e "conversão em diligência"

Fonte: Elaborada pela autora, 2022.

Para isso, foram catalogados todos os acórdãos proferidos pelo TCU nos 72 processos, num total de 379 acórdãos. Desse total, 39 acórdãos, referentes a 31 processos diferentes, fazem menção a acordo de leniência.

Dos 31 processos em que há acórdãos com menção a acordo de leniência, em 20 tais acordos foram considerados para a tomada de decisão, independentemente do resultado do julgamento (se pela imposição de sanções ou não) e incluindo decisões cujo comando é a citação de pessoas para pagamento do débito ou apresentação de defesa (figura 31).

Nesses 20 processos, foram proferidos 30 acórdãos, sendo 13 para impor alguma sanção; nove em sede de recurso; cinco para determinar a citação de responsáveis para apresentação de defesa ou para efetuar o pagamento do débito apurado; três para sobrestar o processo (um mesmo acórdão considerou acordo de leniência para sancionar alguns responsáveis e sobrestar o processo em relação a outros); e um para converter o julgamento em diligência, conforme figura 32 na página seguinte.

Figura 32 De que forma o acordo de leniência foi considerado para a tomada de decisão

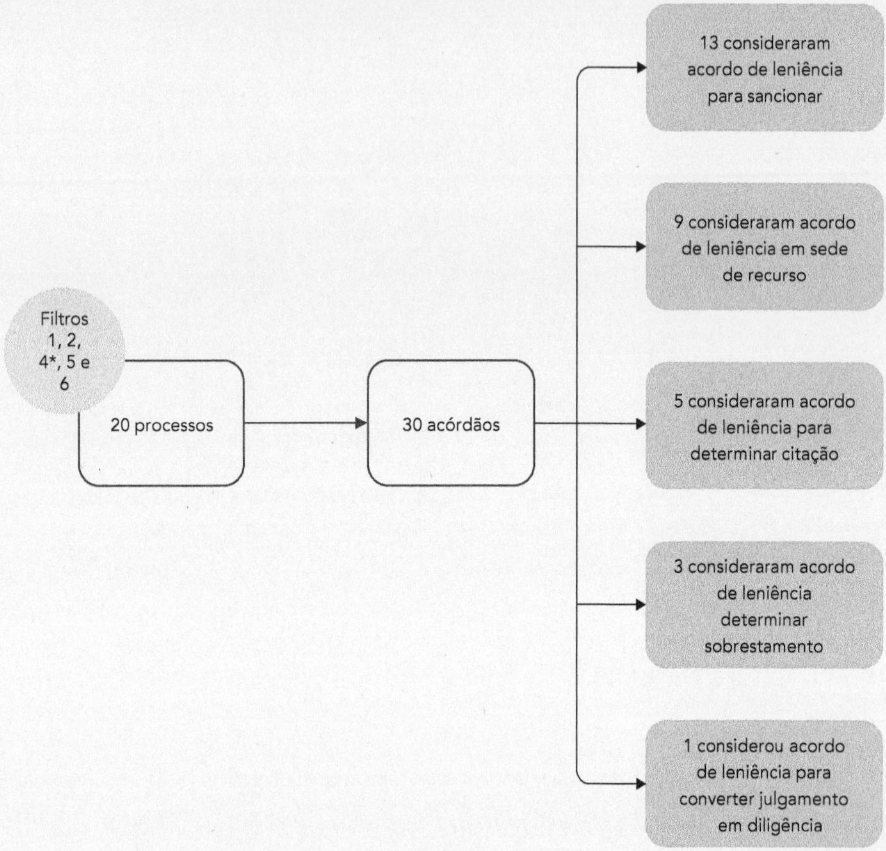

*Filtro 4 = "sim", "sobrestamento" e "conversão em diligência".

Fonte: Elaborada pela autora, 2022.

Quanto aos acórdãos que consideraram os acordos de leniência e impuseram sanções, cinco declararam inidôneas para participar de licitações cinco responsáveis que celebraram acordo de leniência anticorrupção. Em quatro desses casos, a sanção foi aplicada pelo TCU antes da assinatura do acordo com a CGU/AGU, sendo que, em um caso, o TCU considerou o acordo de leniência, em sede de recurso, para suspender a eficácia da sanção.

Ainda, oito acórdãos imputaram débito e multa (art. 57) a nove responsáveis que celebraram acordo de leniência anticorrupção. Sete acórdãos foram proferidos após a celebração do acordo de leniência anticorrupção com a CGU/AGU.

Figura 33 Acórdãos que consideraram acordo de leniência para tomada de decisão: resultado e momento dos julgamentos

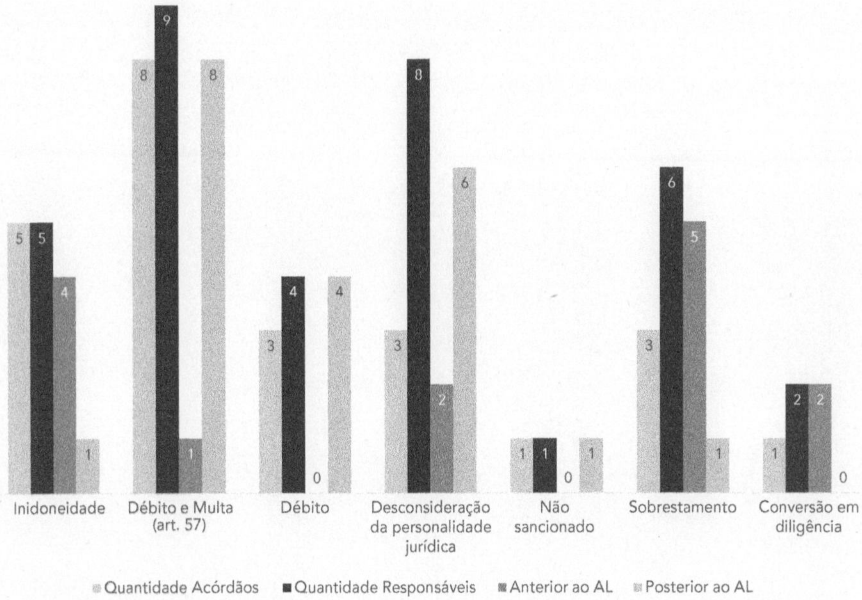

Fonte: Elaborada pela autora, 2022.

E três acórdãos imputaram débito a quatro responsáveis que celebraram acordo de leniência anticorrupção. Todos os três acórdãos foram proferidos após a celebração do acordo de leniência anticorrupção (figura 33).

Quanto ao órgão com o qual foi celebrado o acordo de leniência considerado pelo TCU na tomada de decisão, identificou-se que, apesar de estarmos analisando os processos referentes a empresas signatárias de acordos de leniência anticorrupção com a CGU/AGU, nem sempre estes foram considerados, ou foram os únicos acordos considerados.

O acordo de leniência anticorrupção com a CGU/AGU foi o único considerado em nove processos, para 12 responsáveis; em dois processos, para três responsáveis, foi considerado em conjunto com acordo celebrado com o MPF; e, em seis processos, para sete responsáveis, foi considerado em conjunto com os acordos celebrados com o MPF e com o CADE.

Em quatro processos, o TCU considerou, para oito responsáveis, apenas o acordo de leniência celebrado com o MPF; e, em dois processos, para dois responsáveis, foram considerados os acordos celebrados com o MPF e com o CADE. Em um processo, para dois responsáveis, foi considerado acordo de

Figura 34 Órgão signatário do acordo de leniência considerado pelo TCU na tomada de decisão

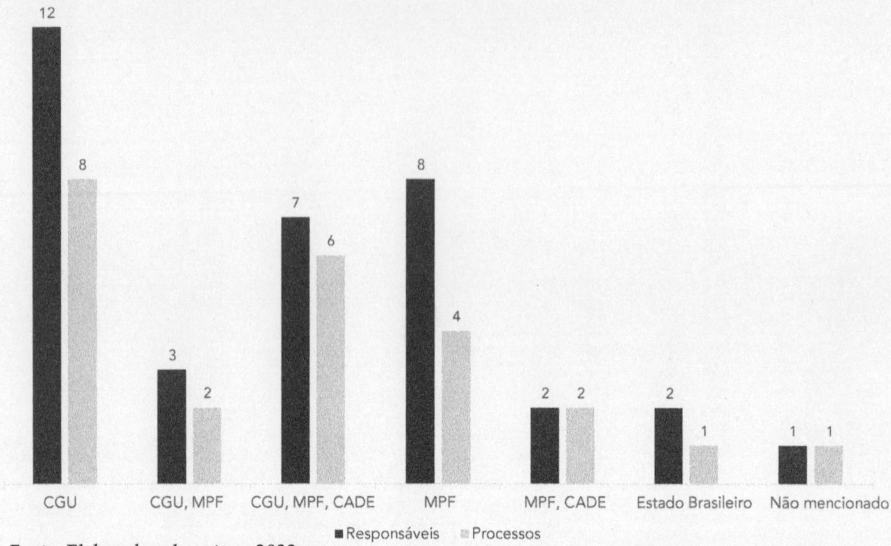

Fonte: Elaborada pela autora, 2022.

leniência celebrado com o "Estado Brasileiro", não sendo possível identificar o órgão específico signatário do acordo, tendo em vista tratar-se de empresa beneficiária de leniência em mais de um órgão. Apenas em relação a um responsável, não foi mencionado o acordo de leniência celebrado (figura 34).

Os fundamentos expostos nos 30 acórdãos que consideraram o acordo de leniência para a tomada de decisão serão abordados no próximo capítulo, na tentativa de se traçar o perfil sancionador do TCU em relação aos signatários de acordos de leniência anticorrupção.

4.3 Síntese quantitativa dos dados coletados na CGU e no TCU

Os tópicos anteriores apresentaram os resultados dos dados coletados da CGU (4.1) e do TCU (4.2), estes divididos em cinco seções, apenas para fins metodológicos e para melhor e mais clara exposição. Partiu-se do universo de 15 acordos de leniência anticorrupção, assinados por 44 pessoas jurídicas, e dos 437 processos administrativos no TCU em que constam como responsáveis ao menos uma dessas pessoas jurídicas, sem recorte temporal ou delimitação de classe processual, de objeto e de unidade jurisdicionada. O conteúdo exposto pode ser sintetizado da seguinte forma:

(i) a CGU, em conjunto com a AGU, celebrou 15 acordos de leniência no período de julho de 2017 (data do primeiro acordo) a setembro de 2021 (data da última verificação para a pesquisa), assinados por 44 pessoas jurídicas (pertencentes a 15 grupos econômicos distintos);

(ii) a partir dos dados "nome" e "CNPJ" das 44 pessoas jurídicas, provenientes dos acordos de leniência celebrados com a CGU/AGU, foram identificados 437 processos no TCU;

(iii) dos 437 processos, 130 não mencionam o nome e/ou o CNPJ de pessoas jurídicas signatárias de acordos de leniência com a CGU/AGU no rol de responsáveis disponível na página de acompanhamento processual, nem nas decisões e nos acórdãos disponíveis para consulta;

(iv) dos 307 processos restantes, 215 tiveram julgamento de mérito;

(v) dos 215 processos em que houve julgamento de mérito, em 76 houve imposição de uma ou mais sanções, a um ou mais responsáveis, em 136 não houve imposição de sanções, dois foram sobrestados e um teve seu julgamento convertido em diligência;

(vi) dos 215 processos em que houve julgamento de mérito, 115 receberam recursos;

(vii) dos 115 processos em que foram interpostos um ou mais recursos, 88 processos tiveram todos os recursos julgados, 19 processos tiveram um ou mais recursos julgados, mas não todos, e nove processos não tiveram recursos julgados;

(viii) dos 107 processos com recursos julgados, 27 tiveram o resultado do julgamento de mérito alterado, sendo 21 para abrandar ou excluir sanção aplicada a um ou mais responsáveis, cinco para agravar ou aplicar sanção a um ou mais responsáveis (casos em que o recurso foi interposto pelo MPTCU), e um para suspender sanção anteriormente aplicada;

(ix) considerando o resultado do julgamento de recursos, quando realizado, dos 215 processos em que houve julgamento de mérito, em 69 houve imposição de uma ou mais sanções, a um ou mais responsáveis, em 143 não houve imposição de sanções, dois foram sobrestados e um teve seu julgamento convertido em diligência;

(x) os 69 processos em que foi imposta uma ou mais sanções envolvem 392 responsáveis, dos quais: 272 foram sancionados; um foi sancionado, mas teve, posteriormente, a sanção suspensa; quatro tiveram o julgamento sobrestado; e 115 não foram sancionados;

(xi) dos 273 responsáveis sancionados, 45 foram condenados em débito; 80 em multa (art. 58); oito em inidoneidade; 108 foram condenados em débito e multa (art. 57); dois em débito e multa (art. 58); 4 em multa (art. 58) e inabilitação; dois em débito, multa (art. 57) e multa (art. 58); e 24 responsáveis foram condenados em débito, multa (art. 57) e inabilitação;

(xii) nos processos em que houve imposição de uma ou mais sanções, a um ou mais responsáveis (69), os que foram sobrestados (2) e o que teve seu julgamento convertido em diligência (1), totalizando 72 processos, foram proferidos 379 acórdãos;

(xiii) dos 379 acórdãos, 39, referentes a 31 processos diferentes, fazem menção a acordo de leniência;

(xiv) dos 31 processos em que há acórdãos com menção a acordo de leniência, em 20 tais acordos de leniência foram considerados para a tomada de decisão, independentemente do resultado do julgamento (se pela imposição de sanções ou não) e incluindo decisões cujo comando é a citação de pessoas para pagamento do débito ou apresentação de defesa;

(xv) nos 20 processos, foram proferidos 30 acórdãos, sendo 13 para impor alguma sanção; 9 em sede de recurso; cinco para determinar a citação de responsáveis para apresentação de defesa ou para efetuar o pagamento do débito apurado; dois para sobrestar o processo; e um para converter o julgamento em diligência;

(xvi) quanto aos responsáveis que celebraram acordo de leniência anticorrupção, cinco foram declarados inidôneos para participar de licitações; nove tiveram imputação de débito e foram multados (art. 57); e quatro tiveram apenas imputação de débito;

(xvii) o acordo de leniência anticorrupção com a CGU/AGU foi considerado para 22 responsáveis, ainda que em conjunto com outro(s) acordo(s); e, em que pese tenha sido celebrado, não foi considerado para 13 responsáveis, que tiveram considerado(s) apenas outro(s) acordo(s).

A figura 35 ilustra a síntese dos resultados extraídos da Base de Dados CGU e da Base de Dados TCU, com destaque para o conjunto de dados relevante para o próximo passo da pesquisa, qual seja, traçar o perfil sancionador do TCU em relação aos signatários de acordos de leniência anticorrupção com a CGU/AGU.

Todo o caminho metodológico proposto no Capítulo 3 e executado para obtenção dos resultados demonstrados neste Capítulo 4 foi necessário para que (i) se identificasse as pessoas jurídicas que celebraram acordo de leniência anticorrupção com a CGU/AGU e (ii) a partir desses dados da CGU, se buscasse os processos no TCU envolvendo essas pessoas jurídicas, a fim de (iii) verificar como o TCU sancionou esses responsáveis, se levando em conta os acordos celebrados com a CGU/AGU ou não.

Em razão das já expostas dificuldades enfrentadas, referentes à transparência dos dados (tanto em relação à CGU — objeto dos acordos e período

Figura 35 Síntese dos dados coletados no TCU

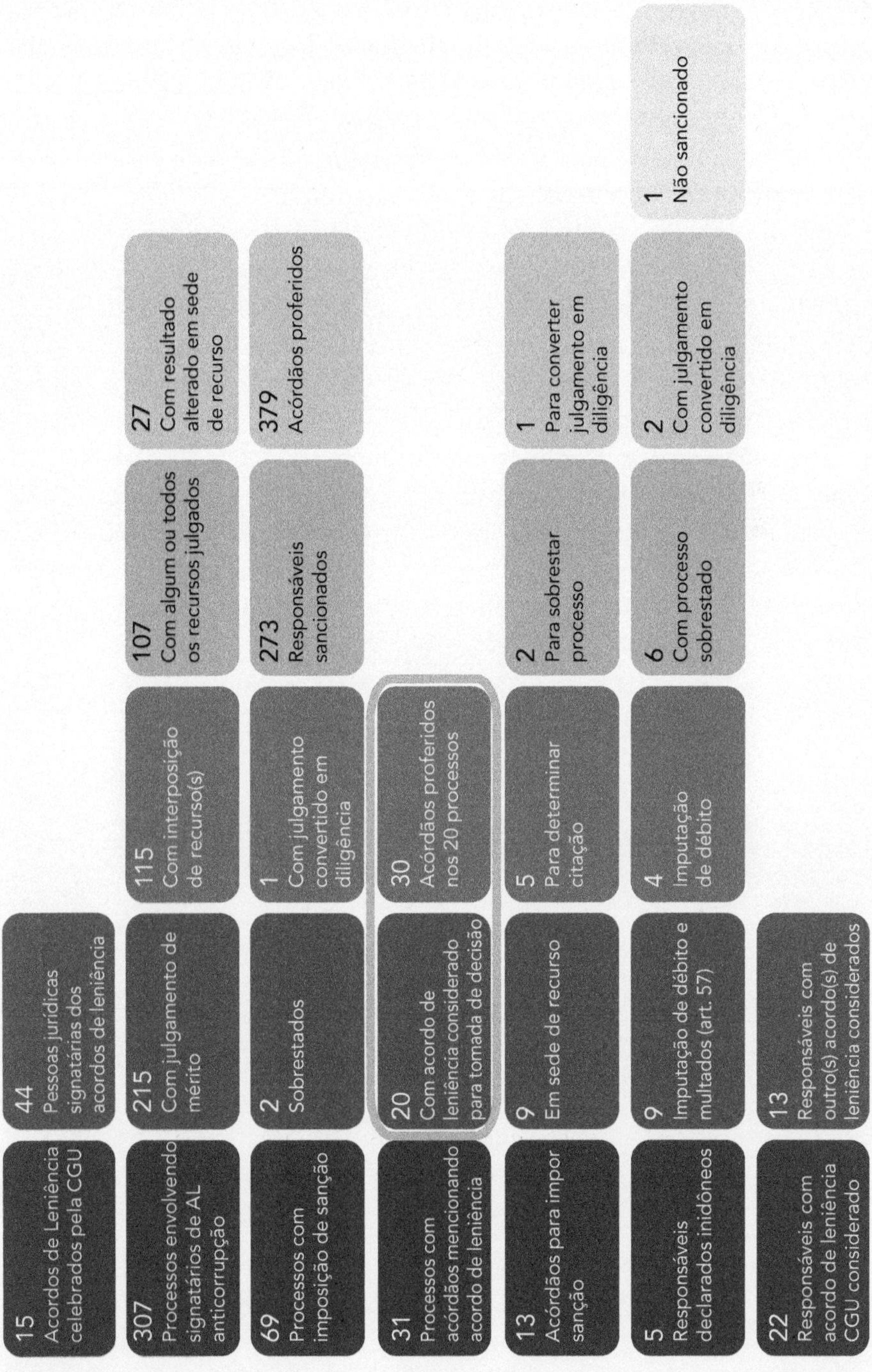

Fonte: Elaborada pela autora, 2022.

de ocorrência dos fatos objeto dos acordos — quanto em relação ao TCU — objeto dos processos e processos sigilosos), optou-se por construir uma ampla base de dados do TCU, sem delimitação temporal, de classe processual, de objeto e de unidade jurisdicionada (isto é, o órgão federal relacionado ao objeto do processo).

Essa ampla base de dados, que partiu de um universo de 437 processos, foi sendo gradativamente delimitada com a utilização de filtros, até que se chegasse ao universo de 20 processos, nos quais foram proferidos 30 acórdãos, em que o TCU considerou os acordos de leniência anticorrupção celebrados com a CGU / AGU como fundamento para a tomada de decisão, independentemente do resultado do julgamento (se pela imposição de sanções ou não) e incluindo decisões cujo comando é a citação de pessoas para pagamento do débito ou apresentação de defesa.

O resultado da delimitação da base da dados do TCU, obtido após a aplicação dos filtros — isto é, os 30 acórdãos (proferidos em 20 processos) que consideraram o acordo de leniência anticorrupção para a tomada de decisão —, será o objeto de análise do próximo capítulo, na tentativa de se traçar o perfil sancionador do TCU em relação aos signatários de acordos de leniência anticorrupção.

5

Como o TCU sanciona os signatários de acordos de leniência anticorrupção celebrados com a CGU/AGU entre 2017 e 2021: análise qualitativa dos dados coletados

Após todo o caminho percorrido na pesquisa quantitativa realizada a partir da Base de Dados TCU, chegou-se ao universo de 30 acórdãos proferidos pelo TCU que consideraram o acordo de leniência para a tomada de decisão. No presente capítulo, esses acórdãos serão detalhados para, a partir dos fundamentos neles utilizados e dos resultados dos julgamentos, se traçar o perfil sancionador do TCU em relação aos signatários de acordos de leniência anticorrupção com a CGU / AGU.

Os 30 acórdãos foram divididos em três grupos, de acordo com a fase processual em que os respectivos acórdãos foram proferidos: (i) fase de instauração do contraditório (acórdãos de citação) — o TCU se refere a esses acórdãos como preliminares[80] (5.1); (ii) fase de análise de mérito (acórdãos de mérito) (5.2); e (iii) fase de recurso (acórdãos de julgamento de recurso) (5.3).

---

[80] De acordo com o RI/TCU, a citação pode ser determinada pelo relator (por meio de despacho ou decisão), ou pelo Tribunal, entendido como órgão colegiado, por meio de acórdão.
Art. 67. As deliberações do Plenário e, no que couber, das câmaras, terão a forma de:
V — acórdão, quando se tratar de deliberação em matéria da competência do Tribunal de Contas da União, não enquadrada nos incisos anteriores.
Art. 201. "A decisão em processo de prestação ou de tomada de contas, mesmo especial, pode ser preliminar, definitiva ou terminativa." § 1º: "Preliminar é a decisão pela qual o relator ou o Tribunal, antes de pronunciar-se quanto ao mérito das contas, resolve sobrestar o julgamento, ordenar a citação ou a audiência dos responsáveis, rejeitar as alegações de defesa e fixar novo e improrrogável prazo para recolhimento do débito ou, ainda, determinar outras diligências necessárias ao saneamento do processo."

Para cada acórdão, são informados: (i) o processo (classe e número, objeto, unidade jurisdicionada, responsáveis e relator); (ii) o momento em que proferido (se antes ou após a celebração do acordo de leniência anticorrupção pelo responsável); (iii) o dispositivo; (iv) a *ratio decidendi*; e (v) o perfil sancionador identificado pela autora.

Ao final de cada tópico, apresenta-se a conclusão preliminar, que consiste em elaborar o perfil sancionador do TCU em cada grupo de acórdãos analisado. E, após a exposição dos três grupos, é apresentado um panorama do comportamento do TCU, a partir dos acórdãos analisados que consideraram o acordo de leniência para a tomada de decisão (5.4).

5.1 Acórdãos do TCU na fase de instauração do contraditório (acórdãos de citação) que consideraram acordo de leniência para a tomada de decisão

Conforme explicitado anteriormente, foram identificados 72 processos na base de dados em que o TCU impôs sanções, determinou o sobrestamento ou converteu o julgamento em diligência, dos quais 20 processos tiveram acordos de leniência considerados para tomada de decisão. Nesses 20 processos, foram analisados 30 acórdãos.

Assim, foi possível analisar não só os acórdãos que decidiram pelo sancionamento, como também aqueles proferidos em sede de recurso ou, no que importa para o presente tópico, os acórdãos que decidem pela instauração do contraditório no processo de controle externo, isto é, que determinam a citação dos responsáveis para apresentação de alegações de defesa e elementos de prova — definidos pelo TCU como preliminares[81]. Para os fins do presente trabalho, esses acórdãos serão referidos como "acórdãos de citação".

Foram identificados cinco acórdãos de citação, proferidos em cinco processos, em que há menções a acordos de leniência (figura 36).

[81] RI/TCU. Art. 201, § 1º: "Preliminar é a decisão pela qual o relator ou o Tribunal, antes de pronunciar-se quanto ao mérito das contas, resolve sobrestar o julgamento, ordenar a citação ou a audiência dos responsáveis, rejeitar as alegações de defesa e fixar novo e improrrogável prazo para recolhimento do débito ou, ainda, determinar outras diligências necessárias ao saneamento do processo."

Figura 36 Acórdãos de citação identificados

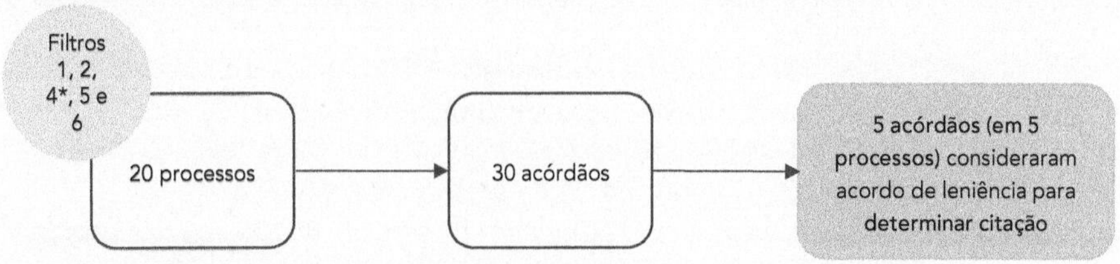

*Filtro 4 = "sim", "sobrestamento" e "conversão em diligência".

Fonte: Elaborada pela autora, 2022.

5.1.1 Acórdão 1831/2017 – Plenário, de 23/08/2017

Processo: TCE 004.056/2015-9, que tem por objeto possíveis irregularidades em trecho da Ferrovia Norte-Sul — Valec, em que figuram como responsáveis agentes da Valec e a empresa Construções e Comércio Camargo Corrêa S.A., de relatoria do ministro Benjamin Zymler.

Momento do julgamento pelo TCU: anterior à celebração do acordo de leniência anticorrupção pelo grupo Camargo Corrêa com a CGU/AGU (que veio a ser celebrado em 31/07/2019).

Dispositivo: dentre outras medidas, determinou a citação dos responsáveis para apresentar alegações de defesa ou recolher aos cofres do órgão lesado o valor atualizado do débito.

Ratio decidendi: como mencionado, à época da deliberação ainda não existia o acordo de leniência do grupo Camargo Corrêa com a CGU/AGU, mas o acordo de leniência celebrado pela empresa com o CADE e com o MPF é mencionado pelo relator em seu voto, que afirma que a existência do acordo não exime a empresa de reparar integralmente o dano apurado, bem como que

> o TCU não pode se furtar de cumprir seu papel constitucional de buscar o ressarcimento integral do dano sofrido pelos cofres públicos, pois o direito patrimonial em questão é de ordem indisponível, sendo certo que o acordo de leniência celebrado por outro órgão não pode dispor a respeito de matérias de competência exclusiva do TCU. (BRASIL, 2017h).

Entretanto, com base no precedente acórdão 483/2017 — Plenário, o voto do relator esclareceu que podem ser adotadas premissas distintas ao se tratar de responsáveis beneficiários de acordos de leniência celebrados com outros órgãos, a saber:

a) benefício de ordem na cobrança da dívida nas tomadas de contas especiais em que empresas colaboradoras respondam solidariamente pelo débito junto a outras empresas;
b) reconhecimento da boa-fé, com os naturais efeitos de extinção dos juros de mora sobre o montante da dívida (Regimento Interno do TCU, art. 202);
c) ressarcimento da dívida mediante parcelamento delineado de forma a respeitar a capacidade real de pagamento das empresas (*ability to pay*);
d) abatimento, em cada uma das primeiras parcelas da dívida, dos valores eventualmente antecipados no âmbito do acordo celebrado pelo Ministério Público Federal, os quais passam a funcionar como um fundo reparador, providência que acarretaria o diferimento do início do recolhimento do débito; e
e) supressão da multa proporcional ao débito, a qual, de outra forma, poderia alcançar até 100% do valor atualizado do dano ao erário (Lei Orgânica do TCU, art. 57). (BRASIL, 2017h).

Ainda de acordo com o relator, esses benefícios poderão ser concedidos à empresa caso haja contrapartida "no sentido de não obstar o exercício das funções do Tribunal e o desenvolvimento do processo de controle externo", o que foi chamado de "postura cooperativa" (BRASIL, 2017h), envolvendo, exemplificativamente:

a) reconhecer sua participação nas irregularidades e apresentar a documentação fiscal e contábil que lhe seja requerida com a finalidade de estimar, com segurança e fidedignidade, os valores desviados;
b) não recorrer, no âmbito do processo de controle externo, das decisões que vierem a ser proferidas e que tenham relação com o ajuste ora em exame;
c) feitas as apurações, recolher sua quota-parte no débito solidário a partir da decisão que o determinar, respeitada sua capacidade real de pagamento. (BRASIL, 2017h).

Essas as razões pelas quais decidiu o Plenário que, no ofício de citação da empresa, conste "que eventual colaboração para o ressarcimento dos débitos pode levar esta Corte de Contas a considerar a aplicação dos benefícios mencionados no parágrafo 55 do voto que fundamenta esta deliberação, por ocasião do julgamento de mérito desta TCE". (BRASIL, 2017h).

Perfil sancionador: a partir das informações disponíveis, foi possível constatar que, nesse caso, o TCU decidiu, quando da citação, possibilitar à empresa beneficiária de leniência que adote postura cooperativa no processo de controle externo, consistente em (i) reconhecer sua participação nas irregularidades; (ii) apresentar os documentos solicitados que sirvam à estimativa segura e fidedigna do dano; (iii) deixar de recorrer das decisões de mérito; e (iv) após a decisão de mérito, recolher sua quota-parte do débito. Como contrapartida, o TCU poderá (i) conceder benefício de ordem para o pagamento do débito, quando houver responsabilidade solidária com outras empresas; (ii) deixar de fazer incidir juros de mora sobre o débito; (iii) parcelar o valor devido de acordo com a capacidade real de pagamento da empresa; (iv) abater os valores antecipados no acordo celebrado com o MPF; e (v) deixar de aplicar a multa do art. 57 da LOTCU.

5.1.2 Acórdão 2014/2017 – Plenário, de 13/09/2017

Processo: TCE 034.902/2015-5, que tem por objeto a quantificação do dano e a identificação dos responsáveis pelos indícios de irregularidade em obras do Complexo Petroquímico do Rio de Janeiro (Comperj) — Petrobras, em que figuram como responsáveis, dentre outros, agentes da Petrobras, as empresas Construtora Norberto Odebrecht S.A., Odebrecht S.A., PPI — Projeto de Plantas Industriais Ltda., Toyo Engineering Corporation, UTC Engenharia S.A. e UTC Participações S.A., de relatoria do ministro Bruno Dantas.

Momento do julgamento pelo TCU: posterior à celebração do acordo de leniência anticorrupção do grupo UTC com a CGU/AGU (celebrado em 10/07/2017), mas anterior à celebração do acordo de leniência anticorrupção do grupo Odebrecht com a CGU/AGU (que veio a ser celebrado em 09/07/2018).

Dispositivo: dentre outras medidas, determinou a citação dos responsáveis para apresentar alegações de defesa ou recolher aos cofres do órgão lesado o valor atualizado do débito.

Ratio decidendi: são mencionados o acordo de leniência celebrado pelo grupo UTC com a CGU/AGU e o acordo de leniência celebrado pelo grupo Odebrecht com o MPF (como exposto, à época da deliberação ainda não existia o acordo de leniência do grupo Odebrecht com a CGU/AGU). As razões de decidir são idênticas às expostas no acórdão 1831/2017 (item 5.1.1), exceto no que diz respeito ao modo de oferecimento da contrapartida, que deverá advir de "compromisso junto ao Ministério Público Federal ou outro órgão público celebrante" do acordo de leniência, "no sentido de não obstar o exercício das funções do Tribunal e o desenvolvimento do processo de controle externo, e adote postura cooperativa". (BRASIL, 2017d).

Por essas razões, o acórdão deixou expresso que

> quando da decisão sobre declaração de inidoneidade para contratar com a administração pública federal, bem como sobre a aplicação da multa de que trata o art. 57 da Lei 8443/1992, este Tribunal considerará os compromissos assumidos pelos responsáveis em acordos celebrados com o Poder Público, no que toca às medidas de colaboração que possam contribuir com os respectivos processos de controle externo, por meio, entre outras possibilidades, da apresentação de elementos que permitam, com maior nível de confiança, apurar e quantificar o dano ao erário, definir graus diferenciados de responsabilidades, dar celeridade e efetividade ao processo que busca o ressarcimento do dano ao erário; nessa ocasião, o Tribunal também deliberará sobre possíveis sanções premiais a serem concedidas, conforme o caso; (BRASIL, 2017d).

Perfil sancionador: nesse caso, identificou-se, a partir das informações disponíveis, que o TCU decidiu, quando da citação, possibilitar à empresa beneficiária de leniência que adote postura cooperativa no processo de controle externo, consistente em apresentar elementos que (i) permitam a apuração e a quantificação do dano, com maior nível de confiança; (ii) permitam a definição de graus de responsabilidades; e (iii) deem celeridade e efetividade ao processo de controle externo. Como contrapartida, o TCU concederá sanções premiais, conforme o caso, quando da decisão sobre declaração de inidoneidade e aplicação da multa do art. 57 da LOTCU.

5.1.3 Acórdão 2310/2017 – Plenário, de 11/10/2017

Processo: TCE 014.364/2015-8, que tem por objeto possíveis irregularidades em trecho da Ferrovia Norte-Sul — Valec, em que figuram como responsáveis, dentre outros, agentes da Valec e as empresas Constran S.A. e STE Serviços Técnicos de Engenharia S.A., de relatoria do ministro Benjamin Zymler.

Momento do julgamento pelo TCU: posterior à celebração do acordo de leniência anticorrupção do grupo UTC com a CGU/AGU (celebrado em 10/07/2017).

Dispositivo: dentre outras medidas, determinou a citação dos responsáveis para apresentar alegações de defesa ou recolher aos cofres do órgão lesado o valor atualizado do débito.

Ratio decidendi: o acordo de leniência do grupo UTC (do qual faz parte a Constran) com a CGU/AGU é mencionado, sem qualquer consideração adicional quanto a seus reflexos no processo de controle externo.

Perfil sancionador: a partir das informações disponíveis, verificou-se que, nesse caso, o TCU decidiu determinar a citação, sem qualquer ressalva quanto à possibilidade de adoção de postura colaborativa, pela empresa beneficiária de leniência, no processo de controle externo, como contrapartida para possíveis benefícios quando da decisão de mérito.

5.1.4 Acórdão 2396/2018 – Plenário, de 17/10/2018

Processo: TCE 027.542/2015-7, que tem por objeto possíveis irregularidades em obras da Refinaria Abreu e Lima (Rnest) — Petrobras, em que figuram como responsáveis, dentre outros, agentes da Petrobras e as empresas Construções e Comércio Camargo Corrêa S.A. e Worleyparsons Engenharia Ltda., de relatoria do ministro Benjamin Zymler.

Momento do julgamento pelo TCU: anterior à celebração do acordo de leniência anticorrupção do grupo Camargo Corrêa com a CGU/AGU (que veio a ser celebrado em 31/07/2019).

Dispositivo: dentre outras medidas, determinou a citação dos responsáveis para apresentar alegações de defesa ou recolher aos cofres do órgão lesado o valor atualizado do débito.

Ratio decidendi: os acordos de leniência celebrados pela Construções e Comércio Camargo Corrêa com o CADE e com o MPF são mencionados. De acordo com a instrução da unidade técnica, "tais termos não resultaram em colaboração efetiva com as apurações conduzidas no presente processo, bem como não garantem a manutenção de bens suficientes para restituir o erário quando da decisão final de mérito", e que não se pode restringir a "cobrança do dano contra empresas detentoras de acordo de leniência, ainda que o cálculo do valor do débito utilize informações provenientes de provas produzidas pelas próprias colaboradoras". (BRASIL, 2018f).

Todavia, em seu voto, o relator esclareceu que são elementos de prova, nesse processo de controle externo, documentos oriundos do acordo de leniência da empresa com o MPF, mediante autorização judicial, na qual consta ressalva no sentido de que tais elementos apenas poderão ser utilizados contra o beneficiário da leniência "para o fim exclusivo de ressarcimento dos danos", mas não "para imposição de multas punitivas ou administrativas, inclusive declaração de inidoneidade ou proibição de contratar". (BRASIL, 2018f). Além disso, da decisão judicial consta que o TCU deverá considerar os valores a título de multa ou confisco provenientes do acordo de leniência "para amortização dos valores das indenizações, se maiores, apuradas contra os colaboradores ou lenientes", e que "havendo responsáveis solidários pelos danos, deve-se dar preferência à cobrança da indenização dos não colaboradores ou não lenientes". (BRASIL, 2018f).

Por essa razão é que se deixou expresso, no acórdão, que

> 9.2.1. a citação a ser realizada destina-se exclusivamente para propiciar o contraditório referente ao débito preliminarmente apurado e, se for o caso, o posterior ressarcimento aos cofres da Petrobras, não tendo por escopo o exercício de pretensão punitiva por parte deste Tribunal;
> 9.2.2. os valores de multas e ressarcimentos previstos e executados nos acordos de leniência e de colaboração serão considerados para amortização do débito objeto destes autos;
> 9.2.3. havendo responsáveis solidários pelos danos apurados nestes autos, será dada preferência à cobrança da indenização daqueles que não detenham a condição de colaboradores; (BRASIL, 2018f).

Perfil sancionador: a partir das informações disponíveis, foi possível constatar que, nesse caso, o TCU decidiu determinar a citação, para propiciar o contraditório em relação à apuração do dano, estando fora do escopo o exercício da pretensão punitiva do TCU; esclarecer que serão abatidos os valores de multas e de ressarcimentos previstos e executados no acordo celebrado com o MPF, e que será concedido benefício de ordem para o pagamento do dano, quando houver responsabilidade solidária com não colaboradores.

5.1.5 Acórdão 121/2021 – Plenário, de 27/01/2021

Processo: TCE 014.889/2018-8, que tem por objeto contrato de obras civis da usina termonuclear Angra 3 Eletronuclear, em que figuram como responsáveis, dentre outros, agentes da Eletronuclear e as empresas Andrade Gutierrez Engenharia S.A. e Andrade Gutierrez S.A., de relatoria do ministro Bruno Dantas.

Momento do julgamento pelo TCU: posterior à celebração do acordo de leniência anticorrupção do grupo Andrade Gutierrez com a CGU/AGU (celebrado em 18/12/2018).

Dispositivo: dentre outras medidas, determinou a citação dos responsáveis para apresentar alegações de defesa ou recolher aos cofres do órgão lesado o valor atualizado do débito.

Ratio decidendi: em seu voto, o relator afirma que os acordos de leniência da Andrade Gutierrez com o CADE e com a CGU/AGU "não são excludentes para a citação da empresa pois a existência de acordo não exime os responsáveis de repor o patrimônio lesado" (BRASIL, 2021h), sem qualquer consideração adicional quanto a seus reflexos no processo de controle externo.

Perfil sancionador: nesse caso, identificou-se que o TCU decidiu determinar a citação, sem qualquer ressalva quanto à possibilidade de adoção de postura colaborativa, pela empresa beneficiária de leniência, no processo de controle externo, como contrapartida para possíveis benefícios quando da decisão de mérito (mesmo perfil identificado em 5.1.3 — acórdão 2310/2017, referente a outra responsável).

5.1.6 Conclusão preliminar: perfil sancionador na fase de instauração do contraditório (acórdãos de citação)

A partir dos dados apresentados, é possível concluir que não há uma diretriz única do Plenário do TCU, como órgão colegiado, nem mesmo dos Ministros individualmente considerados, no que diz respeito à citação dos responsáveis que são, também, signatários de acordos de leniência anticorrupção com a CGU/AGU.

A maior parte desses acórdãos (três dos cinco acórdãos)[82] foi proferida antes da celebração dos acordos de leniência anticorrupção dos responsáveis envolvidos com a CGU/AGU, mas não houve, para esses casos, diferenças substanciais em relação aos outros dois acórdãos proferidos após a celebração dos acordos de leniência anticorrupção dos responsáveis envolvidos com a CGU/AGU.

---

[82] Exceção dos acórdãos 2014/2017 (exclusivamente em relação ao grupo UTC) e 2310/2017.

O ponto de encontro dos cinco acórdãos de citação é a contundente afirmação da competência constitucional do TCU para perseguir o ressarcimento do dano ao erário, mesmo em face de signatárias de acordos de leniência com outros órgãos. É dizer: (i) nenhum responsável teve o processo arquivado, antes mesmo da citação, em razão de ter celebrado acordo de leniência; e (ii) foi dado o mesmo tratamento a signatários e não signatários de acordos de leniência, qual seja, a citação.

Não obstante essa semelhança, os cinco acórdãos de citação apresentam três cenários distintos: (i) omissão quanto à possibilidade de consideração do acordo de leniência, quando do julgamento de mérito (acórdãos 2310/2017 e 121/2021); (ii) manifestação da possibilidade de consideração do acordo de leniência, mediante contrapartida dos responsáveis, quando do julgamento de mérito (acórdãos 1831/2017 e 2014/2017); e (iii) manifestação de que não se está a exercer o exercício da pretensão punitiva (acórdão 2396/2018), conforme ilustrado na figura 37.

Apenas dois acórdãos se inserem no primeiro cenário — (i) omissão quanto à possibilidade de consideração do acordo de leniência, quando do julgamento de mérito (acórdãos 2310/2017 e 121/2021). Todavia, é seguro dizer que há outros acórdãos — não identificados pela pesquisa a partir da metodologia utilizada — que se enquadram nesse cenário. Isso considerando a amplitude da amostra pesquisada e, principalmente, o fato de que há

Figura 37 Cenários identificados nos acórdãos de citação

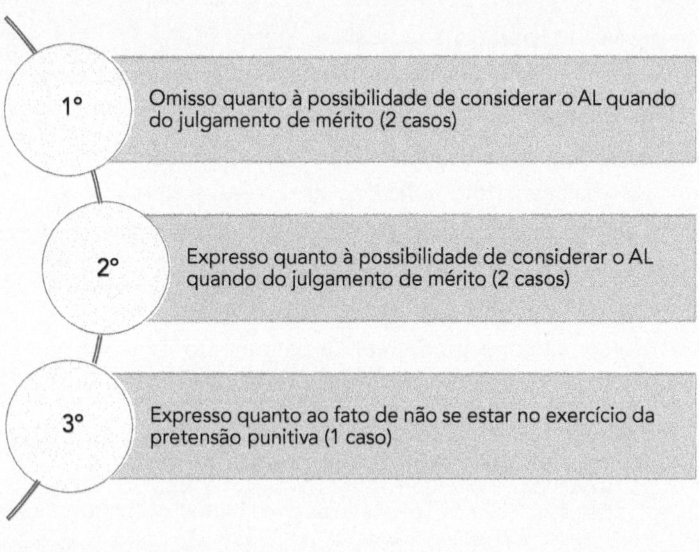

Fonte: Elaborada pela autora, 2022.

mais acórdãos que impõem sanção (13) do que acórdãos de citação (5), e que, necessariamente, a citação precede o acórdão de sanção. Tais acórdãos de citação provavelmente não foram identificados porque não contêm as palavras-chave utilizadas na pesquisa, ou porque a citação foi determinada por decisão monocrática do relator[83].

No segundo cenário — (ii) manifestação da possibilidade de consideração do acordo de leniência, mediante contrapartida dos responsáveis, quando do julgamento de mérito (acórdãos 1831/2017 e 2014/2017), há diferenças sutis entre as razões de decidir utilizadas pelo TCU nos dois acórdãos de citação identificados. No primeiro, acórdão 1831/2017, esclareceu-se ao responsável que sua cooperação no processo de controle externo "pode levar o Tribunal a considerar" a concessão de benefícios, enquanto no segundo, acórdão 2014/2017, proferido menos de um mês após o primeiro, a afirmação foi no sentido de que a cooperação "será considerada" e deverá ser assumida junto ao órgão signatário do acordo de leniência.

Quanto à definição de "postura cooperativa", muito embora ambos os acórdãos partam do mesmo precedente (acórdão 483/2017), no primeiro (acórdão 1831/2017), a cooperação foi definida como (i) reconhecer a participação nas irregularidades; (ii) apresentar os documentos solicitados que sirvam à estimativa segura e fidedigna do dano; (iii) deixar de recorrer das decisões de mérito; e (iv) após a decisão de mérito, recolher a quota-parte do débito. Já o segundo (acórdão 2014/2017) não fala em reconhecimento de participação no ilícito, nem em ausência de recurso e pagamento do dano — embora se possa interpretar os requisitos "permitir a definição de graus de responsabilidades" e "dar celeridade e efetividade ao processo de controle externo" como análogos.

Há, ainda no segundo cenário, diferença expressiva entre as razões de decidir, no que diz respeito à definição dos possíveis benefícios. O acórdão 1831/2017 relaciona cinco benefícios: (i) benefício de ordem para o pagamento do débito, quando houver responsabilidade solidária com outras empresas; (ii) extinção dos juros de mora sobre o débito; (iii) parcelamento do valor devido de acordo com a capacidade real de pagamento da empresa; (iv) abati-

---

[83] A exemplo do ocorrido na TCE 004.060/2015-6. Pela leitura do acórdão 1182/2020 (item 5.2.11), foi possível verificar o fato: "por meio do meu despacho que determinou a citação dos responsáveis, a empresa foi convidada a adotar uma atitude colaborativa com o processo de controle externo, ficando assente que eventual colaboração para o ressarcimento dos débitos poderia levar esta Corte de Contas a considerar a aplicação dos benefícios mencionados no acórdão 483/2017-Plenário, por ocasião do julgamento de mérito desta TCE".

mento dos valores antecipados no acordo celebrado com o MPF; e (v) deixar de aplicar a multa do art. 57 da LOTCU. O acórdão 2014/0217, por sua vez, utiliza o genérico termo "sanções premiais", que serão aplicáveis quando da decisão sobre declaração de inidoneidade e aplicação da multa do art. 57 da LOTCU, pelo que se entende que os benefícios terão relação apenas com essas sanções, e não com a imputação de débito (benefício de ordem, extinção dos juros, parcelamento e abatimento dos valores pagos nos acordos de leniência).

Assim, apesar de o acórdão 1831/2017 exigir contrapartidas mais rígidas, como o reconhecimento da participação no ilícito e a não interposição de recursos, os benefícios possíveis são mais atrativos.

Por fim, o terceiro cenário — (iii) manifestação de que não se está a exercer o exercício da pretensão punitiva (acórdão 2396/2018) — está inserido no específico contexto em que há decisão judicial impedindo o TCU de exercer sua função sancionadora e determinando que conceda benefício de ordem para pagamento do dano, quando houver responsáveis solidários, e que abata os valores pagos no acordo celebrado com o MPF. O TCU não poderia se furtar ao cumprimento da ordem judicial; todavia, o comando da decisão não é distinto do que o Tribunal decidiu no segundo cenário (acórdão 1831/2017) — sendo, inclusive, mais restrito, por não englobar o parcelamento e a extinção dos juros. Ou seja, ainda que não houvesse a determinação judicial, o TCU poderia ter considerado a cooperação do responsável para a concessão dos mesmos — e de outros — benefícios.

5.2 Acórdãos do TCU na fase de análise de mérito (acórdãos de mérito) que consideraram acordo de leniência para a tomada de decisão

Em seguida, para os 20 processos que tiveram acordos de leniência considerados para tomada de decisão, nos quais foram proferidos 30 acórdãos, passou-se a analisar as chamadas decisões definitivas[84], ou seja, aquelas proferidas na fase de análise de mérito, após a fase instrutória, quando o órgão colegiado decide pela imposição ou não de sanções. Foram identificados 16 acórdãos dessa categoria, em 16 processos, em que há menções a acordos de leniência (figura 38).

---

[84] RI/TCU. Art. 201, § 2º: § 2º "Definitiva é a decisão pela qual o Tribunal julga as contas regulares, regulares com ressalva ou irregulares".

Figura 38 Acórdãos de julgamento de mérito identificados

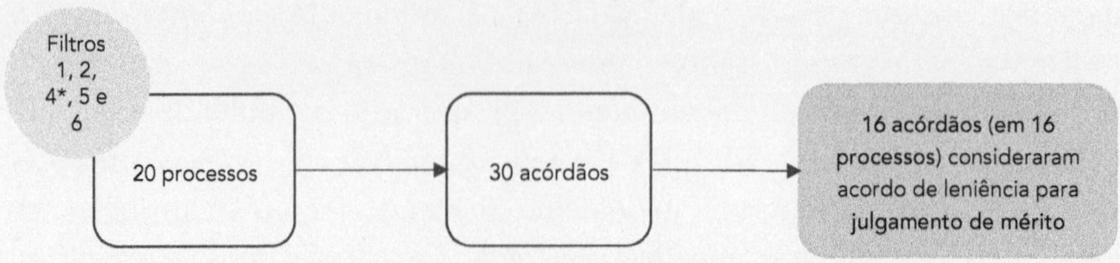

*Filtro 4 = "sim", "sobrestamento" e "conversão em diligência".

Fonte: Elaborada pela autora, 2022.

5.2.1 Acórdão 483/2017 – Plenário, de 22/03/2017

Processo: Acompanhamento de auditoria de conformidade 016.991/2015-0, que tem por objeto obras da usina termonuclear Angra 3 — Eletronuclear, em que figuram como responsáveis agente da Eletronuclear e as empresas Construtora Andrade Gutierrez S.A., Construtora Norberto Odebrecht S.A., Construtora Queiroz Galvão S.A., Construções e Comércio Camargo Corrêa S.A., Empresa Brasileira de Engenharia S.A., Techint Engenharia e Construção S.A. e UTC Engenharia S.A., de relatoria do ministro Bruno Dantas.

Momento do julgamento pelo TCU: anterior à celebração do acordo de leniência anticorrupção com a CGU/AGU de todos os responsáveis que o fizeram (o acordo do grupo UTC veio a ser celebrado em 10/07/2017; o do grupo Odebrecht, em 09/07/2018; o do grupo Andrade Gutierrez, em 18/12/2018; e o do grupo Camargo Corrêa, em 31/07/2019).

Dispositivo: declarar inidôneas para participar de licitações na Administração Pública Federal, por cinco anos, as empresas Construtora Queiroz Galvão S.A., Empresa Brasileira de Engenharia S.A., Techint Engenharia e Construção S.A. e UTC Engenharia S.A.; sobrestar a análise da responsabilidade e da aplicação da sanção de inidoneidade em relação às empresas Construtora Andrade Gutierrez S.A., Construtora Norberto Odebrecht S.A. e Construções e Comércio Camargo Corrêa S.A., "em virtude da contribuição" com o MPF.

Ratio decidendi: como mencionado, esse acórdão é anterior à celebração do acordo de leniência anticorrupção com a CGU/AGU de todos os responsáveis que o fizeram; entretanto, os acordos de leniência celebrados com o MPF foram considerados para sobrestar, em relação às beneficiárias desses acordos, a análise de sua responsabilidade, condicionado à "apresentação, pelo Ministério Público Federal, de compromisso firmado pelas empresas em que sejam especificadas as medidas de colaboração que possam contribuir com os respectivos processos de controle externo deste Tribunal", sob o fundamento de que as informações apresentadas pelas empresas podem "contribuir para que o TCU exerça suas funções com maior efetividade". (BRASIL, 2017f). De acordo com o relator:

> ao possibilitar os acordos de leniência, o ordenamento jurídico pressupõe certa interação entre os órgãos. Essas instituições são braços operacionais de um mesmo Estado, de forma que a divisão de papéis entre elas representa mera organização administrativa decorrente das escolhas feitas na composição do ordenamento jurídico. Mas a redução nos índices de crimes dessa natureza, a cessação de condutas reprováveis, a punição aos infratores e a recomposição dos danos, ao fim e ao cabo, interessam ao Estado e à sociedade como um todo.
>
> Dessa forma, o Tribunal também deve considerar para esta decisão eventual colaboração que as empresas estejam fazendo junto ao Ministério Público Federal. Afinal, as informações obtidas por meio da celebração de acordos dessa natureza estão contribuindo para as investigações promovidas pela Lava Jato e são fundamentais para a continuidade e o aprofundamento das apurações.
>
> Conforme se constatou neste processo, o próprio Tribunal de Contas da União pode aperfeiçoar suas ações de controle mediante o acesso e a utilização dessas informações, dando maior efetividade à sua atuação.
>
> [...] é imperativo que o Tribunal identifique possíveis incentivos que, manejados adequadamente, possam diferenciar a posição das empresas que colaboram em face da situação das demais. O intuito é o de induzir uma ampliação do número de empresas colaboradoras e a premissa é a de que essas empresas, ao contrário de suas concorrentes, optaram por adotar uma postura de maior integridade, ética e responsabilidade, o que se materializa na correção de rumos, na cooperação com a justiça, na criação de programas de *compliance*, entre outras medidas. (BRASIL, 2017f).

As demais responsáveis, não colaboradoras, foram declaradas inidôneas, pelo prazo máximo de cinco anos, com a ressalva de que, a critério do TCU e por provocação do MPF, o sobrestamento poderá ser estendido às empresas que firmem compromisso junto ao MPF a partir dessa decisão.

Perfil sancionador: a partir das informações disponíveis, foi possível constatar que, nesse caso, o TCU decidiu sobrestar a análise da responsabilidade das empresas Construtora Andrade Gutierrez S.A., Construtora Norberto Odebrecht S.A. e Construções e Comércio Camargo Corrêa S.A., desde que o MPF apresentasse compromisso firmado pelas colaboradoras, no qual constassem as medidas de colaboração que poderiam contribuir com os processos de controle externo; e declarar inidôneas responsáveis que não eram, no momento, signatárias de acordo de leniência.

Nesse caso, foi considerado apenas o acordo de leniência do MPF[85], e as responsáveis beneficiárias desses acordos ficaram em situação mais vantajosa que as não colaboradoras no mesmo processo.

5.2.2 Acórdão 1348/2017 – Plenário, de 28/06/2017

Processo: Representação 021.542/2016-3, que tem por objeto obras da usina termonuclear Angra 3 — Eletronuclear, em que figuram como responsáveis as empresas AF-Consult Ltd e Engevix Engenharia e Projetos S.A., de relatoria do ministro Bruno Dantas.

Momento do julgamento pelo TCU: anterior à celebração do acordo de leniência anticorrupção do grupo Engevix com a CGU/AGU (que veio a ser celebrado em 12/11/2019).

Dispositivo: declarar inidônea para participar de licitações na Administração Pública Federal, por cinco anos, a empresa Engevix Engenharia e Projetos S.A., dentre outras determinações.

Ratio decidendi: embora proferido antes da celebração do acordo de leniência anticorrupção, o relator faz ressalva no sentido de que a sanção de inidoneidade pode ser "revista pelo Tribunal, por provocação do Ministério Público Federal, ante eventual celebração de acordo que possa contribuir com as apurações em curso, dando celeridade e robustez à apuração de responsabilidades e ao ressarcimento do dano". (BRASIL, 2017g).

A ressalva menciona exclusivamente o acordo de leniência do MPF, nada dispondo sobre o acordo de leniência anticorrupção com a CGU/AGU, razão pela qual se conclui que este último não serviria como fator de revisão da sanção aplicada.

Perfil sancionador: nesse caso, verificou-se que o TCU decidiu declarar inidônea responsável que não era, no momento, signatária de acordo de leniência anticorrupção, sem possibilidade de revisão.

5.2.3 Acórdão 1744/2018 – Plenário, de 01/08/2018

Processo: Representação 013.382/2017-9, que tem por objeto obras da Refinaria Abreu e Lima (Rnest) — Petrobras, em que figura como responsável a empresa Construtora OAS S.A., de relatoria do ministro Benjamin Zymler.

Momento do julgamento pelo TCU: anterior à celebração do acordo de leniência anticorrupção do grupo OAS com a CGU/AGU (que veio a ser celebrado em 14/11/2019).

Dispositivo: declarar inidônea para participar de licitações na Administração Pública Federal e na Administração Pública Estadual e Municipal cujos

[85] Apesar de haver também TCC celebrado com o CADE.

objetos sejam custeados com recursos federais, por cinco anos, a empresa Construtora OAS S.A.

Ratio decidendi: embora proferido antes da celebração do acordo de leniência anticorrupção, no voto do acórdão há informação de que "a empresa estaria conduzindo negociações com o Ministério Público Federal e diversos órgãos de controle ou reguladores, como a CGU [...] e o CADE". (BRASIL, 2018g). Tal fato, todavia, não foi considerado suficiente para a concessão de benefícios a responsável no processo de controle externo, sob o fundamento de que "eventual colaboração da empresa pode ser considerada para a dosimetria das sanções pelo TCU. Todavia, não impede a continuidade do presente processo tampouco o exercício das competências constitucionais deste Tribunal". (BRASIL, 2018g). Prossegue o relator:

> Dar tratamento diferenciado à Construtora OAS S.A., que estaria supostamente na condição de colaboradora tardia, paralisando o presente processo, significaria tratar de forma diferenciada colaboradores que foram eficazes no início dos processos e trouxerem benefícios e elementos comprobatórios a outras jurisdições, inclusive a de contas.
>
> Por ser tardia, a eventual colaboração da responsável arcará com o ônus decorrente. Isso não significa que esta não possa ser beneficiada por uma futura postura colaborativa, a qual poderá resultar em sanções premiais no âmbito dos processos em que colabora e, em grau de recurso, a possibilidade de o TCU avaliar a boa-fé processual e contribuição prestada pela OAS, reduzindo a penalidade que lhe está sendo aplicada. (BRASIL, 2018g).

Perfil sancionador: identificou-se, nesse caso, que o TCU decidiu declarar inidônea responsável que estava em processo de negociação de acordo de leniência anticorrupção, sem qualquer benefício, com possibilidade de revisão futura.

5.2.4 Acórdão 2135/2018 – Plenário, de 12/09/2018

Processo: Representação 013.384/2017-1, que tem por objeto obras da Refinaria Abreu e Lima (Rnest) — Petrobras, em que figura como responsável a empresa Engevix Engenharia e Projetos S.A., de relatoria do ministro Benjamin Zymler.

Momento do julgamento pelo TCU: anterior à celebração do acordo de leniência anticorrupção do grupo Engevix com a CGU/AGU (que veio a ser celebrado em 12/11/2019).

Dispositivo: declarar inidônea para participar de licitações na Administração Pública Federal e na Administração Pública Estadual e Municipal cujos objetos sejam custeados com recursos federais, por três anos, a empresa Construtora Engevix Engenharia e Projetos S.A.

Ratio decidendi: embora proferido antes da celebração do acordo de leniência anticorrupção, no relatório do acórdão há informação de que "a empresa destaca que está negociando com a Controladoria Geral da União a celebração de acordo de leniência, com base na Lei 12.846/2013", o que, no entendimento da unidade técnica, "não prejudica a aplicação da sanção de inidoneidade, permitindo que eventual assinatura de acordo conduza à revisão da sanção aplicada pelo Tribunal". (BRASIL, 2018h). Em seu voto, o relator acrescentou a informação de que "foi amplamente noticiado pela imprensa que o mencionado acordo de leniência não foi celebrado". (BRASIL, 2018h). Por essas razões, a responsável foi declarada inidônea para participar de licitações na Administração Pública Federal e na Administração Pública Estadual e Municipal cujos objetos sejam custeados com recursos federais, por três anos.

Os elementos disponíveis permitem conclusão no sentido de que o acordo de leniência anticorrupção celebrado pela empresa é distinto daquele citado no acórdão. O acórdão faz menção a "memorando de entendimentos firmado com o Ministério da Transparência, datado de 18/3/2015" (BRASIL, 2018h), mas, no acordo de leniência, consta a informação de que o memorando de entendimentos foi firmado em 03/06/2019 e que as negociações ocorreram entre 19/06/2019 e 29/10/2019.

Perfil sancionador: nesse caso, verificou-se que o TCU decidiu declarar inidônea responsável que estava em processo de negociação de acordo de leniência anticorrupção, sem qualquer benefício, com possibilidade de revisão futura (mesmo perfil identificado em 5.2.3 — acórdão 1744/2018, referente a outra responsável).

5.2.5 Acórdão 2240/2018 – Plenário, de 26/09/2018

Processo: TCE 014.361/2015-9, que tem por objeto possíveis irregularidades em trecho da Ferrovia Norte-Sul — Valec, em que figuram como responsáveis, dentre outros, agentes da Valec e a empresa Constran S.A., de relatoria do ministro Benjamin Zymler.

Momento do julgamento pelo TCU: posterior à celebração do acordo de leniência anticorrupção do grupo UTC com a CGU/AGU (celebrado em 10/07/2017).[86]

---

[86] No acórdão 580/2019, de 20/03/2019, é mencionado que tramitam no TCU duas representações acerca do acordo de leniência do grupo UTC com a CGU/AGU, envolvendo, dentre outros, o descumprimento de cláusulas do acordo pelas empresas beneficiárias e o pedido de recuperação judicial formulado após a celebração do acordo. Em consulta à página de acompanhamento processual dos processos nº 029.953/2017-0 e 020.921/2017-9, verificou-se que as empresas do grupo UTC não figuram como parte (ou não aparecem como parte, em razão do sigilo dos autos). Em consulta aos acórdãos proferidos nesses processos, não é possível estabelecer se o descumprimento do acordo ou o pedido de recuperação judicial tiveram impactos para o grupo UTC no âmbito do TCU.

Dispositivo: julgar irregulares as contas de agentes da Valec e da empresa, imputando-lhes débito; aplicar multa do art. 57 da LOTCU aos agentes da Valec (valores de R$ 1 milhão e R$ 5 milhões) e à empresa (valor de R$ 10 milhões); inabilitar para o exercício de cargo em comissão ou função de confiança no âmbito da Administração Pública, por oito anos, alguns agentes da Valec.

Ratio decidendi: o acordo de leniência celebrado pela empresa com a CGU/AGU é mencionado, embora não tenha sido considerado como fator capaz de conceder benefícios a responsável no processo de controle externo. O fundamento para tanto não foi apresentado pelo relator, mas sim pela unidade técnica, que considerou que, em relação aos ilícitos no âmbito da Valec, "foram confessados exclusivamente a prática de fraude em licitações e o pagamento de vantagens indevidas à agentes públicos. Segundo informado, não teria havido a confissão da prática de superfaturamento no contrato em tela". (BRASIL, 2018i).

Por essa razão, e por entender que a responsável foi "a principal beneficiária dos preços superfaturados", aplicou-se a ela multa do art. 57 da LOTCU, além da imputação de débito.

Perfil sancionador: nesse caso, constatou-se que o TCU decidiu imputar débito e aplicar multa (art. 57 da LOTCU) à responsável signatária de acordo de leniência, sem qualquer benefício, por não estar demonstrado que o objeto do processo (prática de superfaturamento) é abrangido pelo acordo de leniência (fraude a licitações e pagamento de vantagens indevidas). A responsável signatária de acordo de leniência não ficou em situação mais vantajosa que a dos responsáveis não colaboradores no mesmo processo.

5.2.6 Acórdão 2446/2018 – Plenário, de 24/10/2018

Processo: Representação 036.335/2016-9, que tem por objeto obras da Refinaria Abreu e Lima (Rnest) — Petrobras, em que figura como responsável a empresa Construções e Comércio Camargo Corrêa S.A., de relatoria do ministro Benjamin Zymler.

Momento do julgamento pelo TCU: anterior à celebração do acordo de leniência anticorrupção do grupo Camargo Corrêa com a CGU/AGU (que veio a ser celebrado em 31/07/2019).

Dispositivo: sobrestar a análise da responsabilidade da empresa "até a demonstração de que a sociedade cumpriu suas obrigações" pactuadas no acordo de leniência com o MPF e no TCC com o CADE.

Ratio decidendi: embora seja um acórdão anterior à celebração do acordo de leniência anticorrupção do grupo Camargo Corrêa com a CGU/AGU, o dispositivo menciona o acordo de leniência celebrado com o MPF e o TCC pactuado com o CADE. Este último foi o principal fundamento para o sobrestamento da análise.

Para o relator, não haveria qualquer ressalva na utilização das provas emprestadas, "considerando que as provas obtidas pelo Cade e pelo Ministério Público foram formalmente tornadas públicas e tomadas de empréstimo pelo TCU". (BRASIL, 2018j). Todavia, como, em razão do TCC, o CADE deixou de proibir a empresa de participar de licitações (art. 38, II, da Lei 12.529/11), o relator expressou, em seu voto

> um dever de uniformidade e coerência, quando um outro órgão de Estado, embora independente, não produz provas autônomas e utiliza, no exercício de suas competências, somente evidências obtidas de outro órgão, que deixou de exercer o seu poder sancionatório sobre um determinado administrado. Em outras palavras, sou da opinião de que deve haver um compromisso de comunicabilidade de instância, por meio do qual o segundo órgão adere aos termos de cooperação firmado pelo primeiro e não impõe outra consequência jurídica além das já tomadas por este. (BRASIL, 2018j).

A decisão final de não sancionar a responsável, porém, "somente deve ocorrer, após a comprovação de que a empresa colaboradora cumpriu as obrigações acertadas nos diversos acordos que assinou", razão pela qual foi determinado o sobrestamento "até a demonstração de que a sociedade cumpriu suas obrigações" (BRASIL, 2018j) pactuadas no acordo de leniência com o MPF e no TCC com o CADE.

Perfil sancionador: verificou-se, nesse caso, que o TCU decidiu sobrestar a análise da responsabilidade da empresa, "até a demonstração de que a sociedade cumpriu suas obrigações" pactuadas no acordo de leniência com o MPF e no TCC com o CADE.

5.2.7 Acórdão 2677/2018 – Plenário, de 21/11/2018

Processo: TCE 000.168/2016-5, que tem por objeto obras da Refinaria Abreu e Lima (Rnest) — Petrobras, em que figuram como responsáveis, dentre outros, agentes da Petrobras e as empresas Construtora Norberto Odebrecht S.A., Construtora OAS S.A. e Odebrecht Plantas Industriais e Participações S.A., de relatoria do ministro Benjamin Zymler.

Momento do julgamento pelo TCU: posterior à celebração do acordo de leniência anticorrupção do grupo Odebrecht com a CGU/AGU (celebrado em 09/07/2018. Anterior à celebração do acordo de leniência anticorrupção do grupo OAS com a CGU/AGU (que veio a ser celebrado em 14/11/2019).

Dispositivo: julgar irregulares as contas de agentes da Petrobras e das empresas Construtora Norberto Odebrecht S.A. e Construtora OAS S.A., imputando-lhes débito; aplicar multa do art. 57 da LOTCU a agentes da Petrobras (valores de R$ 10 milhões) e à empresa OAS (valor de R$ 1 bilhão); aplicar multa do art. 58 da LOTCU a agente da Petrobras; inabilitar para o exercício de cargo em comissão ou função de confiança no âmbito da Administração Pública, por oito anos, alguns agentes da Petrobras.

Ratio decidendi: os acordos de leniência celebrados pelo grupo Odebrecht com a CGU/AGU e com o MPF são mencionados, seguido do entendimento de que sua existência não exime a pessoa jurídica do ressarcimento integral do dano[87].

Ainda no que diz respeito à reparação do dano, apesar desse entendimento, os acordos de leniência podem produzir os seguintes efeitos, no âmbito do TCU: (i) abatimento dos valores pagos "no âmbito dos acordos de leniência e de colaboração, a título de multas ou confiscos", se houver identidade entre os fatos geradores e (ii) benefício de ordem na cobrança do dano, devendo-se "dar preferência à cobrança da indenização dos não colaboradores". (BRASIL, 2018k).

Quanto à sanção de multa, nesse caso há a utilização de prova emprestada, e a decisão que autorizou o compartilhamento de prova limitou o exercício da competência sancionadora do TCU "contra pessoas que celebraram acordo de colaboração com o Ministério Público Federal no âmbito da referida Operação bem como contra empresas que celebraram acordo de leniência" (BRASIL, 2018k), exceto no que tange ao ressarcimento do dano.

Assim, o TCU somente poderia aplicar multa às responsáveis signatárias de acordo de leniência com o MPF caso utilizasse apenas "elementos de prova obtidos de forma autônoma", o que não ocorreu nesse processo de controle externo.

Ainda que fosse esse o caso, o relator adotou posicionamento de que

> há um dever de uniformidade e coerência, quando o órgão encarregado da persecução penal deixa de exercer ou exerce de forma mitigada o seu poder sancionatório sobre colaborador e os elementos de prova produzidos são relevantes para o deslinde de crime complexo e de grande proporção praticado contra a Administração Pública e subsidia a posterior atuação de outro órgão de controle, como o TCU.

---

[87] Conforme se extrai de trecho do voto do relator: "Portanto, fica clara a posição do próprio Ministério Público Federal, expressa na Nota Técnica da 5ª CCR, de que, ainda que o colaborador obtenha algum tipo de benefício na dosimetria de sua sanção, as provas podem ser utilizadas para que seja obtido o devido ressarcimento da entidade lesada, cuja última instância de decisão na esfera administrativa, quando se trata de recursos da União, é esta Corte de Contas, por força do art. 70, parágrafo único, da Constituição Federal c/c o art. 71, inciso II. Idêntica conclusão também se dessume do acordo de leniência celebrado entre a Construtora Odebrecht o Ministério da Transparência e Controladoria-Geral da União (CGU) e a Advocacia-Geral da União (AGU), na medida em que o instrumento de leniência previsto na Lei Anticorrupção não exime a pessoa jurídica da obrigação de reparar integralmente o dano causado (art. 16, §3º, da Lei 12.846/2013)." (BRASIL, 2677k).

> Nesta hipótese, o segundo órgão pode deixar de exercer seu poder sancionatório, em troca de todos os benefícios processuais que podem advir do uso dos elementos de prova juntados nos acordos de colaboração, em sua própria instância. [...]
>
> No presente caso, verifico que a cooperação das pessoas arroladas neste feito, perante a esfera criminal, acarretou a aplicação mitigada do poder sancionatório da Justiça Penal, a despeito da violação de bem jurídico mais grave, tipificado como crime. A empresa sofreu a incidência de multa civil e obrigações de fazer e as pessoas físicas, variadas penas restritivas de direitos. Nesse cenário, o Tribunal pode, numa atitude de deferência ao acordo firmado por outro órgão de controle e de respeito ao microssistema de combate à corrupção e de defesa da probidade administrativa, diante da relevância da cooperação para o Estado e para o processo de controle externo, recuar no exercício de seu poder sancionatório sobre o colaborador e reputar como suficiente a pena ou a medida substitutiva imputada pelo órgão penal. Afinal, as provas obtidas a partir do juízo penal permitiram a ampliação da amostra do sobrepreço desta tomada de contas especial e, no caso das fraudes reveladas e admitidas nos diversos acordos, robusteceram a atuação do TCU em diversos processos em andamento. (BRASIL, 2018k).

Por essa razão, deixou de aplicar a multa do art. 57 da LOTCU às responsáveis do grupo Odebrecht, concluindo que

> esta Corte de Contas deve incentivar os novos institutos de colaboração que têm se demonstrado como uma importante ferramenta no combate à corrupção. Para tal finalidade, pode deixar de sancionar os colaboradores, ainda que a celebração dos acordos de leniência ou de delação premiada ocorram em momento processual pós citação. (BRASIL, 2018k).

Para as responsáveis do grupo Odebrecht (únicas, nesse processo, com acordo de leniência anticorrupção com a CGU/AGU celebrado quando do julgamento pelo TCU), o acordo de leniência anticorrupção com a CGU/AGU não teve reflexos positivos no processo de controle externo, já que o fundamento utilizado para a concessão de benefícios a elas foi o acordo celebrado no âmbito do MPF.

Quanto à responsável Construtora OAS S.A., ainda não havia sido celebrado o acordo de leniência anticorrupção e nenhum outro acordo foi mencionado, de modo que foi imputado débito à empresa e aplicada multa no valor de 1 bilhão de reais.

Perfil sancionador: a partir das informações expostas, identificou-se que o TCU decidiu imputar débito, com (i) benefício de ordem na cobrança do dano e (ii) abatimento dos valores pagos no âmbito dos acordos; e deixar de aplicar multa (art. 57 da LOTCU) à responsável signatária de acordo de leniência.

A responsável signatária de acordo de leniência ficou em situação mais vantajosa que a dos responsáveis não colaboradores no mesmo processo.

5.2.8 Acórdão 1527/2019 – Plenário, de 03/07/2019

Processo: Representação 013.391/2017-8, que tem por objeto obras da Refinaria Abreu e Lima (Rnest) — Petrobras, em que figura como responsável a empresa UTC Engenharia S.A., de relatoria do ministro Benjamin Zymler.

Momento do julgamento pelo TCU: posterior à celebração do acordo de leniência anticorrupção do grupo UTC com a CGU/AGU (celebrado em 10/07/2017).[88]

Dispositivo: declarar inidônea para participar de licitações na Administração Pública Federal, por 1 ano, a empresa UTC Engenharia S.A.

Ratio decidendi: o relator afirma que "o acordo de leniência firmado entre UTC e CGU/AGU preserva todas as atribuições constitucionais do TCU, de forma que não há óbices para a utilização da prova emprestada juntada nestes autos para a responsabilização da UTC" (BRASIL, 2019g), e considera que o acordo de leniência celebrado entre a responsável e a CGU/AGU não foi útil ao processo de controle externo, pois "não foram apresentados novos elementos probatórios ou quaisquer elementos que alavancassem as investigações em direção a outros responsáveis", tampouco foi útil aos "diversos processos em que se apurou a existência de fraudes nas licitações da Rnest". (BRASIL, 2019g).

Apesar da ausência de utilidade, a existência do acordo foi considerada, não para eximir a responsável, mas para a dosimetria da sanção de inidoneidade. Além do acordo de leniência, foram consideradas circunstâncias atenuantes a menor gravidade da conduta e a existência de acordo de colaboração, perante o Poder Judiciário, de pessoa física vinculada à empresa. Dessa forma, concluiu-se que

> a pena a ser aplicada a essa sociedade empresária deve ser inferior àquelas aplicadas às sociedades empresárias que praticaram os mesmos ilícitos sem, contudo, adotarem uma postura colaborativa com o Poder Público.
>
> Há nesse entendimento, ademais, um compromisso de uniformidade e coerência, com a atuação estatal como um todo, pois acaba-se por valorizar as importantes contribuições do agente infrator em outras instâncias de apuração, o que tem se mostrado um fator importantíssimo para o desbarate de organizações criminosas como a prática vem demonstrado, inclusive com as apurações de fraude na Rnest

[88] Como já exposto, no acórdão 580/2019, de 20/03/2019, é mencionado que tramitam no TCU duas representações acerca do acordo de leniência do grupo UTC com a CGU/AGU, envolvendo, dentre outros, o descumprimento de cláusulas do acordo pelas empresas beneficiárias e o pedido de recuperação judicial formulado após a celebração do acordo. Em consulta à página de acompanhamento processual dos processos nº 029.953/2017-0 e 020.921/2017-9, verificou-se que as empresas do grupo UTC não figuram como parte (ou não aparecem como parte, em razão do sigilo dos autos). Em consulta aos acórdãos proferidos nesses processos, não é possível estabelecer se o descumprimento do acordo ou o pedido de recuperação judicial tiveram impactos para o grupo UTC no âmbito do TCU.

tratadas nestes autos. Trata-se, pois, em uma atitude de deferência do Tribunal aos outros órgãos de controle e de respeito ao microssistema de combate à corrupção e de defesa da probidade administrativa. (BRASIL, 2019g).

Perfil sancionador: nesse caso, verificou-se que o TCU decidiu declarar inidônea para participar de licitações na Administração Pública Federal responsável signatária de acordo de leniência anticorrupção, este considerado como fator atenuante na dosimetria da sanção, aplicada pelo período de um ano (o prazo inicial proposto pelo relator era de três anos; a sanção foi reduzida, portanto, em 2/3).

5.2.9 Acórdão 2624/2019 – Plenário, de 30/10/2019

Processo: TCE 004.058/2015-1, que tem por objeto possíveis irregularidades em trecho da Ferrovia Norte-Sul — Valec, em que figuram como responsáveis, dentre outros, agentes da Valec e a empresa Construções e Comércio Camargo Corrêa S.A., de relatoria do ministro Benjamin Zymler.

Momento do julgamento pelo TCU: posterior à celebração do acordo de leniência anticorrupção do grupo Camargo Corrêa com a CGU/AGU (celebrado em 31/07/2019).

Dispositivo: julgar irregulares as contas de agentes da Valec e da empresa, imputando-lhes débito; aplicar multa do art. 57 da LOTCU a agentes da Valec (valor de R$ 500 mil) e à empresa (valor de R$ 1,5 milhão); inabilitar para o exercício de cargo em comissão ou função de confiança no âmbito da Administração Pública, por oito anos, alguns agentes da Valec.

Ratio decidendi: são mencionados os acordos de leniência celebrados pela empresa com a CGU/AGU, o MPF e o CADE, mas não para conceder algum benefício à responsável, por três principais razões.

O primeiro fundamento é no sentido de que, mesmo após chamada a adotar postura cooperativa com o processo de controle externo, "não houve qualquer espécie de colaboração da empresa com este processo de contas, tampouco é possível estabelecer alguma boa-fé objetiva da empreiteira", pois ela sequer "admitiu a existência de superfaturamento do contrato, optando somente por apresentar peça de defesa visando a corroborar os preços praticados". (BRASIL, 2019i).

Em segundo lugar, entendeu-se inexistir "identidade entre os fatos geradores do pagamento a ser efetuado no âmbito do acordo de leniência firmado entre a Camargo Corrêa e o MPF e o fato gerador do dano ao erário discutido nesta TCE", o que impede o abatimento dos valores pagos no âmbito dos acordos do valor do dano a ser ressarcido. A esse respeito, deixou-se assente a possibilidade de essa questão "ser melhor examinada nos estágios processuais seguintes, inclusive na fase de cobrança executiva". (BRASIL, 2019i).

O terceiro fundamento utilizado foi que "a apuração do dano ocorreu de forma inteiramente autônoma por este Tribunal, que se baseou em sistemas referenciais de preços ou em notas fiscais obtidas em outras atividades de controle" (BRASIL, 2019i), apesar da existência de provas compartilhadas, bem como o compartilhamento foi feito sem qualquer ressalva ou restrição do Poder Judiciário.

Dessa forma, a responsável signatária de acordo de leniência teve as contas julgadas irregulares, com imputação de débito — sem qualquer benefício a esse respeito — e imposição de multa (art. 57 da LOTCU) — o acordo de leniência anticorrupção não teve, portanto, reflexos positivos para a empresa no processo de controle externo.

Perfil sancionador: a partir das informações expostas, conclui-se que, nesse caso, o TCU decidiu imputar débito e aplicar multa (art. 57 da LOTCU) à responsável signatária de acordo de leniência, sem qualquer benefício, por (i) não ter havido postura cooperativa da empresa com o TCU; (ii) não estar demonstrado que o objeto do processo é abrangido pelo acordo; e (iii) a prova compartilhada não foi imprescindível para o cálculo do dano, nem foi compartilhada com restrições pelo Poder Judiciário (similar ao perfil identificado em 5.2.5 — acórdão 2240/2018, referente a outra responsável). A responsável signatária de acordo de leniência não ficou em situação mais vantajosa que a dos responsáveis não colaboradores no mesmo processo.

5.2.10 Acórdão 2619/2019 – Plenário, de 30/10/2019

Processo: TCE 028.533/2017-8, que tem por objeto obras da Refinaria Henrique Lage (Revap) — Petrobras, em que figuram como responsáveis, dentre outros, agentes da Petrobras e as empresas Construtora Norberto Odebrecht S.A., Odebrecht S.A., Promon Engenharia Ltda., UTC Engenharia S.A. e UTC Participações S.A., de relatoria do ministro Benjamin Zymler.

Momento do julgamento pelo TCU: posterior à celebração dos acordos de leniência anticorrupção com a CGU/AGU dos grupos UTC (celebrado em 10/07/2017)[89] e Odebrecht (celebrado em 09/07/2018).

[89] Como já exposto, no acórdão 580/2019, de 20/03/2019, é mencionado que tramitam no TCU duas representações acerca do acordo de leniência do grupo UTC com a CGU/AGU, envolvendo, dentre outros, o descumprimento de cláusulas do acordo pelas empresas beneficiárias e o pedido de recuperação judicial formulado após a celebração do acordo. Em consulta à página de acompanhamento processual dos processos nº 029.953/2017-0 e 020.921/2017-9, verificou-se que as empresas do grupo UTC não figuram como parte (ou não aparecem como parte, em razão do

Dispositivo: julgar irregulares as contas de agentes da Petrobras e das empresas, imputando-lhes débito; aplicar multa do art. 57 da LOTCU a agentes da Petrobras (valores de R$ 3,6 milhões e 1,6 milhão) e às empresas Promon Engenharia Ltda. (valor de R$ 36 milhões), UTC Participações S.A. e UTC Engenharia S.A. (valor de R$ 9 milhões, cada); inabilitar para o exercício de cargo em comissão ou função de confiança no âmbito da Administração Pública, por oito anos, alguns agentes da Petrobras.

Ratio decidendi: em relação à UTC, é mencionado o acordo de leniência celebrado com a CGU/AGU. Já em relação à Odebrecht, menciona-se o acordo de leniência celebrado "com o Estado Brasileiro", não sendo possível determinar se o acordo anticorrupção com a CGU/AGU é abrangido pela expressão utilizada.

Apesar da existência dos acordos, foi imputado débito a ambas as empresas, tal qual aos demais responsáveis, sob o entendimento de que "cabe a condenação ao pagamento do débito apurado dos responsáveis que colaboraram com outros órgãos de controle, bem como o julgamento de suas contas pela irregularidade". (BRASIL, 2019h).

Quanto ao ressarcimento do dano, foram concedidos dois benefícios às empresas signatárias de acordos de leniência anticorrupção com a CGU/AGU: (i) preferência à cobrança da indenização dos responsáveis solidários que não são colaboradores"; e (ii) abatimento dos valores dos "pagamentos efetuados no âmbito dos acordos de leniência e de colaboração, a título de ressarcimento de danos, multas de natureza indenizatória ou confiscos, [...] desde que configurada a identidade dos fatos geradores e do cofre credor". (BRASIL, 2019h).

A respeito do segundo benefício, em relação à UTC, registrou-se que "não é possível aferir se existe identidade entre os fatos geradores do pagamento a ser efetuado no âmbito do acordo de leniência firmado entre a UTC e a CGU e o fato gerador do dano ao erário discutido nesta TCE", mas que essa questão pode "ser melhor examinada nos estágios processuais seguintes, inclusive na fase de cobrança executiva". (BRASIL, 2019h).

Não foram aplicadas outras sanções às responsáveis empresas do grupo Odebrecht, pelo fato de "que figuram como colaboradores perante a Justiça, considero que esta Corte de Contas possa prescindir de sancioná-los, tendo em vista a utilização de provas compartilhadas". (BRASIL, 2019h).

Em relação às empresas do grupo UTC, contudo, prevaleceu o entendimento de que "não são colaboradoras da Justiça e os elementos probatórios fornecidos no âmbito do Acordo de Leniência celebrado com a CGU não foi

---

sigilo dos autos). Em consulta aos acórdãos proferidos nesses processos, não é possível estabelecer se o descumprimento do acordo ou o pedido de recuperação judicial tiveram impactos para o grupo UTC no âmbito do TCU.

(sic) utilizado nestes autos" (BRASIL, 2019h), razão pela qual foi aplicada multa do art. 57 da LOTCU às responsáveis do grupo.

Na dosimetria da multa, foi levada em consideração a colaboração de um de seus dirigentes no Poder Judiciário como fator de diminuição do valor fixado, "não obstante a absoluta ausência de colaboração da UTC com o processo de contas". Dessa forma, as responsáveis empresas do grupo UTC foram sancionadas "com menor gradação do que a sanção a ser aplicada à pessoa jurídica não colaboradora". (BRASIL, 2019h).

Em conclusão: (i) as responsáveis signatárias de acordo de leniência tiveram as contas julgadas irregulares, com imputação de débito e concessão dos benefícios (i.a) benefício de ordem na cobrança do dano e (i.b) abatimento dos valores pagos a título de ressarcimentos, multas indenizatórias ou confiscos no âmbito dos acordos de leniência, "desde que configurada a identidade dos fatos geradores e do cofre credor". (BRASIL, 2019h);

(ii) duas das responsáveis signatárias de acordo de leniência deixaram de receber a sanção de multa — mas o argumento para tal foi a colaboração com a Justiça, o que não engloba o acordo anticorrupção com a CGU/AGU;

(iii) e outras duas responsáveis signatárias de acordo de leniência anticorrupção com a CGU/AGU foram multadas (art. 57 da LOTCU), porém em valor menor que o aplicado à responsável não colaboradora — mas o argumento para fazê-lo foi a colaboração de pessoa física vinculada à empresa no âmbito do Judiciário.

Os acordos de leniência anticorrupção não tiveram, portanto, reflexos positivos para as empresas no processo de controle externo.

Perfil sancionador: nesse caso, constatou-se que o TCU decidiu imputar débito às responsáveis signatárias de acordo de leniência, com (i) benefício de ordem na cobrança do dano e (ii) abatimento dos valores pagos no âmbito dos acordos; deixar de aplicar multa (art. 57 da LOTCU) a duas responsáveis signatárias de acordo de leniência (mesmo perfil identificado em 5.2.7 — acórdão 2677/2018, referente à mesma responsável) e aplicar a outras duas signatárias de acordo de leniência, porém em valor menor que o aplicado à responsável não colaboradora (o valor da multa aplicada a cada signatária de acordo de leniência corresponde a 25% do valor da multa aplicada à responsável que não celebrou acordo de leniência).

Algumas responsáveis signatárias de acordo de leniência ficaram em situação mais vantajosa que a de outras responsáveis também signatárias de acordo de leniência, no mesmo processo. E todas as responsáveis signatárias de acordo de leniência ficaram em situação mais vantajosa que a dos responsáveis não colaboradores no mesmo processo.

5.2.11 Acórdão 1182/2020 – Plenário, de 13/05/2020

Processo: TCE 004.060/2015-6, que tem por objeto possíveis irregularidades em trecho da Ferrovia Norte-Sul — Valec, em que figuram como responsáveis, dentre outros, agentes da Valec e a empresa Andrade Gutierrez Engenharia S.A., de relatoria do ministro Benjamin Zymler.

Momento do julgamento pelo TCU: posterior à celebração do acordo de leniência anticorrupção do grupo Andrade Gutierrez com a CGU / AGU (celebrado em 18 / 12 / 2018).

Dispositivo: julgar irregulares as contas de agentes da Valec e da empresa, imputando-lhes débito; aplicar multa do art. 57 da LOTCU a agentes da Valec (valores de R$ 4,8 milhões e 1,6 milhão) e à empresa (valor de R$ 9,6 milhões); inabilitar para o exercício de cargo em comissão ou função de confiança no âmbito da Administração Pública, por oito anos, alguns agentes da Valec.

Ratio decidendi: são mencionados os acordos de leniência celebrados pela empresa com a CGU / AGU e com o MPF, e TCC celebrado com o CADE, reconhecendo a possibilidade de extensão de seus efeitos em outros órgãos, como se depreende da leitura de trecho do voto do relator:

> Embora o acordo seja celebrado por apenas um ou poucos órgãos estatais, inexiste óbice para que outros entes da administração pública, quando do exercício de seu poder sancionatório, mitiguem ou isentem de pena o colaborador, em deferência ao trabalho desenvolvido e aos proveitos alcançados pelo poder público a partir da execução do acordo. Afinal, cabe reconhecer que o Estado é uno e tem o dever de garantir a segurança jurídica do ato pactuado.
>
> Em contraposição, espera-se que o colaborador aja cooperativamente com todas as instâncias da administração pública. A mera celebração de um acordo com um órgão estatal não confere ao signatário uma condição de colaborador universal, tornando-o isento de sanções por qualquer outro ilícito. (BRASIL, 2020c).

Contudo, nesse caso não foram concedidos benefícios à responsável, por três principais razões.

O primeiro fundamento para a não concessão de benefícios foi no sentido de que, mesmo após chamada a adotar postura cooperativa com o processo de controle externo, a "empresa não trouxe qualquer evidência que pudesse auxiliar na apuração do superfaturamento do contrato em exame", tampouco "houve boa-fé processual da construtora no âmbito deste feito". (BRASIL, 2020c).

Em segundo lugar, não foi concedido benefício pelo fato de os termos dos acordos de leniência celebrados não estarem nos autos, "não é possível verificar se o fato gerador do dano ao erário discutido nesta TCE está abrangido nos fatos ilícitos reconhecidos por meio da colaboração prestada pela defendente perante outras instâncias de controle" (BRASIL, 2020c), o que impede o abatimento dos valores pagos no âmbito dos acordos do valor do dano a ser ressarcido. A esse respeito, deixou-se assente a possibilidade de essa questão "ser melhor examinada nos estágios processuais seguintes, inclusive na fase de cobrança executiva". (BRASIL, 2020c).

O terceiro fundamento utilizado para a não concessão de benefícios foi que o dano "começou a ser integralmente quantificado de forma autônoma pelos auditores do TCU, muito antes que a empresa ou seus executivos firmassem qualquer tipo de instrumento de colaboração" (BRASIL, 2020c), e que a autorização judicial para compartilhamento de provas não contém qualquer restrição ao seu uso pelo TCU.

Dessa forma, a responsável signatária de acordo de leniência teve as contas julgadas irregulares, com imputação de débito — sem qualquer benefício a esse respeito — e imposição de multa (art. 57 da LOTCU). O acordo de leniência anticorrupção com a CGU/AGU não teve, portanto, reflexos positivos para a empresa no processo de controle externo.

Perfil sancionador: verificou-se que o TCU decidiu, nesse caso, imputar débito e aplicar multa (art. 57 da LOTCU) à responsável signatária de acordo de leniência, sem qualquer benefício, por (i) não ter havido postura cooperativa da empresa com o TCU; (ii) não estar demonstrado que o objeto do processo é abrangido pelo acordo; e (iii) a prova compartilhada não foi imprescindível para o cálculo do dano, nem foi compartilhada com restrições pelo Poder Judiciário (mesmo perfil identificado em 5.2.9 — acórdão 2624/2019, referente a outra responsável). A responsável signatária de acordo de leniência não ficou em situação mais vantajosa que a dos responsáveis não colaboradores no mesmo processo.

5.2.12 Acórdão 1690/2020 – Plenário, de 01/07/2020

Processo: Representação 036.660/2016-7, que tem por objeto obras da Refinaria Abreu e Lima (Rnest) — Petrobras, em que figura como responsável a empresa Construtora Norberto Odebrecht S.A., de relatoria do ministro Benjamin Zymler.

Momento do julgamento pelo TCU: posterior à celebração do acordo de leniência anticorrupção do grupo Odebrecht com a CGU/AGU (celebrado em 09/07/2018).

Dispositivo: sobrestar a análise da responsabilidade da empresa, "até a demonstração de que a sociedade cumpriu suas obrigações" pactuadas nos acordos de leniência com a CGU/AGU e o MPF e no TCC com o CADE.

Ratio decidendi: embora o dispositivo mencione os acordos de leniência celebrados com a CGU/AGU e com o MPF, o principal fundamento para o sobrestamento da análise é a existência do TCC com o CADE.

Para o relator, os acordos de leniência não foram úteis "para a instrução de processo no âmbito do TCU", pois não trouxeram "novos elementos probatórios ou quaisquer elementos que alavancassem as investigações em direção a outros responsáveis".[90] Não haveria, ainda, qualquer ressalva na utilização das provas emprestadas, "considerando que as provas obtidas pelo Cade e pelo Ministério Público foram formalmente tornadas públicas e tomadas de empréstimo pelo TCU". (BRASIL, 2020d).

Todavia, em razão do TCC, o CADE deixou de proibir a empresa de participar de licitações (art. 38, II, da Lei 12.529/11), o relator expressou, em seu voto

> um dever de uniformidade e coerência, quando um outro órgão de Estado, embora independente, não produz provas autônomas e utiliza, no exercício de suas competências, somente evidências obtidas de outro órgão, que deixou de exercer o seu poder sancionatório sobre um determinado administrado. Em outras palavras, sou da opinião de que deve haver um compromisso de comunicabilidade de instância, por meio do qual o segundo órgão adere aos termos de cooperação firmado pelo primeiro e não impõe outra consequência jurídica além das já tomadas por este. (BRASIL, 2020d).

A decisão final de não sancionar a responsável, porém, "somente deve ocorrer após a comprovação de que a empresa colaboradora cumpriu as obrigações acertadas nos diversos acordos que assinou", razão pela qual foi determinado o sobrestamento "até a demonstração de que a sociedade cumpriu suas obrigações" (BRASIL, 2020d) pactuadas nos acordos de leniência com a CGU/AGU e o MPF e no TCC com o CADE.

Nesse caso, o acordo de leniência anticorrupção servirá como um dos parâmetros para se decidir acerca da responsabilidade da empresa (se foi ou não cumprido), mas não foi preponderante para a decisão de sobrestamento do processo de controle externo.

Perfil sancionador: nesse caso, constatou-se que o TCU decidiu sobrestar a análise da responsabilidade da empresa, "até a demonstração de que a sociedade cumpriu suas obrigações" pactuadas nos acordos de leniência com a CGU/AGU e o MPF e no TCC com o CADE (similar ao perfil identificado em 5.2.6 — acórdão 2446/2018, referente a outra responsável).

---

[90] Com o registro, feito pela unidade técnica e reproduzido no relatório do acórdão, de que "até o momento, a CGU impede esta secretaria de auditar seu acordo com a Odebrecht, [de modo que] não há como considerá-lo como apto a atenuar qualquer sanção de competência do TCU".

5.2.13 Acórdão 1822/2020 – Plenário, de 15/07/2020

Processo: TCE 004.056/2015-9, que tem por objeto possíveis irregularidades em trecho da Ferrovia Norte-Sul — Valec, em que figuram como responsáveis, dentre outros, agentes da Valec e a empresa Construções e Comércio Camargo Corrêa S.A., de relatoria do ministro Benjamin Zymler.

Momento do julgamento pelo TCU: posterior à celebração do acordo de leniência anticorrupção do grupo Camargo Corrêa com a CGU/AGU (celebrado em 31/07/2019).

Dispositivo: julgar irregulares as contas de agentes da Valec e da empresa, imputando-lhes débito; aplicar multa do art. 57 da LOTCU a agentes da Valec (valores de R$ 5,95 milhões e 5,8 milhão) e à empresa (valor de R$ 18 milhões); inabilitar para o exercício de cargo em comissão ou função de confiança no âmbito da Administração Pública, por oito anos, alguns agentes da Valec.

Ratio decidendi: são mencionados os acordos de leniência celebrados pela empresa com a CGU/AGU, o MPF e o CADE, mas não para conceder algum benefício à responsável, por três principais razões.

O primeiro fundamento é no sentido de que, mesmo após chamada a adotar postura cooperativa com o processo de controle externo (item 5.1.1), "não houve qualquer espécie de colaboração da empresa com este processo de contas, tampouco é possível estabelecer alguma boa-fé objetiva da empreiteira", pois ela sequer "admitiu a existência de superfaturamento do contrato, optando somente por apresentar peça de defesa visando a corroborar os preços praticados". (BRASIL, 2020e).

Em segundo lugar, entendeu-se inexistir "identidade entre os fatos geradores do pagamento a ser efetuado no âmbito do acordo de leniência firmado entre a Camargo Corrêa e o MPF e o fato gerador do dano ao erário discutido nesta TCE" (BRASIL, 2020e), o que impede o abatimento dos valores pagos no âmbito dos acordos do valor do dano a ser ressarcido. A esse respeito, deixou-se assente a possibilidade de essa questão "ser melhor examinada nos estágios processuais seguintes, inclusive na fase de cobrança executiva". (BRASIL, 2020e).

O terceiro fundamento utilizado foi que "a apuração do dano ocorreu de forma inteiramente autônoma por este Tribunal, que se baseou em sistemas referenciais de preços ou em notas fiscais obtidas em outras atividades de controle" (BRASIL, 2020e), apesar da existência de provas compartilhadas, bem como o compartilhamento foi feito sem qualquer ressalva ou restrição do Poder Judiciário.

Dessa forma, a responsável signatária de acordo de leniência teve as contas julgadas irregulares, com imputação de débito — sem qualquer benefício a esse respeito — e imposição de multa (art. 57 da LOTCU) — o acordo de leniência anticorrupção não teve, portanto, reflexos positivos para a empresa no processo de controle externo.

Perfil sancionador: a partir das informações disponíveis, constatou-se que o TCU decidiu imputar débito e aplicar multa (art. 57 da LOTCU) à responsável signatária de acordo de leniência, sem qualquer benefício, por (i) não ter havido postura cooperativa da empresa com o TCU; (ii) não estar demonstrado que o objeto do processo é abrangido pelo acordo; e (iii) a prova compartilhada não foi imprescindível para o cálculo do dano, nem foi compartilhada com restrições pelo Poder Judiciário (mesmo perfil identificado em 5.2.9 — acórdão 2624/2019, referente à mesma responsável, e em 5.2.11 — acórdão 1182/2020, referente a outra responsável). A responsável signatária de acordo de leniência não ficou em situação mais vantajosa que a dos responsáveis não colaboradores no mesmo processo.

5.2.14 Acórdão 2018/2020 – Plenário, de 05/08/2020

Processo: TCE 001.001/2015-9, que tem por objeto obras da Central Nuclear Almirante Álvaro Alberto (CNAAA) — Eletronuclear, em que figuram como responsáveis agentes da Eletronuclear e a empresa Andrade Gutierrez Engenharia S.A., de relatoria da Ministra Ana Arraes.

Momento do julgamento pelo TCU: posterior à celebração do acordo de leniência anticorrupção do grupo Andrade Gutierrez com a CGU/AGU (celebrado em 18/12/2018).

Dispositivo: julgar irregulares as contas de agentes da Eletronuclear e da empresa, imputando-lhes débito; aplicar multa do art. 57 da LOTCU à empresa (valor de R$ 1 milhão).

Ratio decidendi: os acordos de leniência celebrados pela empresa com a CGU/AGU, o MPF e o CADE são mencionados. Todavia, a relatora deixa considerá-los para o resultado do julgamento em razão de não ter sido demonstrado "que os acordos de leniência celebrados tenham envolvido o Contrato GAC.T/CT 8/2005, de modo que a apreciação de possível impacto dos termos dos acordos no objeto destes autos fica comprometida". (BRASIL, 2020f).

Perfil sancionador: nesse caso, identificou-se que o TCU decidiu imputar débito e aplicar multa (art. 57 da LOTCU) à responsável signatária de acordo de leniência, sem qualquer benefício, por não estar demonstrado que o objeto do processo é abrangido pelo acordo (mesmo perfil identificado em 5.2.5 — acórdão 2240/2018, referente a outra responsável). A responsável signatária de acordo de leniência não ficou em situação mais vantajosa que a dos responsáveis não colaboradores no mesmo processo.

5.2.15 Acórdão 3266/2020 – Plenário, de 25/11/2020

Processo: Relatório de Acompanhamento 012.350/2018-4, que tem por objeto a implementação do Sistema de Controle de Bebidas (Sicobe), em que figuram como responsáveis as empresas Ceptis Indústria e Comércio de Tintas e Sistemas S.A. e Sicpa Brasil Indústria de Tintas e Sistemas Ltda., de relatoria do ministro Aroldo Cedraz.

Momento do julgamento pelo TCU: anterior à celebração do acordo de leniência anticorrupção de Sicpa e Ceptis com a CGU/AGU (que veio a ser celebrado em 07/06/2021).

Dispositivo: converter o julgamento em diligência a ser dirigida à CGU para a obtenção de maiores informações sobre o acordo de leniência.

Ratio decidendi: o relatório e o voto estão classificados como sigilosos, não sendo possível verificar seu conteúdo. A única informação disponível no acórdão é a declaração de voto do ministro Bruno Dantas, em que afirma ter recebido memoriais, após a inclusão do processo em pauta de julgamento, "informando a existência de tratativas de possível acordo de leniência em curso envolvendo as empresas responsáveis e os fatos de que tratam os autos". Por essa razão, e "considerando o acordo de cooperação técnica recém celebrado" (BRASIL, 2020g) pelo TCU com a CGU e a AGU, o plenário decidiu pela realização de diligência junto à CGU para a obtenção de informações sobre o acordo de leniência.

Perfil sancionador: verificou-se que, nesse caso, o TCU decidiu suspender o julgamento de processo já instruído, em razão de estarem em curso negociações de acordo de leniência anticorrupção.

5.2.16 Acórdão 1361/2021 – Plenário, de 09/06/2021

Processo: TCE 027.542/2015-7, que tem por objeto obras da Refinaria Abreu e Lima (Rnest) — Petrobras, em que figuram como responsáveis, dentre outros, agentes da Petrobras e as empresas Construções e Comércio Camargo Corrêa S.A. e WorleyParsons Engenharia Ltda., de relatoria do ministro Benjamin Zymler.

Momento do julgamento pelo TCU: posterior à celebração do acordo de leniência anticorrupção do grupo Camargo Corrêa com a CGU/AGU (celebrado em 31/07/2019).

Dispositivo: dentre outras determinações, julgar irregulares as contas de agentes da Petrobras e da empresa Construções e Comércio Camargo Corrêa S.A., imputando-lhes débito; aplicar multa do art. 57 da LOTCU a agentes da Petrobras (valor de R$ 8 milhões); inabilitar para o exercício de cargo em comissão ou função de confiança no âmbito da Administração Pública, por oito anos, alguns agentes da Petrobras.

Ratio decidendi: os acordos de leniência da empresa Camargo Corrêa com a CGU/AGU, com o MPF e com o CADE são mencionados. A unidade técnica registra, em instrução reproduzida no relatório do acórdão, que (i) a empresa signatária dos acordos de leniência não cooperou nesse processo específico, nem em outros processos de controle externo; e (ii) "o débito apurado nestes autos já supera o montante global dos acordos de leniência firmados pelo grupo Camargo Correa com outros órgãos de controle". (BRASIL, 2021i).

Entretanto, na fase de instauração do contraditório foi proferido o acórdão de citação 2396/2018 (item 5.1.4), em que se registrou que: (i) estava fora do escopo do processo o exercício da pretensão punitiva do TCU; (ii) do valor do dano apurado, serão abatidos os valores de multas e ressarcimentos previstos e executados no acordo celebrado com o MPF; e (iii) será concedido benefício de ordem para o pagamento do dano, se houver responsabilidade solidária com não colaboradores. Isso, porque foram utilizados elementos de prova oriundos do acordo de leniência celebrado com o MPF e houve decisão judicial limitando o exercício da competência sancionadora do TCU.

Assim, a responsável signatária de acordo de leniência teve apenas as contas julgadas irregulares, com imputação de débito — o benefício (ii) acima foi expresso no acórdão, ao contrário do (iii) que, embora seja reproduzido no voto do relator, não consta do dispositivo do acórdão. Dessa forma, não está claro se foi concedido o benefício de ordem para o pagamento do dano.

Os responsáveis pessoas físicas não colaboradores foram sancionados com maior severidade — débito, multa do art. 57 e inabilitação. A outra responsável pessoa jurídica, em que pese não seja colaboradora, teve sua boa-fé reconhecida e não foi sancionada.

Em que pese o acórdão ser posterior à celebração do acordo de leniência anticorrupção, este não foi considerado nas razões de decidir do colegiado, que concedeu benefícios à empresa exclusivamente em cumprimento ao comando de decisão judicial.

Perfil sancionador: a partir das informações disponíveis, foi possível constatar que, nesse caso, o TCU decidiu imputar em débito a responsável signatária de acordo de leniência, concedendo-lhe o benefício de abatimento dos valores pagos a título de multas ou confiscos no âmbito dos acordos de colaboração do Poder Judiciário, "desde que configurada a identidade dos fatos geradores e do cofre credor" (BRASIL, 2021i); e deixar de aplicar as demais sanções cabíveis (mesmo perfil identificado em 5.2.7 — acórdão 2677/2018, e em 5.2.10 — acórdão 2619/2019, ambos referentes a outra responsável), de forma que a responsável signatária de acordo de leniência ficou em situação mais vantajosa que a dos responsáveis não colaboradores no mesmo processo.

5.2.17 Conclusão preliminar: perfil sancionador na fase de análise de mérito (acórdãos de mérito)

A análise dos acórdãos de mérito permitiu a identificação dos seguintes resultados em relação às beneficiárias de acordos de leniência: (i) sobrestamento/suspensão da análise da responsabilidade; (ii) declaração de inidoneidade; (iii) aplicação de multa; (iv) não aplicação de multa; e (v) imputação de débito, (v.a) com benefícios e (v.b) sem benefícios.

Os casos de sobrestamento/suspensão foram quatro (dos 16 acórdãos de mérito analisados), distintos entre si. No primeiro, acórdão 483/2017, o sobrestamento/suspensão se deu em razão de acordo com o MPF, e foi condicionado à atuação daquele órgão perante o Tribunal de Contas e à colaboração das empresas com o processo de controle externo. Em dois casos, acórdãos 2446/2018 e 1690/2020, o sobrestamento foi condicionado à demonstração de que as obrigações pactuadas nos acordos de leniência foram cumpridas, sendo que em apenas um desses casos havia acordo de leniência anticorrupção (acórdão 1690/2020). A última hipótese foi de suspensão de julgamento, e sua conversão em diligência, em razão da notícia de negociação de acordo de leniência anticorrupção, considerando o ACT de 2020 (acórdão 3266/2020).

Não há, portanto, diretriz clara e objetiva acerca do sobrestamento/suspensão, seja em relação ao requisito para sua concessão (provocação do órgão leniente ao TCU, assinatura de compromisso, junto ao órgão leniente, de contribuição com o processo de controle externo ou informação da celebração do acordo pela empresa signatária), seja quanto às condicionantes aplicáveis (colaboração com o processo de controle externo ou demonstração de cumprimento dos acordos de leniência), seja em relação ao momento em que determinada (durante a negociação do acordo de leniência ou após sua assinatura).

E, embora o sobrestamento/suspensão não corresponda à extinção da pretensão sancionadora do TCU, que é mantida e poderá ser exercida no caso de descumprimento dos termos acordados, entendemos que representa situação mais vantajosa que a dos responsáveis não colaboradores. Por fim, verificou-se que, para a determinação de sobrestamento/suspensão, foram considerados, indistintamente, acordos de leniência com a CGU/AGU e o MPF, além de TCC com o CADE (figura 39).

A declaração de inidoneidade, identificada em cinco, dos 16 acórdãos de mérito, foi aplicada a (i) responsáveis que não eram, no momento, signatárias de acordo de leniência, com ressalva de que posterior acordo, especificamente com o MPF, poderia acarretar o sobrestamento/suspensão ou a revisão da sanção (acórdãos 483/2017 e 1348/2017) — pelo que se entende que eventual posterior acordo de leniência anticorrupção não serviria como fator de revisão da sanção aplicada; (ii) responsáveis que estavam em processo de negociação de acordo de leniência anticorrupção, com ressalva de que a celebração

Figura 39 Cenários identificados nos acórdãos de mérito quanto ao sobrestamento/suspensão

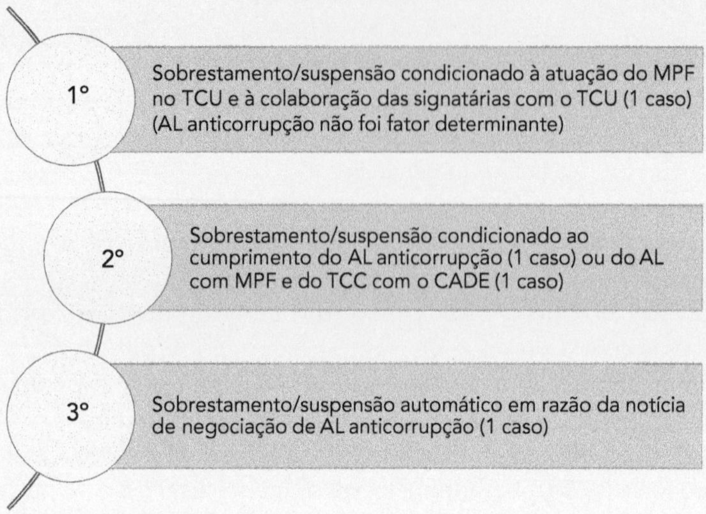

Fonte: Elaborada pela autora, 2022.

desse acordo poderia justificar futura revisão da sanção aplicada (acórdãos 1744/2018 e 2135/2018); e (iii) responsável signatária de acordo de leniência anticorrupção, este considerado como fator atenuante na dosimetria da sanção (acórdão 1527/2019).

Também em relação à declaração de inidoneidade, vê-se não haver posicionamento claro e objetivo do TCU quanto a quais acordos de leniência poderão justificar a revisão da sanção aplicada (apenas o do MPF ou também o da CGU/AGU e os demais existentes) e quanto à consequência do acordo de leniência celebrado (se sobrestamento/suspensão da sanção aplicada ou se fator atenuante na dosimetria da sanção).

Verificou-se, também, que o Tribunal tratou de igual forma — ou seja, declarou inidôneas — tanto responsáveis que não eram signatárias de acordo de leniência quanto que estavam em processo de negociação de acordo de leniência, permitindo, a ambas, futura revisão da sanção aplicada em caso de celebração do acordo. Esse tratamento não parece isonômico, pois desprivilegia a empresa que já estava em processo de negociação, que pode ter se iniciado por diversos motivos (que não apenas a obtenção de benefícios no âmbito do TCU), colocando-a no mesmo patamar de empresa que sequer negociava acordo e que pode vir a fazê-lo em razão da sanção aplicada pelo TCU. Todavia, o entendimento parece ter sido modificado após a celebração do ACT de 2020, como visto no acórdão 3266/2020, em que o ACT foi motivo determinante para a suspensão de julgamento, e sua conversão em diligência, em razão da notícia de negociação de acordo de leniência anticorrupção (item 5.2.15).

Discutiu-se, ainda, a utilidade do acordo de leniência para o processo de controle externo como condição para sua consideração no momento da aplicação da sanção, elemento que será analisado no item 5.4 (figura 40).

Figura 40 Cenários identificados nos acórdãos de mérito quanto à declaração de inidoneidade

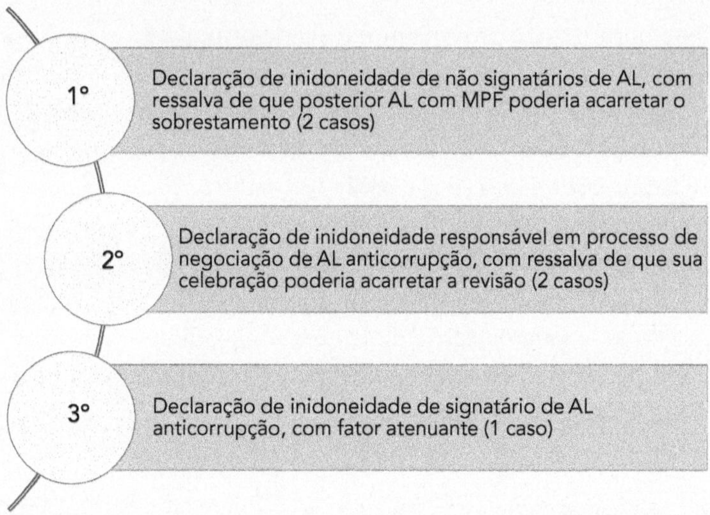

Fonte: Elaborada pela autora, 2022.

A multa do art. 57 da LOTCU foi identificada em oito, dos 16 acórdãos de mérito analisados, que podem ser divididos em três grupos: (i) signatários de acordos de leniência não sancionados; (ii) signatários de acordos de leniência sancionados, com fator atenuante; e (iii) signatários de acordos de leniência sancionados.

Nos casos de signatários de acordos de leniência não sancionados em multa, os acordos de leniência anticorrupção já existiam no momento do julgamento, mas não foram determinantes para a não aplicação da sanção. Nesses casos, a multa deixou de ser aplicada em razão de ter sido utilizada pelo TCU prova compartilhada e haver decisão judicial limitando o exercício da competência sancionadora do Tribunal de Contas (acórdãos 2677/2018, 2619/2019 e 1362/2021).

No segundo grupo, dos signatários de acordos de leniência sancionados com multa, com fator atenuante, o acordo de leniência anticorrupção também já existia e não foi determinante para a diminuição do valor da multa aplicada.

Na dosimetria da multa, foi levada em consideração a colaboração de um dos dirigentes da pessoa jurídica no Poder Judiciário como fator de diminuição do valor fixado, ainda que a responsável não tenha adotado postura cooperativa com o processo de controle externo (acórdão 2619/2019).

Já nos casos de signatários de acordos de leniência sancionados, a multa foi aplicada porque a responsável não era, à época, signatária de acordo de leniência (acórdão 2677/2018), ou porque o TCU realizou juízo de valor sobre os acordos de leniência celebrados, entendendo que a não aplicação da multa dependeria de (i) haver postura cooperativa do responsável com o processo de controle externo e (ii) a prova compartilhada oriunda do acordo ser utilizada pelo TCU (acórdãos 2624/2019, 1182/2020 e 1822/2020). Ainda, na maior parte dos casos registrou-se que deve haver identidade entre o objeto do processo de controle externo e do acordo de leniência anticorrupção (acórdãos 2240/2018, 2624/2019, 1182/2020 e 1822/2020 e 2018/2020) para que se possa deixar de aplicar a sanção (figura 41).

O único consenso do TCU parece ser quanto à imputação de débito, identificada em oito, dos 16 acórdãos de mérito analisados. Em todos eles, destacou-se a necessidade — que o acordo de leniência não elide — de ressarcimento do dano causado ao erário e a inafastabilidade da competência do Tribunal de Contas para buscar a reparação do dano. Em todos os casos analisados, essa

Figura 41 Cenários identificados nos acórdãos de mérito quanto à imposição de multa

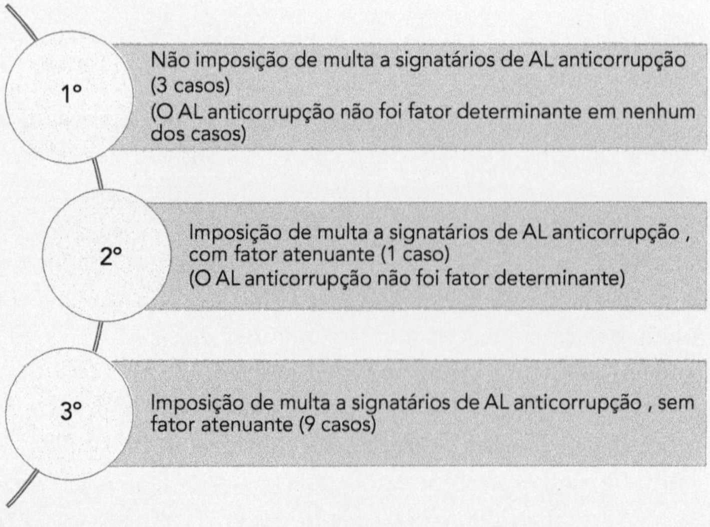

Fonte: Elaborada pela autora, 2022.

competência foi ratificada e tanto as responsáveis colaboradoras quanto as não colaboradoras tiveram contas julgadas irregulares com imputação de débito.

Por outro lado, verificou-se não existir um parâmetro uniforme para a concessão de benefícios relacionados ao débito. Houve casos em que a mera existência do acordo de leniência levou o TCU a conceder ao responsável (i) o benefício de ordem na cobrança do débito e (ii) a possibilidade de abatimento dos valores pagos no âmbito dos acordos, caso seja comprovada a identidade entre fatos geradores e cofres credores (acórdãos 2677/2018 e 2619/2019); e caso em que apenas o segundo benefício (possibilidade de abatimento) foi concedido (acórdão 1362/2021). Houve casos, todavia, em que o TCU realizou juízo de valor sobre os acordos de leniência celebrados, entendendo que a concessão de benefícios referentes ao débito dependeria de (i) haver postura cooperativa do responsável com o processo de controle externo e (ii) a prova compartilhada oriunda do acordo ser utilizada pelo TCU para o cálculo do dano (acórdãos 2624/2019, 1182/2020 e 1822/2020).

Além disso, na maior parte dos casos (cinco, dos oito acórdãos de mérito em que houve imputação de débito) ficou consignado que deve haver identidade entre o objeto do processo de controle externo e do acordo de leniência anticorrupção (acórdãos 2240/2018, 2624/2019, 1182/2020 e 1822/2020 e 2018/2020) para que se possa conceder qualquer benefício ao responsável, o que nos parece elementar.

Por fim, embora se tenha visto a possibilidade de concessão de outros benefícios relacionados ao débito nos acórdãos de citação, como a extinção dos juros de mora e o parcelamento, sua implementação na fase de julgamento de mérito não foi verificada (figura 42).

Figura 42 Cenários identificados nos acórdãos de mérito quanto à imputação de débito

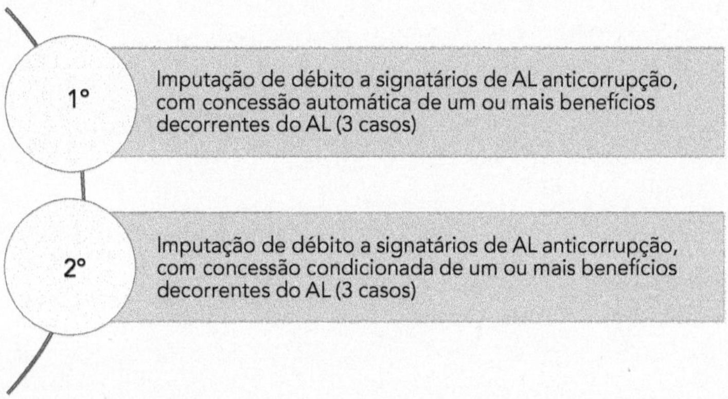

Fonte: Elaborada pela autora, 2022.

Quanto ao momento do julgamento de mérito pelo TCU, em relação à data da celebração do acordo de leniência anticorrupção com a CGU / AGU do responsável envolvido, verifica-se que há casos de (i) responsáveis que já eram beneficiários de acordos de leniência anticorrupção quando do julgamento de mérito pelo TCU (i.a) sancionados e (i.b) não sancionados (exceto a sanção de imputação de débito, aplicada em todos os casos) (casos em que o acordo de leniência anticorrupção não foi elemento determinante para o não sancionamento); e (ii) responsáveis que não eram beneficiários de acordos de leniência anticorrupção quando do julgamento de mérito pelo TCU (ii.a) sancionados e (ii.b) não sancionados — casos em que foram considerados, para a tomada de decisão, outros acordos de leniência já existentes (com o MPF e / ou o CADE); ou a notícia de negociação de acordo de leniência anticorrupção com a CGU / AGU (figura 43).

Figura 43 Análise dos resultados quanto ao momento do julgamento de mérito (em relação à data de celebração do acordo de leniência anticorrupção com a CGU/AGU do responsável envolvido

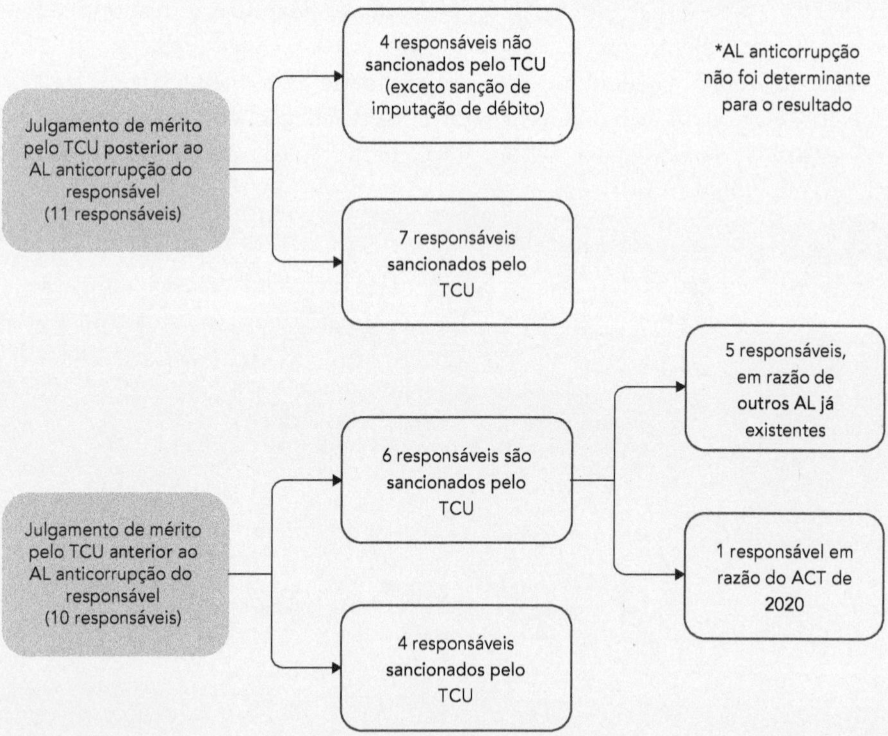

Fonte: Elaborada pela autora, 2022.

Dessa forma, sob todos os enfoques analisados, conclui-se que não há uniformidade do TCU quanto ao sancionamento de beneficiárias de acordos de leniência com outros órgãos e, em específico, de beneficiárias de acordos de leniência anticorrupção com a CGU/AGU, que por vezes parecem ser tratados com menor deferência que os acordos com o MPF.

O TCU não tem utilizado parâmetros claros e objetivos para a tomada de decisão, concedendo tratamento desigual para responsáveis em igual situação jurídica. Chama especial atenção a necessidade de utilidade do acordo de leniência para o processo de controle externo, como aventado em alguns casos.

5.3 Acórdãos do TCU na fase de recurso (acórdãos de julgamento de recurso) que consideraram acordo de leniência para a tomada de decisão

Por fim, dentre os 30 acórdãos proferidos nos 20 processos que tiveram acordos de leniência considerados para tomada de decisão, foram identificados nove acórdãos proferidos em sede de recurso, em seis processos, em que há menções a acordos de leniência (figura 44).

Figura 44 Acórdãos de julgamento de recurso identificados

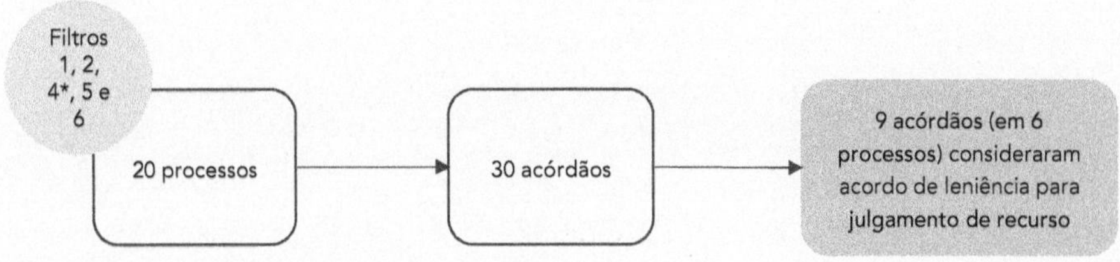

*Filtro 4 = "sim", "sobrestamento" e "conversão em diligência".

Fonte: Elaborada pela autora, 2022.

5.3.1 Acórdão 801/2017 – Plenário, de 26/04/2017

Processo: Acompanhamento de auditoria de conformidade 016.991/2015-0, que tem por objeto obras da usina termonuclear Angra 3 — Eletronuclear. Embargos de declaração opostos pela responsável Construtora Queiroz Galvão S.A. contra o acórdão 483/2017 — Plenário (item 5.2.1), que declarou sua inidoneidade para participar de licitações na Administração Pública Federal por cinco anos.

Momento do julgamento pelo TCU: não aplicável (a recorrente não é beneficiária de acordo de leniência anticorrupção).

Dispositivo: rejeitar os embargos de declaração, mantendo a declaração de inidoneidade.

Ratio decidendi: em seu recurso, "a embargante solicita prazo razoável para que possa adotar providências para firmar compromisso de colaboração junto ao Ministério Público Federal no intuito de sobrestar as penalidades aplicadas". (BRASIL, 2017c).

O TCU indefere o pedido, sob o fundamento de que a premissa válida é inversa à pretendida pela responsável, isto é, "informado pelo Ministério Público Federal sobre a possibilidade de contribuição com a justiça, pode decidir o Tribunal pela suspensão da sanção, de acordo com os termos que vierem a ser apresentados na ocasião", razão pela qual "não há que se abrir prazo para que as empresas condenadas possam avaliar a conveniência" (BRASIL, 2017c) da celebração de acordo com o MPF.

Perfil sancionador: nesse caso, verificou-se que o TCU decidiu não suspender a sanção de inidoneidade, por prazo determinado, para que a responsável celebre acordo de leniência com o MPF.

5.3.2 Acórdão 580/2019 – Plenário, de 20/03/2019

Processo: Acompanhamento de auditoria de conformidade 016.991/2015-0, que tem por objeto obras da usina termonuclear Angra 3 — Eletronuclear. Pedidos de reexame interpostos pelas responsáveis Construtora Queiroz Galvão S.A., Empresa Brasileira de Engenharia S.A, Techint Engenharia e Construção S.A. e UTC Engenharia S.A. contra o acórdão 483/2017 — Plenário (item 5.2.1), que declarou sua inidoneidade para participar de licitações na Administração Pública Federal por cinco anos.

Momento do julgamento pelo TCU: posterior à celebração do acordo de leniência anticorrupção do grupo UTC com a CGU/AGU (celebrado em 10/07/2017)[91].

Dispositivo: negar provimento aos recursos, mantendo a declaração de inidoneidade.

---

[91] Como já exposto, no acórdão 580/2019, de 20/03/2019, é mencionado que tramitam no TCU duas representações acerca do acordo de leniência do grupo UTC com a CGU/AGU, envolvendo, dentre outros, o descumprimento de cláusulas do acordo pelas empresas beneficiárias e o pedido de recuperação judicial formulado após a celebração do acordo. Em consulta à página de acompanhamento processual dos processos nº 029.953/2017-0 e 020.921/2017-9, verificou-se que as empresas do grupo UTC não figuram como parte (ou não aparecem como parte, em razão do sigilo dos autos). Em consulta aos acórdãos proferidos nesses processos, não é possível estabelecer se o descumprimento do acordo ou o pedido de recuperação judicial tiveram impactos para o grupo UTC no âmbito do TCU.

Ratio decidendi: a recorrente UTC Engenharia S.A. requer o sobrestamento da sanção de inidoneidade, em razão de ter celebrado TCC com o CADE e estar "em processo final de negociação de acordo de leniência com a CGU/AGU e o MPF" (BRASIL, 2019k); antes do julgamento do recurso, foi informada nos autos a conclusão das negociações e assinatura do acordo de leniência entre a empresa e a CGU/AGU.

Todavia, o TCU rejeitou o pedido, por entender que a empresa não apresentou proposta de cooperação com o Tribunal e não se propôs a reparar o dano. O acordo de leniência anticorrupção com a CGU/AGU não foi considerado apto a sobrestar a sanção, pois o TCU investigava, à época, a legalidade e observância do interesse público em sua celebração, tendo em vista "o descumprimento de cláusulas pela empresa, o pedido de recuperação judicial após a celebração do ajuste e a insuficiência dos valores pactuados". Além disso, o acordo possui "cláusula que preserva todas as atribuições constitucionais do TCU". (BRASIL, 2019k).

O TCC com o CADE também não foi considerado, pois o CADE declarara o descumprimento integral do ajuste. Tampouco a colaboração com o MPF, pois não havia acordo firmado, apenas notícia de "processo de negociação".

Perfil sancionador: identificou-se, nesse caso, que o TCU decidiu não sobrestar a sanção de inidoneidade, mesmo após a celebração de acordo de leniência anticorrupção.

5.3.3 Acórdão 892/2019 – Plenário, de 16/04/2019

Processo: TCE 000.168/2016-5, que tem por objeto obras da Refinaria Abreu e Lima (Rnest) — Petrobras. Embargos de declaração opostos por agentes da Petrobras e pelo MPTCU contra o acórdão 2677/2018 — Plenário, (item 5.2.7), que julgou irregulares as contas de agentes da Petrobras e das empresas Construtora Norberto Odebrecht S.A. e Construtora OAS S.A., imputando-lhes débito; aplicou multa do art. 57 da LOTCU a agentes da Petrobras (valores de R$ 10 milhões) e à empresa OAS (valor de R$ 1 bilhão); aplicou multa do art. 58 da LOTCU a agente da Petrobras; inabilitou para o exercício de cargo em comissão ou função de confiança no âmbito da Administração Pública, por oito anos, alguns agentes da Petrobras.

Momento do julgamento pelo TCU: posterior à celebração do acordo de leniência anticorrupção do grupo Odebrecht com a CGU/AGU (celebrado em 09/07/2018). Anterior à celebração do acordo de leniência anticorrupção do grupo OAS com a CGU/AGU (que veio a ser celebrado em 14/11/2019).

Dispositivo: dar provimento aos embargos de declaração do MPTCU, para esclarecer que os benefícios concedidos à responsável signatária de acordo de leniência se limitam ao âmbito desse processo de controle externo, e que poderão ser abatidos do valor do dano apenas os valores pagos nos acordos de leniência a título de ressarcimento de danos, multas de natureza indenizatória ou confiscos.

Ratio decidendi: o TCU esclareceu que os benefícios de ordem na cobrança do valor do débito e de abatimento dos valores pagos nos acordos de leniência não são uma regra geral a ser utilizada em outros processos, devendo ser analisados caso a caso. Nesse processo, em específico, os benefícios teriam sido concedidos em razão da utilização de provas compartilhadas advindas do Poder Judiciário.

Quanto à possibilidade de abatimento dos valores pagos nos acordos de leniência, esclareceu-se que não inclui as verbas a título de multa sancionatória, mas tão somente aquelas a título de ressarcimento de danos, multas de natureza indenizatória ou confiscos.

O relator ressaltou que o TCU não teve acesso à integralidade do acordo de leniência anticorrupção celebrado pelo grupo Odebrecht, razão pela qual não é possível constatar a identidade entre os fatos geradores do acordo e do processo de controle externo, e, portanto, não foi possível deliberar "de forma definitiva no presente estágio processual acerca dos valores pagos no âmbito dos dois ajustes que poderão ser eventualmente utilizados para compensar parte do débito imputado pelo acórdão 2.677/2018 — Plenário". (BRASIL, 2019l).

Ainda de acordo com o relator, as decisões do TCU não geram insegurança jurídica aos signatários de acordos de leniência, pois "todas as cláusulas ajustadas nos acordos de leniência celebrados pela Odebrecht [...] estão sendo rigorosamente respeitadas por esta Corte de Contas, embora não esteja vinculada nem seja signatária de tais ajustes". (BRASIL, 2019l).

Em relação ao fato novo apresentado pela Construtora OAS S.A., de que estaria em processo de negociação de acordo de leniência com a CGU/AGU, o TCU entendeu que eventual extensão dos benefícios a essa responsável poderia ser objeto de análise em momento oportuno, isto é, se e quando o acordo de leniência for celebrado.

Perfil sancionador: nesse caso, constatou-se que o TCU decidiu apenas limitar o alcance dos benefícios referentes à imputação de débito em relação à Construtora Norberto Odebrecht S.A.

5.3.4 Acórdão 1900/2019 – Plenário, de 14/08/2019

Processo: Representação 013.391/2017-8, que tem por objeto supostas fraudes nas licitações de obras de implantação da Refinaria Abreu e Lima (Rnest) — Petrobras, de relatoria do ministro Benjamin Zymler. Embargos de declaração opostos pela UTC Engenharia S.A. contra o acórdão 1527/2019 — Plenário, que declarou sua inidoneidade para participar de licitações na Administração Pública Federal por 1 ano.

Momento do julgamento pelo TCU: posterior à celebração do acordo de leniência anticorrupção do grupo UTC com a CGU/AGU (celebrado em 10/07/2017).[92]

Dispositivo: rejeitar os embargos de declaração, mantendo a declaração de inidoneidade.

Ratio decidendi: a UTC Engenharia S.A. requer o sobrestamento da sanção de inidoneidade, em razão do acordo de leniência celebrado com a CGU/AGU. O pedido é indeferido, sob o fundamento de que não basta a condição de colaboradora para a isenção da sanção, sendo "requisito para a isenção da pena a existência de contribuição dos resultados dos acordos de colaboração perante os processos de controle externo, o que, segundo a decisão embargada, não se verificou no caso da UTC". (BRASIL, 2019m).

Perfil sancionador: verificou-se, nesse caso, que o TCU decidiu não sobrestar a sanção de inidoneidade, mesmo após a celebração de acordo de leniência anticorrupção (mesmo perfil identificado em 5.3.2 — acórdão 580/2019, referente à mesma responsável).

5.3.5 Acórdão 2453/2019 – Plenário, de 09/10/2019

Processo: Representação 013.382/2017-9, que tem por objeto obras da Refinaria Abreu e Lima (Rnest) — Petrobras. Pedidos de reexame interpostos pelo MPTCU e pela responsável Construtora OAS S.A. contra o acórdão 1744/2018 — Plenário (item 5.2.3), que declarou sua inidoneidade para participar de licitações na Administração Pública Federal por 5 anos.

---

[92] Como já exposto, no acórdão 580/2019, de 20/03/2019, é mencionado que tramitam no TCU duas representações acerca do acordo de leniência do grupo UTC com a CGU/AGU, envolvendo, dentre outros, o descumprimento de cláusulas do acordo pelas empresas beneficiárias e o pedido de recuperação judicial formulado após a celebração do acordo. Em consulta à página de acompanhamento processual dos processos nº 029.953/2017-0 e 020.921/2017-9, verificou-se que as empresas do grupo UTC não figuram como parte (ou não aparecem como parte, em razão do sigilo dos autos). Em consulta aos acórdãos proferidos nesses processos, não é possível estabelecer se o descumprimento do acordo ou o pedido de recuperação judicial tiveram impactos para o grupo UTC no âmbito do TCU.

Momento: anterior à celebração do acordo de leniência anticorrupção do grupo OAS com a CGU/AGU (que veio a ser celebrado em 14/11/2019).

Dispositivo: negar provimento aos recursos, mantendo a declaração de inidoneidade.

Ratio decidendi: a recorrente Construtora OAS S.A. requer o sobrestamento da sanção de inidoneidade, em razão de estar negociando acordo de leniência com a CGU/AGU. O pedido não é acolhido pelo TCU, por entender que o acordo não está assinado, bem como não há cooperação da empresa com o processo de controle externo.

Perfil sancionador: nesse caso, constatou-se que o TCU decidiu não sobrestar a sanção de inidoneidade em razão das negociações de acordo de leniência anticorrupção.

5.3.6 Acórdão 2928/2019 – Plenário, de 04/12/2019

Processo: TCE 028.533/2017-8, que tem por objeto obras da Refinaria Henrique Lage (Revap) — Petrobras. Embargos de declaração opostos por UTC Engenharia S.A., UTC Participações S.A., Promon Engenharia Ltda., Odebrecht S.A. e outros contra o acórdão 2619/2019 — Plenário (item 5.2.10), que julgou irregulares as contas de agentes da Petrobras e das empresas, imputando-lhes débito; aplicou multa do art. 57 da LOTCU a agentes da Petrobras (valores de R$ 3,6 milhões e 1,6 milhão) e às empresas Promon Engenharia Ltda. (valor de R$ 36 milhões), UTC Participações S.A. e UTC Engenharia S.A. (valor de R$ 9 milhões, cada); e inabilitou para o exercício de cargo em comissão ou função de confiança no âmbito da Administração Pública, por oito anos, alguns agentes da Petrobras.

Momento do julgamento pelo TCU: posterior à celebração do acordo de leniência anticorrupção do grupo UTC com a CGU/AGU (celebrado em 10/07/2017).[93]

Dispositivo: rejeitar os embargos de declaração, mantendo a imputação de débito e a multa do art. 57 da LOTCU.

---

[93] Como já exposto, no acórdão 580/2019, de 20/03/2019, é mencionado que tramitam no TCU duas representações acerca do acordo de leniência do grupo UTC com a CGU/AGU, envolvendo, dentre outros, o descumprimento de cláusulas do acordo pelas empresas beneficiárias e o pedido de recuperação judicial formulado após a celebração do acordo. Em consulta à página de acompanhamento processual dos processos nº 029.953/2017-0 e 020.921/2017-9, verificou-se que as empresas do grupo UTC não figuram como parte (ou não aparecem como parte, em razão do sigilo dos autos). Em consulta aos acórdãos proferidos nesses processos, não é possível estabelecer se o descumprimento do acordo ou o pedido de recuperação judicial tiveram impactos para o grupo UTC no âmbito do TCU.

Ratio decidendi: as empresas do grupo UTC afirmam que o recorrido teria sido anti-isonômico ao sancioná-la com a multa do art. 57 da LOTCU e deixar de aplicar a multa a outras empresas signatárias de acordos de leniência.

O TCU manteve o entendimento adotado no acórdão 2619/2019 — Plenário (item 5.2.10), pelas seguintes razões: (i) as irregularidades objeto do processo não são objeto do acordo de leniência celebrado com a CGU/AGU e do TCC celebrado com o CADE — mas poderá haver o abatimento dos "valores pagos a título de ressarcimento de danos, multas de natureza indenizatória ou confiscos" (BRASIL, 2019o) caso se comprove a identidade entre os fatos geradores e o cofre credor; (ii) o Tribunal não utilizou, para sancionar as empresas do grupo UTC, provas produzidas por elas no âmbito dos acordos celebrados; e (iii) a condição de colaboradora em outras instâncias foi sopesada para a dosimetria da multa, que teve valor equivalente à metade do aplicado à empresa não colaboradora.

Perfil sancionador: identificou-se, nesse caso, que o TCU manteve acórdão de mérito anterior (item 5.2.10), em que decidiu imputar débito e aplicar multa (art. 57 da LOTCU) às responsáveis signatárias de acordo de leniência, porém em valor menor que o aplicado à responsável não colaboradora (o valor da multa aplicada a cada signatária de acordo de leniência corresponde a 25% do valor da multa aplicada à responsável que não celebrou acordo de leniência).

5.3.7 Acórdão 65/2020 – Plenário, de 22/01/2020

Processo: TCE 004.058/2015-1, que tem por objeto possíveis irregularidades em trecho da Ferrovia Norte-Sul — Valec. Embargos de declaração opostos por Construções e Comércio Camargo Corrêa S.A. e João Ricardo Auler contra o acórdão 2624/2019 — Plenário (item 5.2.9), que julgou irregulares as contas de agentes da Valec e da empresa, imputando-lhes débito; aplicou multa do art. 57 da LOTCU a agentes da Valec (valor de R$ 500 mil) e à empresa (valor de R$ 1,5 milhão); e inabilitou para o exercício de cargo em comissão ou função de confiança no âmbito da Administração Pública, por oito anos, alguns agentes da Valec.

Momento do julgamento pelo TCU: posterior à celebração do acordo de leniência anticorrupção do grupo Camargo Corrêa com a CGU/AGU (celebrado em 31/07/2019).

Dispositivo: rejeitar os embargos de declaração, mantendo a imputação de débito e a multa do art. 57 da LOTCU.

Ratio decidendi: a empresa sustenta que há identidade entre o objeto do processo de controle externo e o acordo de leniência anticorrupção, fato que deveria ser considerado para a decisão de mérito.

O TCU manteve o entendimento adotado no acórdão 2624/2019 — Plenário, por entender que os documentos fornecidos pela responsável, referentes ao acordo de leniência anticorrupção, não permitem a verificação da alegada identidade dos fatos geradores.

Quanto à imposição de multa, o Tribunal adota posicionamento no sentido de mantê-la, tendo em vista que (i) seu fundamento jurídico é diverso ao das sanções abrangidas pelo acordo de leniência anticorrupção e (ii) a empresa não cooperou no processo de controle externo.

Perfil sancionador: nesse caso, verificou-se que o TCU manteve acórdão de mérito anterior (item 5.2.9), em que decidiu imputar débito e aplicar multa (art. 57 da LOTCU) à responsável signatária de acordo de leniência, sem qualquer benefício, por (i) não ter havido postura cooperativa da empresa com o TCU; e (ii) não estar demonstrado que o objeto do processo é abrangido pelo acordo.

5.3.8 Acórdão 147/2020 – Plenário, de 29/01/2020

Processo: Representação 013.382/2017-9, que tem por objeto obras da Refinaria Abreu e Lima (Rnest) — Petrobras. Embargos de declaração opostos pela Construtora OAS S.A. contra o acórdão 2453/2019 — Plenário (item 5.3.5), que manteve a declaração de inidoneidade para participar de licitações na Administração Pública Federal por cinco anos, declarada no acórdão 1744/2018 — Plenário (item 5.2.3).

Momento do julgamento pelo TCU: posterior à celebração do acordo de leniência anticorrupção do grupo OAS com a CGU/AGU (celebrado em 14/11/2019).

Dispositivo: negar provimento ao recurso, mantendo a declaração de inidoneidade.

Ratio decidendi: a recorrente Construtora OAS S.A. requer o sobrestamento da sanção de inidoneidade, em razão de ter celebrado acordo de leniência com a CGU/AGU. O pedido não é acolhido pelo TCU, sob o fundamento de que a mera existência do acordo não enseja o sobrestamento, com a ressalva de que o relator, após receber a documentação completa oriunda do acordo, pode avaliar eventuais repercussões deste no processo de controle externo.

Perfil sancionador: constatou-se que o TCU decidiu não sobrestar a sanção de inidoneidade, mesmo após a celebração de acordo de leniência anticorrupção (mesmo perfil identificado em 5.3.2 — acórdão 580/2019, e em 5.3.4 — acórdão 1900/2019, ambos referentes a outra responsável).

5.3.9 Acórdão 1689/2020 – Plenário, de 01/07/2020

Processo: Representação 013.382/2017-9, que tem por objeto obras da Refinaria Abreu e Lima (Rnest) — Petrobras. "Expediente inominado" apresentado pela Construtora OAS S.A. contra o acórdão 1744/2018 — Plenário (item 5.2.3), que a declarou inidônea para participar de licitações na Administração Pública Federal e na Administração Pública Estadual e Municipal cujos objetos sejam custeados com recursos federais, por cinco anos; e contra os acórdãos 2453/2019 — Plenário (item 5.3.5) e 147/2020 — Plenário (item 5.3.8), que mantiveram a declaração de inidoneidade.

Momento do julgamento pelo TCU: posterior à celebração do acordo de leniência anticorrupção do grupo OAS com a CGU/AGU (celebrado em 14/11/2019).

Ratio decidendi: a Construtora OAS S.A. requer o sobrestamento ou a extinção da sanção de inidoneidade, em razão de ter celebrado acordo de leniência com a CGU/AGU e TCC com o CADE.

O TCU considerou a situação da responsável distinta de outras já analisadas pelo Tribunal, em razão do "fato de a colaboração da OAS ter ocorrido depois da imputação da sanção, porém antes do julgamento dos embargos de declaração opostos em face da decisão que confirmou em recurso a imputação de sanção. Já o pedido inominado de revisão ocorreu depois do trânsito em julgado do acórdão sancionador". (BRASIL, 2020j). Em paralelo, considerou também que "o colaborador não pode estar nas mesmas condições do não colaborador". (BRASIL, 2020j).

Sopesando esses dois elementos, concluiu não ser possível desconstituir a sanção aplicada (em razão do trânsito em julgado), mas sim determinar sua suspensão, "condicionada ao adimplemento dos termos pactuados nos instrumentos de colaboração celebrados". (BRASIL, 2020j).

Quanto à dosimetria da sanção, o Tribunal considerou que "a colaboração tardia da empresa não trouxe absolutamente nenhuma utilidade à apuração dos fatos pelo TCU, tampouco algum elemento probatório fornecido pela empresa foi empregado por parte desta Corte de Contas". (BRASIL, 2020j).

Todavia, por estar demonstrado que os processos de negociação do acordo de leniência anticorrupção e do TCC iniciaram-se antes do trânsito em julgado do processo de controle externo, não podendo ser imputado somente à responsável a demora para a finalização dos acordos, decidiu o TCU por diminuir para seis meses o prazo da execução da sanção de inidoneidade, suspendendo a exigibilidade do período de quatro anos e seis meses restantes "até o pleno adimplemento das obrigações assumidas no Acordo de Leniência celebrado com a CGU ou no Termo de Compromisso de Cessação acordado com o Cade"[94]. (BRASIL, 2020j).

Por fim, o Tribunal fez ressalva no sentido de que haverá imediata revogação da suspensão em caso de inadimplemento voluntário ou involuntário dos acordos.

Perfil sancionador: a partir das informações disponíveis, verificou-se que, após três negativas (itens 5.2.3, 5.3.5 e 5.3.8), o TCU decidiu suspender a eficácia da sanção de inidoneidade, após cumpridos seis meses do período total de cinco anos, em razão da celebração de acordo de leniência anticorrupção.

5.3.10 Conclusão preliminar: perfil sancionador na fase de recurso (acórdãos de julgamento de recurso)

A partir dos dados apresentados, tem-se que o TCU:

(i) não reconhece a possibilidade de suspender a sanção de inidoneidade para que a responsável sancionada celebre acordo de leniência (acórdão 801/2017);

(ii) não reconhece a possibilidade de suspender a sanção de inidoneidade em razão da existência de negociação de acordo de leniência anticorrupção com a CGU/AGU (acórdãos 892/2019 e 2453/2019);

(iii) apresenta comportamento contraditório quanto à possibilidade de suspensão da sanção de inidoneidade em decorrência da celebração de acordo de leniência anticorrupção com a CGU/AGU. A Construtora OAS S.A. teve a suspensão aplicada (acórdão 1689/2020), mesmo após o trânsito em julgado da decisão condenatória e ainda que sua colaboração não tenha contribuído para a apuração dos fatos ou que tenham sido utilizados elementos de prova dela decorrente pelo TCU. Todavia, às empresas do grupo UTC não foi aplicada a suspensão, em três processos distintos (acórdãos 580/2019, 1900/2019 e 2928/2019), sob o fundamento, comum aos três acórdãos, de que seu acordo de leniência não foi útil aos processos de controle externo; e

(iv) esclareceu o alcance dos benefícios referentes à imputação de débito, que deverão ser avaliados caso a caso (não se trata de regra geral) e limitou o abatimento dos valores pagos nos acordos de leniência às verbas a título de ressarcimento de danos, multas de natureza indenizatória ou confiscos, excluindo do rol as multas de natureza sancionatória (acórdão 892/2019) (figura 45).

---

[94] Em razão do trânsito em julgado da decisão condenatória, a empresa já estava cumprindo a sanção desde 29/02/2020. Assim, de acordo com a decisão, a suspensão da eficácia da sanção de inidoneidade operou-se a partir do dia 28/08/2020.

Figura 45 Cenários identificados nos acórdãos de julgamento de recurso

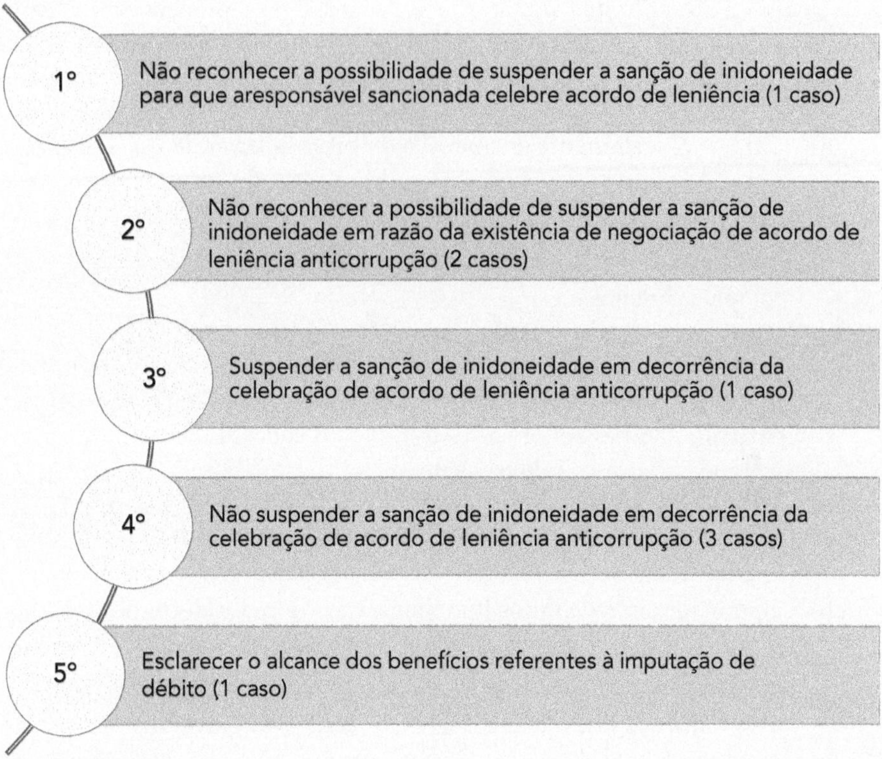

Fonte: Elaborada pela autora, 2022.

5.4 Conclusões do capítulo

No presente capítulo, foram analisados os 30 acórdãos, identificados a partir da Base de Dados TCU, que consideraram acordos de leniência para a tomada de decisão, e identificados os fundamentos utilizados pelo Tribunal de Contas para a imposição ou não de sanções, extraídos dos votos condutores dos acórdãos (em todos os casos, o voto do relator). O foco da análise foi a *ratio decidendi* dos textos, evitando-se a utilização de argumentos provenientes das instruções elaboradas pelas unidades técnicas, dos pareceres elaborados por membros do MPTCU e de elementos dos textos considerados *obiter dicta*.

Os resultados obtidos podem ser expostos da seguinte forma:

1. **Quanto à situação dos signatários de acordos de leniência anticorrupção em relação à situação dos responsáveis não colaboradores, no mesmo processo, quando presente o elemento comparativo:**

 a) para o sobrestamento/suspensão do processo, a situação foi sempre mais vantajosa;
 b) para a sanção de inidoneidade, a situação foi sempre mais vantajosa;
 c) para a sanção de multa do art. 57 da LOTCU, a situação nem sempre foi mais vantajosa;
 d) para a imputação de débito, a situação nem sempre foi mais vantajosa.

2. **Quanto à situação dos signatários de acordos de leniência anticorrupção entre si:** não há isonomia no tratamento concedido aos signatários em nenhum dos grupos identificados.

 a) alguns signatários de acordos de leniência anticorrupção tiveram a análise de mérito ou a sanção sobrestada/suspensa, outros não;
 b) alguns foram declarados inidôneos, outros foram declarados inidôneos, com o acordo de leniência anticorrupção considerado como fator atenuante na dosimetria da sanção, e outros não foram declarados inidôneos (hipóteses de sobrestamento/suspensão);
 c) alguns foram sancionados com multa do art. 57 da LOTCU, outros foram sancionados com multa, mas com fatores atenuantes na dosimetria da sanção, e outros não foram sancionados com multa; e
 d) embora a todos tenha sido imputado débito, quando cabível, alguns signatários de acordos de leniência anticorrupção receberam benefícios relacionados ao pagamento do débito e outros não.

3. **Quanto aos efeitos do acordo de leniência anticorrupção no processo de controle externo:**

 a) na fase de instauração do contraditório, há consenso no sentido de que sua existência não tem como consequência o arquivamento do processo de controle externo antes da citação; porém, não há entendimento uniforme quanto aos efeitos possíveis. Há casos em que a determinação de citação dos responsáveis foi (a) omissa quanto à possibilidade de consideração do acordo de leniência quando do julgamento de mérito; (b) expressa quanto à possibilidade de consideração do acordo de leniência, mediante contrapartida dos responsáveis, quando do julgamento de mérito; ou (c) expressa quanto ao fato de que não se está a exercer o exercício da pretensão punitiva, estritamente em cumprimento a comando de decisão judicial;

b) para a sanção de inidoneidade, não há entendimento uniforme. Sua existência foi considerada pelo TCU como (i) apta a ensejar o sobrestamento/suspensão do processo de controle externo; ou (ii) fator atenuante na dosimetria;
c) para a sanção de multa do art. 57 da LOTCU, há consenso no sentido de que o acordo pode ensejar sua não aplicação ou sua diminuição, quando houver identidade entre o objeto do processo de controle externo e do acordo de leniência anticorrupção. Todavia, em nenhum dos casos essa prerrogativa foi exercida. Nos casos em que se deixou de aplicar a multa, a razão foi a utilização, pelo TCU, de prova compartilhada e haver decisão judicial limitando o exercício da competência sancionadora do Tribunal de Contas;
d) para a imputação de débito, há consenso no sentido de que a existência do acordo não tem como consequência a não imputação de débito e o não exercício da competência do Tribunal de Contas para buscar a reparação do dano. Por outro lado, há consenso no sentido de que a imputação de débito pode ser acompanhada de benefícios quando houver identidade entre o objeto do processo de controle externo e do acordo de leniência anticorrupção.

3.1. Quanto aos benefícios relacionados à imputação de débito: não há entendimento uniforme.

a) na fase de instauração do contraditório, foram mencionados os seguintes benefícios: (i) benefício de ordem para o pagamento do débito, quando houver responsabilidade solidária com outras empresas; (ii) extinção dos juros de mora sobre o débito; (iii) parcelamento do valor devido de acordo com a capacidade real de pagamento da empresa; e (iv) abatimento dos valores pagos nos acordos. No entanto, nem todos os benefícios foram oferecidos a todas as responsáveis e há casos em que nenhum benefício foi oferecido;
b) na fase de aplicação da sanção, foram mencionados (i) benefício de ordem para o pagamento do débito, quando houver responsabilidade solidária com outras empresas e (ii) abatimento dos valores pagos, nos acordos, a título de ressarcimento de danos, multas de natureza indenizatória ou confiscos. No entanto, nem todos os benefícios

foram concedidos a todas as responsáveis e há casos em que nenhum benefício foi concedido;

c) nem todos os benefícios relacionados ao débito mencionados como possíveis nos acórdãos de citação, como a extinção dos juros de mora e o parcelamento, foram concedidos na fase de julgamento de mérito.

4. **Quanto ao estabelecimento de condições para que o acordo de leniência anticorrupção produza efeitos no processo de controle externo:**

a) para o sobrestamento / suspensão do processo, não há entendimento uniforme, tendo sido verificada sua implementação (i) condicionada à atuação do órgão signatário perante o TCU e à colaboração das empresas com o processo de controle externo; (ii) condicionada à demonstração de que as obrigações pactuadas nos acordos de leniência foram cumpridas; ou (iii) não condicionada, decorrente da mera notícia de negociação de acordo de leniência;

b) para a sanção de inidoneidade, não há entendimento uniforme. Há tendência no sentido de que a sanção pode ser sobrestada / suspensa somente se o acordo for útil ao processo de controle externo. Mas há caso em que a conclusão foi favorável à empresa apesar da ausência de utilidade do acordo;

c) para a sanção de multa do art. 57 da LOTCU, não há entendimento uniforme. Há tendência no sentido de que a não aplicação da multa dependeria de haver postura cooperativa do responsável com o processo de controle externo e a prova compartilhada oriunda do acordo ser utilizada pelo TCU. Mas há caso em que a conclusão foi favorável à empresa apesar de sua postura não cooperativa;

d) para a imputação de débito, não há entendimento uniforme. Há tendência no sentido de que a concessão de benefícios relacionados à imputação de débito dependeria de haver postura cooperativa do responsável com o processo de controle externo e a prova compartilhada oriunda do acordo ser utilizada pelo TCU. Mas há caso em que a conclusão foi favorável à empresa apesar de sua postura não cooperativa.

4.1. **Quanto ao significado de postura cooperativa:** não há entendimento uniforme. Há, todavia, tendência em considerar as seguintes condutas como caracterizadoras de cooperação: (i) reconhecer a participação nas irregularidades; (ii) apresentar os documentos solicitados que sirvam à estimativa segura e fidedigna do dano; (iii) deixar de recorrer das decisões de mérito; e após a decisão de mérito; e (iv) recolher a quota-parte do débito.

5. **Quanto à possibilidade de acordo de leniência anticorrupção celebrado após a imposição de sanção produzir efeitos no processo de controle externo:**

   a) para a revisão da sanção de inidoneidade aplicada, há casos em que o efeito foi o sobrestamento/suspensão da sanção, e casos em que o sobrestamento/suspensão não foi aplicado. Há consenso no sentido de que inexiste a possibilidade de se suspender a sanção de inidoneidade aplicada (i) em razão da existência de negociação de acordo de leniência anticorrupção ou (ii) para que a responsável sancionada inicie as negociações para celebração de acordo de leniência;
   b) não há menção ao tema para a sanção de multa do art. 57 da LOTCU e para a imputação de débito.

6. Apesar de não ser objeto da pesquisa, um dos achados foi que não há tratamento isonômico quanto aos tipos de acordos de leniência existentes no Brasil, em termos de legislações e autoridades públicas competentes. Foram considerados da mesma forma para a tomada de decisão acerca do sobrestamento/suspensão do processo e da imputação de débito; e foram considerados com diferentes pesos para a tomada de decisão acerca da aplicação das sanções de inidoneidade e multa do art. 57 da LOTCU. Especificamente, foram verificadas situações em que o acordo de leniência anticorrupção com a CGU/AGU já havia sido celebrado, mas teve menor peso que:

   a) o acordo de leniência do MPF: (i) acórdãos 2677/2018 (5.2.7) e 1362/2021 (5.2.16), em que a concessão de benefícios às responsáveis signatárias de acordos de leniência anticorrupção se deu não em razão da existência desses acordos, mas sim daqueles celebrados com o MPF, atrelados a decisões judiciais que limitavam o poder decisório do TCU; e (ii) acórdão 1348/2017 (5.2.2), que somente menciona a possibilidade de revisão da sanção de inidoneidade aplicada caso a responsável viesse a celebrar acordo de leniência com o MPF;
   b) o TCC com o CADE: acórdão 1690/2020 (5.2.12), que, embora mencione a necessidade de cumprimento do acordo de leniência com a CGU/AGU, utilizou o TCC com o CADE como motivo determinante para sobrestar o processo; e

c) o acordo de colaboração premiada celebrado por pessoa física: acórdão 2619/2019 (5.2.10), que utilizou a colaboração premiada de pessoas físicas vinculadas às empresas, em detrimento do acordo de leniência com a CGU/AGU, para reduzir a multa aplicada às responsáveis signatárias desse acordo (tabela 13).

É possível, ainda, realizar uma análise temporal do comportamento decisório do TCU em relação ao julgamento de mérito e de recursos, a partir da qual se constata:

1. **Quanto ao sobrestamento/suspensão da análise de mérito ou de sanção em razão da celebração de acordo de leniência:** não parece haver uma evolução de posicionamento linear e concisa; e verificou-se uma alteração substancial de entendimento após a celebração do ACT de 2020.

a) em março 2017, no primeiro acórdão do TCU sobre o tema identificado pela pesquisa, decidiu-se por sobrestar a análise, condicionado à atuação do MPF junto ao TCU e à colaboração dos responsáveis signatários de acordos de leniência com o MPF perante o TCU;

b) no mesmo ano, entendeu-se que não seria possível suspender a sanção imposta para que o responsável sancionado celebrasse acordo de leniência, mas que a efetiva celebração do acordo poderia acarretar o sobrestamento da sanção;

c) em outubro de 2018, novamente determinou-se o sobrestamento, mas condicionado ao cumprimento do acordo de leniência celebrado com o MPF e de TCC celebrado com o CADE;

d) em 2019, decidiu-se não suspender a sanção anteriormente aplicada em razão (i) da existência de negociação de acordo de leniência anticorrupção ou (ii) da efetiva celebração de acordo de leniência anticorrupção (em contrariedade ao posicionamento exposto em ocasião anterior — item "b", acima);

e) em janeiro de 2020, foi mantido o entendimento de não suspender a sanção anteriormente aplicada em razão da efetiva celebração de acordo de leniência anticorrupção;

f) esse posicionamento (exposto em "d.(ii)" e "f") foi alterado em julho de 2020, quando determinou-se a suspensão da sanção anteriormente aplicada em decorrência da celebração de acordo de leniência anticorrupção. No mesmo mês, determinou-se o sobrestamento da análise, condicionado ao cumprimento do acordo de leniência anticorrupção (similar ao item "c");

Tabela 13 Apresentação dos resultados

	Sobrestamento/ Suspensão	Inidoneidade	Multa (art. 57 da LOTCU)	Imputação de Débito
Situação dos signatários de AL anticorrupção em relação aos responsáveis não-colaboradores	Sempre mais vantajosa	Sempre mais vantajosa	Nem sempre mais vantajosa	Nem sempre mais vantajosa
Situação dos signatários de AL anticorrupção entre si	Não isonômica	Não isonômica	Não isonômica	Não isonômica
Efeitos do AL anticorrupção no processo de controle externo	Não aplicável	Não uniforme (sobrestamento/suspensão ou fator atenuante)	Potencial de extinção ou fator atenuante, mas nunca produziu efeitos	Não extingue a sanção Concessão de benefícios (não uniforme quanto aos benefícios)
Estabelecimento de condições para que o AL anticorrupção produza efeitos	Não uniforme (atuação do órgão signatário e cooperação ou cumprimento do AL ou ausência de condições)	Não uniforme (utilidade do AL ou ausência de condições)	Não uniforme (cooperação e utilidade do AL ou ausência de condições)	Não uniforme (cooperação e utilidade do AL ou ausência de condições)
Efeitos do AL anticorrupção celebrado após o julgamento	Sobrestamento/ Suspensão	Não verificado	Não verificado	Não verificado

Fonte: Elaboração pela autora

g) em novembro de 2020, alterou-se o entendimento exposto em "d.(i)", para determinar o sobrestamento da análise em decorrência da existência de negociação de acordo de leniência anticorrupção. O ACT de 2020 foi preponderante para esse novo posicionamento (figura 46).

Figura 46 Evolução do perfil sancionador em relação ao sobrestamento/suspensão

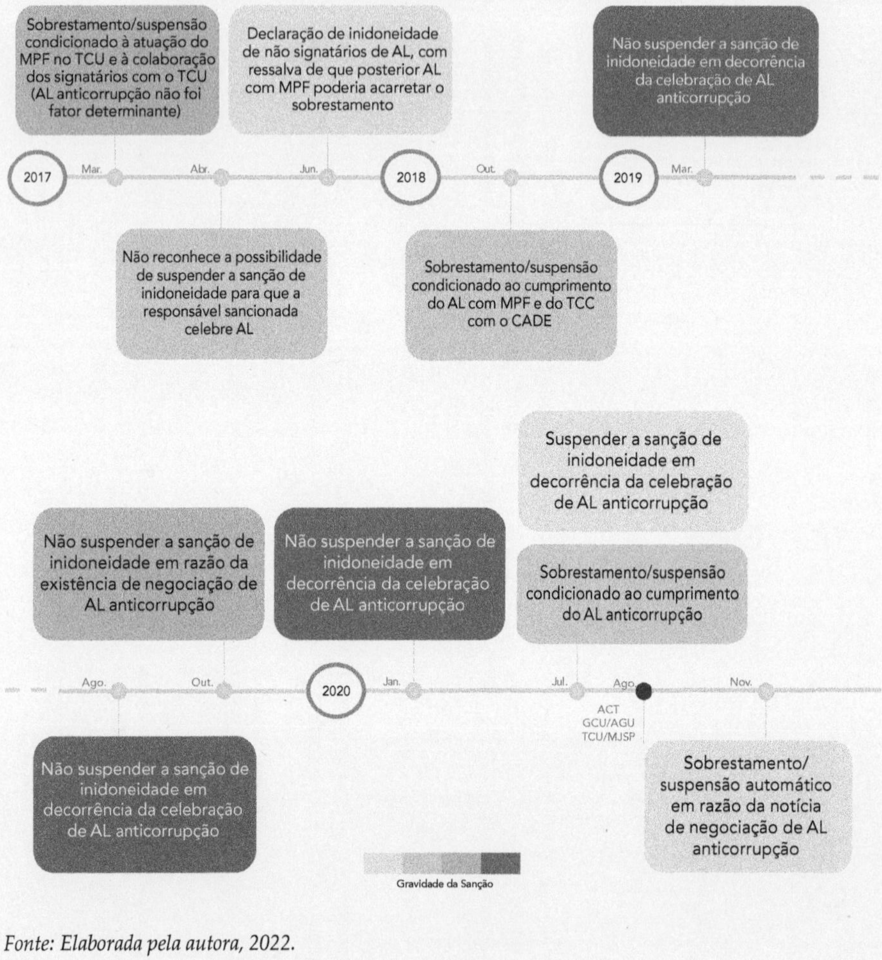

Fonte: Elaborada pela autora, 2022.

2. **Quanto à declaração de inidoneidade:** parece haver um comportamento relativamente similar, no sentido de se considerar, de algum modo, o acordo de leniência anticorrupção com a CGU/AGU na tomada de decisão. Não se constatou impacto do ACT de 2020 em relação a essa sanção.

a) em 2017, ao aplicar a sanção de inidoneidade a responsáveis não signatários de acordos de leniência, foi feita ressalva no sentido de que posterior acordo de leniência com o MPF poderia acarretar o sobrestamento da sanção imposta (muito embora tenha sido refutada a possibilidade de sobrestar a sanção para que o responsável sancionado celebrasse acordo de leniência — como exposto em "1.b", acima);
b) em 2018, o TCU decidiu declarar inidôneos responsáveis em processo de negociação de acordo de leniência anticorrupção, com ressalva de que sua efetiva celebração poderia acarretar a revisão da sanção imposta;
c) em 2019, decidiu-se declarar inidôneo responsável signatário de acordo de leniência anticorrupção, mas este foi considerado fator atenuante na dosimetria da sanção (redução de 2/3) (figura 47).

Figura 47 Evolução do perfil sancionador em relação à declaração de inidoneidade

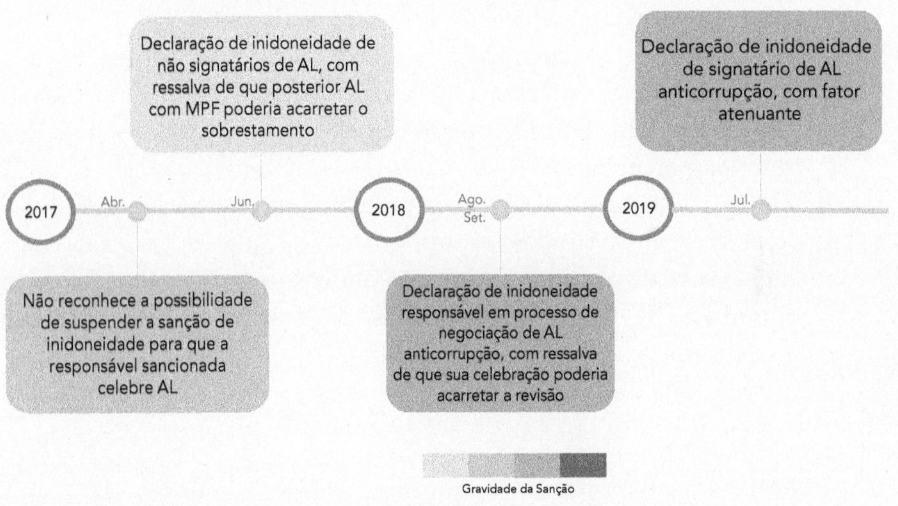

Fonte: Elaborada pela autora, 2022.

3. **Quanto à imputação de débito e aplicação de multa do art. 57 da LOTCU:** os perfis sancionadores (mais gravosos, com imputação de débito, sem benefícios, e aplicação de multa, sem fator atenuante; intermediário, com imputação de débito, com benefícios, e aplicação de multa, com fator atenuante; e menos gravosos, com imputação de débito, com benefícios, e

sem aplicação de multa) se repetem ao longo do tempo. Não se constatou impacto do ACT de 2020 em relação a essa sanção.

a) em 2018, foram identificados tanto casos de (i) responsáveis signatários de acordos de leniência anticorrupção sancionados com imputação de débito, sem benefícios, e multa, sem fator atenuante quanto casos de (ii) responsáveis signatários de acordos de leniência anticorrupção sancionados com imputação de débito, com benefícios, e não sancionados com multa (mas, nesses casos, o acordo de leniência anticorrupção não foi determinante para a tomada de decisão) (figura 48);
b) em 2019, os comportamentos expostos em "a.(i)" e "a.(ii)" se repetem, e se verifica um novo perfil: signatários de acordo de leniência anticorrupção foram sancionados com imputação de débito, com benefícios, e multa, com fator atenuante na dosimetria (valor correspondeu a ¼ daquele aplicado à responsável não colaboradora no mesmo processo) (mas, nesse caso, o acordo de leniência anticorrupção não foi determinante para a tomada de decisão);
c) em 2020, se verificou apenas o comportamento exposto em "a.(i)", isto é, responsáveis signatários de acordos de leniência anticorrupção sancionados com imputação de débito, sem benefícios, e multa, sem fator atenuante;
d) em 2021 (até o encerramento da pesquisa, em 07/09), identificou-se apenas o comportamento exposto em "a.(ii)", qual seja, responsáveis signatários de acordos de leniência anticorrupção sancionados com imputação de débito, com benefícios, e não sancionados com multa (mas o acordo de leniência anticorrupção não foi determinante para a tomada de decisão).

Figura 48 Evolução do perfil sancionador em relação à imputação de débito e aplicação de multa do art. 57 da LOTCU

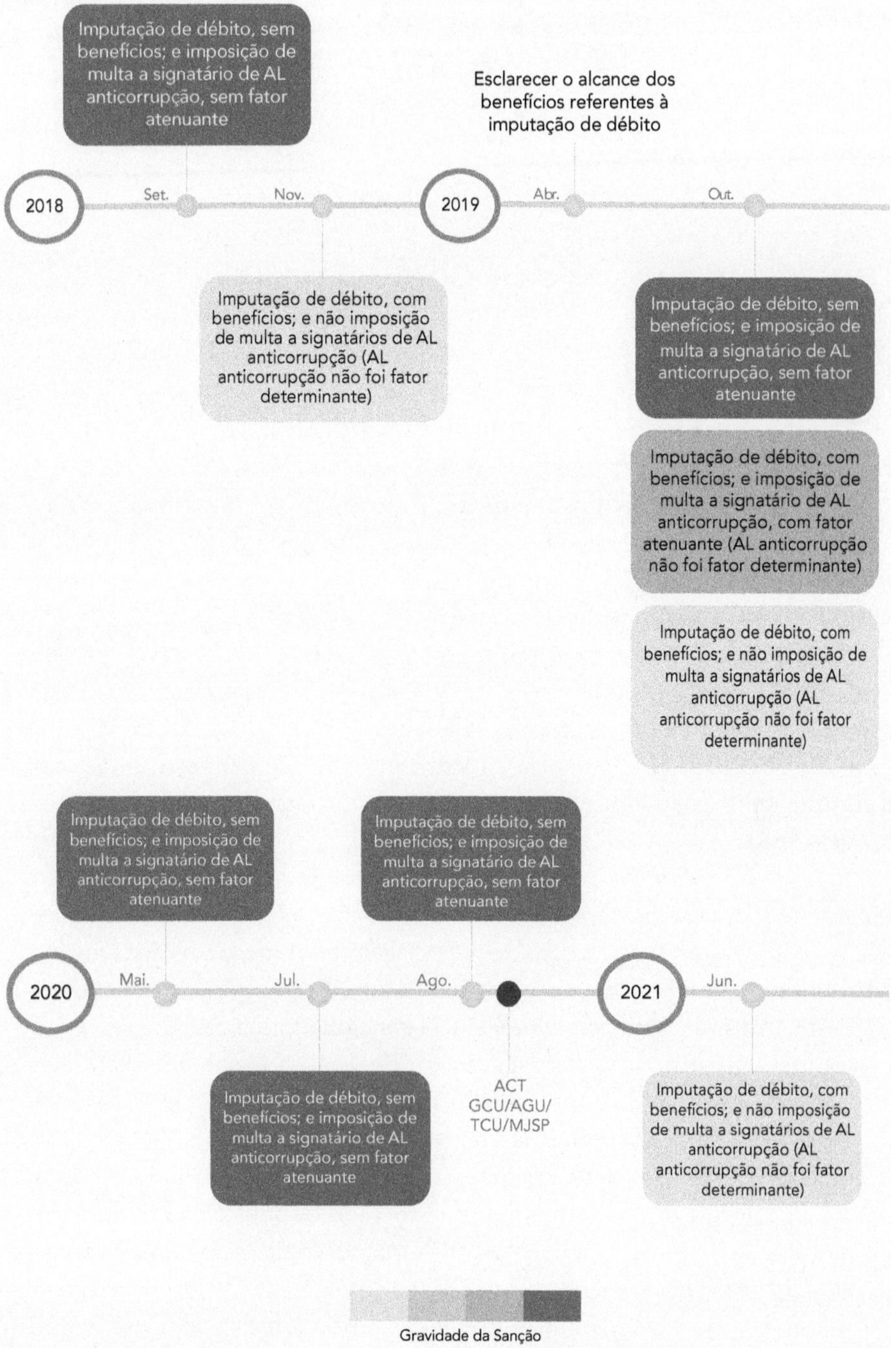

Fonte: Elaborada pela autora, 2022.

6

Conclusão

O problema de pesquisa consistiu em identificar como o TCU sancionou os entes privados que celebraram acordos de leniência com a CGU/AGU entre 2017 e 2021. Partiu-se da hipótese de que o fato de o TCU não participar da celebração de acordos de leniência anticorrupção de que trata a Lei 12.846/2013, cuja competência é da CGU e da AGU, traz repercussões negativas mais gravosas para os signatários desses acordos.

No Capítulo 2, foram expostas, numa perspectiva doutrinária e jurisprudencial, as interações entre o TCU e os acordos de leniência anticorrupção, sob três aspectos: competência do TCU para celebrar (2.1), para revisar/supervisionar acordos de leniência anticorrupção (2.2) e para sancionar signatários de acordos de leniência anticorrupção por fatos contemplados nesses acordos (2.3).

O TCU não participa das negociações e da celebração dos acordos de leniência anticorrupção e, após uma tentativa de se colocar como instância revisora/supervisora do processo de negociação/celebração dos acordos (com a IN 74), atualmente não exerce essa atividade. Por outro lado, em diversas oportunidades ratificou sua competência sancionadora e ressaltou sua independência e jurisdição para perseguir, em especial, o ressarcimento do dano ao erário em decorrência de atos ilícitos previstos também na Lei 12.846/2013.

A pesquisa empírica realizada buscou analisar o comportamento do TCU justamente em relação ao exercício de sua competência sancionadora, em processos de controle externo em que figuram como responsáveis os signatários de acordos de leniência anticorrupção. A metodologia de pesquisa foi apresentada no Capítulo 3.

Algumas dificuldades foram enfrentadas no decorrer da pesquisa, as principais relacionadas à ausência de transparência, tanto na CGU — que não divulga o objeto dos acordos de leniência celebrados — quanto no TCU, que conduz processos sigilosos cujo objeto também não é identificável.

Como visto no Capítulo 4, os dados coletados na CGU (4.1) permitiram a identificação de 15 acordos de leniência anticorrupção, assinados pela CGU/AGU e por 44 pessoas jurídicas (de 15 grupos econômicos distintos), entre 2017 e 2021 (tabela 3). E, a partir dos dados provenientes do TCU (4.2), de um universo de 437 processos resultantes das buscas, foram catalogados 307 processos administrativos em que constam como responsáveis ao menos uma dessas pessoas jurídicas, sem recorte temporal ou delimitação de classe processual, de objeto e de unidade jurisdicionada (figura 13).

Desses 307 processos, 215 tiveram seu mérito julgado (figura 14) e, já considerando o resultado do julgamento de recursos, quando realizado, em 69 processos houve imposição, pelo TCU, de uma ou mais sanções, a 273 responsáveis, no total, entre pessoas físicas e jurídicas; em 143 não houve imposição de sanções; dois foram sobrestados; e um processo teve seu julgamento convertido em diligência (figuras 21 e 22).

Nesse universo, que chamaremos de "Grupo 1", a imputação de débito (art. 19 da LOTCU) foi a sanção (em sentido amplo, para os fins da pesquisa) mais aplicada pelo TCU, isolada ou cumulativamente — ocorreu em 40, dos 69 processos, e a 181, dos 273 responsáveis sancionados (figura 24) —, seguida da multa de que trata o art. 57 da LOTCU — vista em 33 processos, aplicada a 134 responsáveis, sempre de forma cumulada com a sanção de imputação de débito (figura 25). A sanção mais gravosa para a pessoa jurídica, de inidoneidade para participar de licitação (art. 46 da LOTCU), aparece com menor incidência — foi aplicada a oito responsáveis, em cinco processos, sempre de forma isolada (figura 28).

A etapa seguinte da pesquisa consistiu em analisar se acordos de leniência, celebrados pelas empresas que figuram como responsáveis, foram considerados para a tomada de decisão, pelo TCU, nos casos de (i) imposição de sanções; (ii) sobrestamento; e (iii) conversão em diligência, grupo que abrange 72 processos. Todos os acórdãos proferidos nesses processos foram catalogados para se extrair o "Grupo 2", de 20 processos em que foram proferidos 30 acórdãos com acordos de leniência considerados para a tomada de decisão, independentemente do resultado do julgamento (se pela imposição de sanções ou não, inclusive sobrestamento e conversão em diligência) (16 acórdãos) e incluindo decisões em sede de recurso (nove acórdãos) e decisões cujo comando é a citação de pessoas para pagamento do débito ou apresentação de defesa (cinco acórdãos) (figura 32).

O Capítulo 5 traz o detalhamento desses 30 acórdãos divididos em três grupos, de acordo com a fase processual em que foram proferidos: (i) fase de instauração do contraditório (acórdãos de citação) (5.1); (ii) fase de análise de mérito (acórdãos de mérito) (5.2); e (iii) fase de recurso (acórdãos de julgamento de recurso) (5.3). A partir dos fundamentos neles utilizados e dos resultados dos julgamentos é que se buscou traçar o perfil sancionador do TCU em relação aos signatários de acordos de leniência anticorrupção com a CGU/AGU.

Tal qual ocorreu no Grupo 1, a sanção (em sentido amplo) da imputação de débito (art. 19 da LOTCU) foi a mais imposta pelo TCU, isolada ou cumulativamente — aplicada a 13 responsáveis, em momento em que 12 deles já haviam celebrado acordo de leniência anticorrupção com a CGU/AGU. Em seguida, aparece a multa de que trata o art. 57 da LOTCU, aplicada a nove responsáveis, sempre de forma cumulada com a sanção de imputação de débito — e oito dos responsáveis foram sancionados pelo TCU após a celebração do acordo de leniência anticorrupção com a CGU/AGU. A sanção de inidoneidade para participar de licitação (art. 46 da LOTCU) também foi a menos utilizada: foi aplicada a cinco responsáveis, sempre de forma isolada, sendo que em quatro desses casos, a sanção foi aplicada pelo TCU antes da assinatura do acordo com a CGU/AGU — em 1 caso, posteriormente o TCU considerou o acordo de leniência, em sede de recurso, para suspender a eficácia da sanção.

Confrontando, dentro do universo de 307 processos no TCU envolvendo as pessoas jurídicas signatárias de acordos de leniência anticorrupção com a CGU/AGU, o Grupo 1, de 69 processos em que houve imposição de uma ou mais sanções, independentemente da análise sobre acordo de leniência; e o Grupo 2, de 20 processos em que acordos de leniência foram considerados para a tomada de decisão, é possível concluir que:

1) **A existência de acordos de leniência não acarretou uma mudança no comportamento decisório do TCU**. Isso porque a imputação de débito continuou sendo a sanção (em sentido amplo) mais aplicada, seguida de multa (art. 57 da LOTCU) e, em menor incidência, a declaração de inidoneidade.

   Sob essa perspectiva, não se confirma a hipótese formulada, pois não foram identificadas repercussões negativas mais gravosas para os signatários dos acordos de leniência, senão o mesmo padrão decisório já aplicado a eles, historicamente, em processos de controle externo. Contudo, considerando a existência do elemento novo — acordo de leniência celebrado com a CGU/AGU —, a manutenção do padrão decisório aplicado quando esses acordos não existiam aponta para um cenário que pode ser considerado mais gravoso para esses responsáveis, na medida em que os benefícios esperados da colaboração com o Poder Público não foram atingidos.

Especificamente em relação aos processos que tiveram acordos de leniência considerados para a tomada de decisão, a pesquisa permitiu as seguintes constatações gerais:

2) **Não há isonomia no tratamento concedido aos signatários de acordos de leniência anticorrupção entre si**. Alguns deles tiveram a análise de mérito ou a sanção sobrestada/suspensa, outros não; alguns foram declarados inidôneos, outros foram declarados inidôneos, com o acordo de leniência anticorrupção considerado como fator atenuante (em 2/3) na dosimetria da sanção, e outros não foram declarados inidôneos (hipóteses de sobrestamento/suspensão); alguns foram sancionados com multa do art. 57 da LOTCU, outros foram sancionados com multa, mas com fatores atenuantes na dosimetria da sanção e outros não foram sancionados com multa; e embora a todos tenha sido imputado débito, quando cabível, alguns signatários de acordos de leniência anticorrupção receberam benefícios relacionados ao pagamento do débito e outros não.

3) Na fase de instauração do contraditório, **há consenso no sentido de que a existência de acordo de leniência não tem como consequência o arquivamento do processo de controle externo antes da citação**. Contudo, não há entendimento uniforme quanto a esclarecer ao responsável, no momento da citação, que os acordos de leniência podem gerar efeitos na fase de julgamento de mérito.

4) **Não há entendimento uniforme quanto ao estabelecimento de condições para que o acordo de leniência anticorrupção produza efeito de sobrestar/suspender o processo**. O sobrestamento/suspensão foi (i) condicionada à atuação do órgão signatário perante o TCU e à colaboração das empresas com o processo de controle externo; (ii) condicionada à demonstração de que as obrigações pactuadas nos acordos de leniência foram cumpridas; ou (iii) não condicionada, decorrente da mera notícia de negociação de acordo de leniência.

5) **Há comportamento contraditório da Corte de Contas quanto à possibilidade de o acordo de leniência celebrado após a imposição de sanção pelo TCU gerar efeitos**. Há casos em que o efeito foi o sobrestamento/suspensão da sanção de inidoneidade anteriormente aplicada e casos em que o sobrestamento/suspensão não foi aplicado. Não foram identifica-

dos casos em que o TCU se manifestou sobre efeitos para as sanções de imputação de débito e multa do art. 57 da LOTCU.

6) **Há consenso no sentido de que inexiste a possibilidade de se suspender a sanção de inidoneidade aplicada para que o responsável sancionado inicie as negociações para celebração de acordo de leniência.** Por se tratar da sanção mais gravosa possível, a autora admite que o mesmo entendimento é válido para as sanções menos gravosas, de imputação de débito e multa do art. 57 da LOTCU.

7) **Havia consenso no sentido de inexistir a possibilidade de se suspender sanção de inidoneidade anteriormente aplicada em razão da existência de negociação de acordo de leniência anticorrupção. Houve um indicativo de alteração nesse entendimento, em novembro de 2020 — após a celebração do ACT de 2020 —**, com a decisão de suspender o julgamento de processo em razão de estarem em curso negociações de acordo de leniência anticorrupção.

8) **Não há entendimento uniforme quanto ao significado de postura cooperativa no processo de controle externo.** Há tendência em considerar as seguintes condutas como caracterizadoras de cooperação: (i) reconhecer a participação nas irregularidades; (ii) apresentar os documentos solicitados que sirvam à estimativa segura e fidedigna do dano; (iii) deixar de recorrer das decisões de mérito; e após a decisão de mérito; e (iv) recolher a quota-parte do débito.

9) **Não há tratamento isonômico do TCU quanto ao acordo de leniência celebrado com a CGU/AGU e o acordo de leniência celebrado com o MPF.** Foram verificadas situações em que o TCU concedeu benefícios aos responsáveis em razão, unicamente, da existência do acordo com o MPF, seja por estarem atrelados a decisões judiciais que limitavam o poder decisório do TCU, seja por liberalidade (caso em que o TCU somente menciona a possibilidade de revisão da sanção de inidoneidade aplicada caso a responsável viesse a celebrar acordo de leniência com o MPF). Parece ter sido dado menor peso, portanto, ao acordo celebrado com a CGU/AGU em comparação com o acordo de leniência do MPF.

10) **Não há tratamento isonômico do TCU quanto ao acordo de leniência celebrado com a CGU/AGU e TCC celebrado com o CADE.** Foi verificada situação em que o TCU utilizou, unicamente, o TCC com o CADE como motivo determinante para sobrestar o processo. Parece ter sido dado menor peso, portanto, ao acordo celebrado com a CGU/AGU em comparação com o acordo de leniência ou o TCC do CADE.

11) **Não há tratamento isonômico do TCU quanto ao acordo de leniência celebrado com a CGU/AGU e o acordo de colaboração premiada celebrado por pessoa física**. Foi verificada situação em que o TCU utilizou, unicamente, a colaboração premiada de pessoas físicas vinculadas às empresas como fator atenuante na dosimetria da sanção de multa (art. 57). Parece ter sido dado menor peso, portanto, ao acordo celebrado com a CGU/AGU em comparação com o acordo de colaboração premiada da pessoa física com o MPF.

Em relação à sanção (em sentido amplo) de imputação de débito, nos processos que tiveram acordos de leniência considerados para a tomada de decisão, identificou-se que:

12) **Há consenso no sentido de que a existência do acordo de leniência não tem como consequência a não imputação de débito**.

13) **Há consenso no sentido de que a imputação de débito pode ser acompanhada de benefícios** quando houver identidade entre o objeto do processo de controle externo e do acordo de leniência anticorrupção.

14) Na prática, **o TCU não concedeu benefícios relacionados à imputação de débito em razão da existência de acordo de leniência anticorrupção**, mas o fez em relação a acordos celebrados com outros órgãos.

15) **Não há entendimento uniforme quanto aos benefícios relacionados à imputação de débito**. O TCU mencionou como possíveis quatro benefícios: (i) benefício de ordem para o pagamento do débito, quando houver responsabilidade solidária com outras empresas; (ii) extinção dos juros de mora sobre o débito; (iii) parcelamento do valor devido de acordo com a capacidade real de pagamento da empresa; e (iv) abatimento dos valores pagos a título de ressarcimento de danos, multas de natureza indenizatória ou confiscos nos acordos. Por outro lado, na prática, efetivamente concedeu apenas os benefícios (i) e (iv). Ainda, nem todos os benefícios foram concedidos a todas as responsáveis signatárias de acordos de leniência e há casos em que nenhum benefício foi concedido.

16) **Há tendência no sentido de que a concessão de benefícios relacionados à imputação de débito é condicionada** à postura cooperativa do responsável com o processo de controle externo e à utilização, pelo TCU, de prova compartilhada oriunda do acordo. Mas há caso em que a conclusão foi favorável à empresa apesar de sua postura não cooperativa.

Em relação à sanção de multa do art. 57 da LOTCU, nos processos que tiveram acordos de leniência considerados para a tomada de decisão, verificou-se que:

17) **Há consenso no sentido de que o acordo de leniência pode ensejar a não aplicação da multa ou sua diminuição**, quando houver identidade entre o objeto do processo de controle externo e do acordo de leniência anticorrupção.

18) Na prática, **o TCU não deixou de aplicar a multa em razão da existência de acordo de leniência anticorrupção**, mas o fez em relação a acordos celebrados com outros órgãos.

19) **Há tendência no sentido de que a não aplicação da multa é condicionada** à postura cooperativa do responsável com o processo de controle externo e à utilização, pelo TCU, de prova compartilhada oriunda do acordo. Mas há caso em que a conclusão foi favorável à empresa apesar de sua postura não cooperativa.

Por fim, em relação à sanção de declaração de inidoneidade, nos processos que tiveram acordos de leniência considerados para a tomada de decisão, constatou-se que:

20) **Não há entendimento uniforme quanto aos efeitos do acordo de leniência para a sanção de inidoneidade**. Sua existência foi considerada pelo TCU como apta a ensejar o sobrestamento/suspensão do processo de controle externo, condicionada a outros fatores (como cooperação com o TCU) ou sem nenhuma condicional; ou fator atenuante (em 2/3) na dosimetria.

21) **Há tendência no sentido de que a sanção de inidoneidade pode ser sobrestada/suspensa se o acordo de leniência for útil ao processo de controle externo**. Mas há caso em que a conclusão foi favorável à empresa apesar da ausência de utilidade do acordo.

Numa análise temporal do comportamento decisório do TCU, a pesquisa resultou nas seguintes constatações:

22) **Quanto à sanção de inidoneidade, parece haver um comportamento relativamente similar**, no sentido de se considerar, de algum modo, o acordo de leniência anticorrupção com a CGU/AGU na tomada de decisão referente à sanção de inidoneidade. Não se constatou impacto do ACT de 2020 em relação e essa sanção.

23) **Quanto à imputação de débito e aplicação de multa do art. 57 da LOTCU**, os perfis sancionadores (mais gravosos, com imputação de débito, sem benefícios, e aplicação de multa, sem fator atenuante; intermediário, com imputação de débito, com benefícios, e aplicação de multa, com fator atenuante; e menos gravosos, com imputação de débito, com benefícios, e sem aplicação de multa) se repetem ao longo do tempo. Não se constatou impacto do ACT de 2020 em relação a essa sanção.

As conclusões **(2) a (19) e (23)** levam à confirmação da hipótese de que o fato de o TCU não participar da celebração de acordos de leniência anticorrupção trouxe repercussões negativas mais gravosas para os signatários desses acordos: não há isonomia no tratamento concedido aos signatários dos acordos de leniência anticorrupção com a CGU/AGU; o acordo de leniência da CGU/AGU parece ter menor peso que outros acordos existentes no ordenamento jurídico brasileiro; na prática, não foram concedidos benefícios relacionados à imputação de débito, nem se deixou de aplicar a sanção de multa em razão da existência do acordo de leniência anticorrupção — e a tendência é de que tais benefícios ou a extinção da punibilidade devem ser condicionados a outros elementos (que, por sua vez, não estão objetivamente definidos).

A hipótese é parcialmente confirmada apenas quanto à imposição da sanção de declaração de inidoneidade para participar de licitação na Administração Pública Federal — conclusões **(20) a (22)** —, pois nesses casos algumas responsáveis signatárias de acordos de leniência anticorrupção com a CGU/AGU ficaram em situação menos gravosa, seja pelo sobrestamento/suspensão, seja pela atenuação da sanção. Contudo, houve casos em que a situação mais gravosa foi verificada (sanção de inidoneidade sem fator atenuante e sem sobrestamento/suspensão).

Com a pesquisa, foi possível (i) verificar como o TCU sancionou os signatários de acordos de leniência anticorrupção, respondendo ao problema de pesquisa formulado. As conclusões obtidas permitem afirmar que o fato de o TCU não participar da celebração de acordos de leniência anticorrupção (ii) pode ser uma das razões pelas quais o órgão dê menor peso a esse acordo, em comparação com os acordos celebrados com o MPF e o CADE, por exemplo, e (iii) se traduz em um comportamento não uniforme, não previsível e não transparente em relação ao sancionamento, que é prejudicial aos responsáveis signatários de acordos de leniência anticorrupção, aos quais é dado tratamento anti-isonômico, e, em maior escala, pode ser prejudicial até mesmo ao programa de leniência anticorrupção.

A partir de todas as conclusões expostas, a autora apresenta as seguintes sugestões:

1) Que o TCU dê tratamento isonômico a todos os signatários de acordos de leniência, isto é, que ofereça os mesmos benefícios, a partir das mesmas contrapartidas (se houver), independentemente do órgão com que for celebrado o acordo, seja dentro de um mesmo processo, seja em processos distintos.

2) Que o TCU (i) não condicione a concessão de benefícios relacionados à imputação débito, e (ii) não condicione a não imposição, ou a atenuação, das sanções de multa e/ou inidoneidade a contrapartidas, tais como postura cooperativa do responsável com o processo de controle externo e utilidade do acordo de leniência para o TCU. Fazê-lo, entende a autora, não significa prestigiar o acordo de leniência existente, mas sim estabelecer espécie de colaboração junto ao TCU.

3) Caso o TCU entenda por estabelecer condições para considerar o acordo de leniência anticorrupção, que defina, a partir de parâmetros claros e objetivos, o significado de postura cooperativa no processo de controle externo.

4) Que o TCU adote padrão uniforme de citação, para deixar expresso que a existência do acordo de leniência poderá ser considerada no momento do julgamento de mérito, esclarecendo, "logo na largada", quais os benefícios possíveis e quais as contrapartidas esperadas (se houver) dos responsáveis que sejam signatários de acordos de leniência.

5) Considerando que o TCU não participa da celebração dos acordos de leniência anticorrupção, que o sobrestamento/suspensão do processo se dê em razão da existência de tais acordos ou de sua negociação; que ocorra independentemente do implemento de qualquer condição, seja relacionada ao órgão leniente, seja relacionada ao colaborador; e que perdure até a efetiva celebração do acordo e, uma vez celebrado, até a demonstração de cumprimento, ou descumprimento, das obrigações pactuadas nos acordos. Entende-se, todavia, que o sobrestamento pode gerar questionamentos acerca da prescrição intercorrente e da (im)possibilidade de o TCU declarar a interrupção da prescrição da pretensão punitiva.

6) Em decorrência da sugestão anterior, que CGU, AGU e TCU adotem solução interinstitucional para facilitar o monitoramento, ou o fornecimento de informações periódicas a respeito do cumprimento dos acordos de leniência anticorrupção. O ACT de 2020, embora represente um importante instrumento de diálogo entre as instituições, não apresenta formulação nesse sentido.

7) Que o acordo de leniência anticorrupção celebrado após a imposição de sanção pelo TCU gere a possibilidade de revisão da sanção (imputação de débito, multa e/ou inidoneidade), conforme critérios claros e objetivos, seja para sobrestar/suspender a sanção aplicada, seja para atenuá-la. Entende-se, por outro lado, que essa possibilidade pode gerar questionamentos acerca do tempo decorrido entre a sanção e a celebração do acordo.

8) Que o TCU mantenha o posicionamento no sentido de não permitir o sobrestamento/suspensão de sanção anteriormente aplicada para que o responsável sancionado inicie as negociações para celebração de acordo de leniência.

9) Que CGU, AGU e TCU adotem solução interinstitucional para facilitar a verificação de identidade entre o objeto dos acordos de leniência anticorrupção e o objeto dos processos de controle externo, bem como para a verificação de quais valores foram pagos, e sob qual rubrica (dano, multa etc.), no âmbito dos acordos. O ACT de 2020 parece caminhar nesse sentido, pois dispõe que se buscará "estabelecer mecanismos de compensação e/ou abatimento" de valores de ressarcimento e de multas (sanções), "para evitar pagamentos ou cobranças em duplicidade" (sexta ação operacional).

10) Que o TCU conceda benefícios relacionados à imputação de débito em razão da existência de acordo de leniência anticorrupção, considerando, ainda, a sugestão **(2)**.

11) Que o TCU defina, a partir de parâmetros claros e objetivos, quais são os benefícios relacionados à imputação de débito.

12) Que o TCU deixe de aplicar a multa do art. 57 em razão da existência de acordo de leniência anticorrupção. O ACT de 2020 traz disposição nesse sentido (quarto princípio, da inaplicabilidade de sanções adicionais àquelas aplicadas ao colaborador no acordo de leniência); ou que considere tal acordo como fator atenuante na dosimetria da sanção, observando, ainda, a sugestão **(2)**.

13) Caso o TCU entenda por considerar o acordo de leniência anticorrupção como fator atenuante na dosimetria da sanção, que estabeleça parâmetros claros e objetivos para identificação dos graus de redução da sanção (uma espécie de gradação dos efeitos dos acordos de leniência para a sanção de multa).

14) Que o TCU deixe de declarar a inidoneidade em razão da existência de acordo de leniência anticorrupção. Além de decorrer de entendimento do STF, o ACT possui compromisso expresso nesse sentido (quarta ação operacional[95]; terceira ação sistêmica[96]).

---

95 "[...] compromisso [...] de não aplicação de sanção de inidoneidade, suspensão ou proibição para contratar com a Administração Pública, para os ilícitos já resolvidos no escopo do acordo de leniência".

96 "(3) comprometer-se em não utilizar, direta ou indiretamente, as provas para sancionamento da empresa colaboradora, e de não aplicar as sanções de inidoneidade, suspensão ou proibição para contratar com a Administração Pública, para os ilícitos que venham a ser resolvidos no acordo de leniência;"

Por fim, a autora incentiva os acadêmicos e pesquisadores a, nos próximos anos, atualizar a pesquisa, para que possam ser observados os impactos do ACT de 2020 no comportamento decisório do TCU; ou a expandir a pesquisa para outras frentes, trabalhando as bases de dados de outras formas, a partir de novos problemas de pesquisa dos quais possam resultar achados interessantes.

Propôs-se, com o presente trabalho, traçar o perfil sancionador do TCU em relação aos signatários de acordos de leniência anticorrupção. Após todo o caminho percorrido, foram expostas 23 conclusões, a partir das quais foi possível identificar, no comportamento decisório do TCU, alguns consensos, tendências e comportamentos divergentes, a partir dos quais a autora formulou 14 sugestões, no intuito de contribuir para o debate acadêmico acerca do tema e para as ações de aprimoramento do relacionamento entre a CGU/AGU e o TCU, bem como do exercício da competência sancionadora do TCU, no sentido de se estabelecer um perfil sancionador mais isonômico, com previsibilidade e transparência.

REFERÊNCIAS

ARAUJO, Valter Shuenquener de. Direito administrativo sancionador no Brasil uma contribuição para a efetividade dos direitos fundamentais. *In*: CRUZ, Adriana *et. al* (coord.). **O direito público por elas:** homenagem à Professora Patrícia Baptista. Rio de Janeiro: Lumen Juris, 2021. v. 3.

ATHAYDE, Amanda. **Manual dos acordos de leniência no Brasil:** teoria e prática — CADE, BC, CVM, CGU, AGU, TCU, MP. 2. ed. Belo Horizonte: Fórum, 2021.

ATHAYDE, Amanda. FREITAS, Sarah Roriz de. Leniência antitruste e termos de compromisso antitruste na teoria e na prática: requisitos e fases da negociação. In: SALGADO, Daniel de Resende. KIRCHER, Luis Felipe Schneider; QUEIROZ, Ronaldo Pinheiro de (coord.). **Justiça consensual:** acordos penais, cíveis e administrativos. São Paulo: JusPodivm, 2022.

BARCELLOS, Ana Paula de. Submissão de acordos de leniência ao TCU necessita de esclarecimentos. **Revista Consultor Jurídico,** 23 fev. 2015. Disponível em: https://www.conjur.com.br/2015-fev-23/ana-barcellos-submissao-acordos-leniencia-tcu-gera-duvidas. Acesso em: 6 nov. 2021.

BRASIL. República Federativa do Brasil. **Acordo de Cooperação Técnica que entre si celebram o Ministério Público Federal, a Controladoria-Geral Da União (CGU), a Advocacia Geral da União (AGU), o Ministério da Justiça e Segurança Pública (MJSP) e o Tribunal de Contas da União (TCU) em matéria de combate à corrupção no brasil, especialmente em relação aos acordos de leniência da Lei 12.846, de 2013.** Brasília, 6 ago. 2020a. Disponível em:https://portal.tcu.gov.br/data/files/11/16/BB/03/575C37109EB62737F18818A8/ACORDO%20DE%20COOPERACAO%20TECNICA%20_1_.pdf. Acesso em: 21 nov. 2021.

BRASIL. [Constituição (1988)]. **Constituição da República Federativa do Brasil 1988.** Brasília, DF: Presidência da República, [2016]. Disponível em: http://www.planalto.gov.br/ccivil_03/constituicao/constituicaocompilado.htm. Acesso em: 21 jan. 2021.

BRASIL. Câmara dos Deputados. **Projeto de Lei 6826/2010.** Dispõe sobre a responsabilização administrativa e civil de pessoas jurídicas pela prática de atos contra a administração pública, nacional ou estrangeira e dá outras providências. Brasília, DF: Câmara dos Deputados, [2010]. Disponível em: https://www.camara.leg.br/proposicoesWeb/fichadetramitacao?idProposicao=466400. Acesso em: 15 nov. 2021.

BRASIL. Controladoria-Geral da União.

ACORDO DE LENIÊNCIA FIRMADO ENTRE O MINISTÉRIO DA TRANSPARÊNCIA E CONTROLADORIA GERAL DA UNIÃO (CGU), A ADVOCACIA-GERAL DA UNIÃO (AGU) E AS EMPRESAS ANDRADE GUTIERREZ INVESTIMENTOS EM ENGENHARIA S/A, ANDRADE GUTIERREZ ENGENHARIA S/A e ANDRADE GUTIERREZ S/A. Brasília, 18 dez. 2018a. Disponível em: https://www.gov.br/cgu/pt-br/assuntos/responsabilizacao-de-empresas/lei-anticorrupcao/acordo-leniencia/acordos-firmados/andrade-gutierrez.pdf. Acesso em: 15 jan. 2021.

BRASIL. Controladoria-Geral da União. **ACORDO DE LENIÊNCIA FIRMADO ENTRE O MINISTÉRIO DA TRANSPARÊNCIA E CONTROLADORIA GERAL DA UNIÃO (CGU), A ADVOCACIA-GERAL DA UNIÃO (AGU) E A EMPRESA BILFINGER MASCHINENBAU GMBH & CO KG.** Brasília, 14 ago. 2017a. Disponível em: https://www.gov.br/cgu/pt-br/assuntos/responsabilizacao-de-empresas/lei-anticorrupcao/acordo-leniencia/acordos-firmados/bilfinger.pdf. Acesso em: 15 jan. 2021.

BRASIL. Controladoria-Geral da União. **ACORDO DE LENIÊNCIA FIRMADO ENTRE A CONTROLADORIA-GERAL DA UNIÃO (CGU), A ADVOCACIA-GERAL DA UNIÃO (AGU) E A BRASKEM S.A.** Brasília, 31 maio 2019a. Disponível em: https://www.gov.br/cgu/pt-br/assuntos/responsabilizacao-de-empresas/lei-anticorrupcao/acordo-leniencia/acordos-firmados/braskem.pdf. Acesso em: 15 jan. 2021.

BRASIL. Controladoria-Geral da União. **ACORDO DE LENIÊNCIA FIRMADO ENTRE A CONTROLADORIA GERAL DA UNIÃO (CGU), A ADVOCACIA-GERAL DA UNIÃO (AGU) E AS EMPRESAS CAMARGO CORRÊA CONSTRUÇÕES E PARTICIPAÇÕES S.A., CONSTRUÇÕES E COMÉRCIO CAMARGO CORRÊA S.A., E MOVER PARTICIPAÇÕES S.A.** Brasília, 31 jul. 2019b. Disponível em: https://www.gov.br/cgu/pt-br/assuntos/responsabilizacao-de-empresas/lei-anticorrupcao/acordo-leniencia/acordos-firmados/camargo-correa.pdf. Acesso em: 15 jan. 2021.

BRASIL. Controladoria-Geral da União. **Acordo de leniência firmado entre a Controladoria-Geral da União (CGU), a Avocacia-Geral da União (AGU) e as empresas Car Rental Systems do Brasil Locação de Veículos Ltda., Hertz France S.A.S, Localiza Fleet S.A. e Localiza Rent a Car S.A.** 2020b. Disponível em: https://www.gov.br/cgu/pt-br/assuntos/responsabilizacao-de-empresas/lei-anticorrupcao/acordo-leniencia/acordos-firmados/CarRental.pdf. Acesso em: 15 jan. 2021.

BRASIL. Controladoria-Geral da União. **ACORDO DE LENIÊNCIA FIRMADO ENTRE A CONTROLADORIA-GERAL DA UNIÃO (CGU), A ADVOCACIA-GERAL DA UNIÃO (AGU) E AS EMPRESAS NOVA ENGEVIX ENGENHARIA E PROJETOS S.A., NOVA ENGEVIX CONSTRUÇÕES E MONTAGENS S.A., ECOVIX CONSTRUÇÕES OCEÂNICAS, INFRAVIX PARTICIPAÇÕES S.A e NOVA PARTICIPAÇÕES S.A.** Brasília, nov. 2019c. Disponível em: https://www.gov.br/cgu/pt-br/assuntos/responsabilizacao-de-empresas/lei-anticorrupcao/acordo-leniencia/acordos-firmados/acordo-engevix.pdf. Acesso em: 15 jan. 2021.

BRASIL. Controladoria-Geral da União. **ACORDO DE LENIÊNCIA FIRMADO ENTRE O MINISTÉRIO DA TRANSPARÊNCIA E CONTROLADORIA GERAL DA UNIÃO (CGU), A ADVOCACIA-GERAL DA UNIÃO (AGU), O MINISTÉRIO PÚBLICO FEDERAL (MPF) E AS EMPRESAS MULLEN LOWE BRASIL PUBLICIDADE LTDA e FCB BRASIL PUBLICIDADE E COMUNICAÇÃO LTDA.** Brasília, 13 abr. 2018b. Disponível em: https://www.gov.br/cgu/pt-br/assuntos/responsabilizacao-de-empresas/lei-anticorrupcao/acordo-leniencia/acordos-firmados/mullenlowe.pdf. Acesso em: 15 jan. 2021.

BRASIL. Controladoria-Geral da União. **ACORDO DE LENIÊNCIA FIRMADO ENTRE A CONTROLADORIA-GERAL DA UNIÃO (CGU), A ADVOCACIA-GERAL DA UNIÃO (AGU) E AS EMPRESAS CONSTRUTORA OAS S.A. — EM RECUPERAÇÃO JUDICIAL, COESA ENGENHARIA LTDA., OAS LOGÍSTICA E COMÉRCIO EXTERIOR S.A., OAS ÓLEO E GÁS S.A., OAS EMPREENDIMENTOS S.A. — EM RECUPERAÇÃO JUDICIAL, OAS DEFESA S.A., OAS ENERGY GMBH, OAS AFRICAN INVESTMENTS LTD., OAS CENTRAL AMERICA INVESTING LIMITED (BVI)., e OAS S.A. EM RECUPERAÇÃO JUDICIAL.** Brasília, 14 nov. 2019d. Disponível em: https://www.gov.br/cgu/pt-br/assuntos/responsabilizacao-de-empresas/lei-anticorrupcao/acordo-leniencia/acordos-firmados/acordo-caso-02-para-publicacao-21fev2020.pdf. Acesso em: 15 jan. 2021.

BRASIL. Controladoria-Geral da União. **ACORDO DE LENIÊNCIA FIRMADO ENTRE O MINISTÉRIO DA TRANSPARÊNCIA E CONTROLADORIA-GERAL DA UNIÃO — CGU, A ADVOCACIA-GERAL DA UNIÃO — AGU E AS EMPRESAS QUE INTEGRAM O GRUPO ECONÔMICO DA ODEBRECHT.** Brasília, 9 jul. 2018c. Disponível em: https://www.gov.br/cgu/pt-br/assuntos/responsabilizacao-de-empresas/lei-anticorrupcao/acordo-leniencia/acordos-firmados/odebrecht.pdf. Acesso em: 15 jan. 2021.

BRASIL. Controladoria-Geral da União. **ACORDO DE LENIÊNCIA FIRMADO ENTRE A CONTROLADORIA GERAL DA UNIÃO (CGU), A ADVOCACIA-GERAL DA UNIÃO (AGU) E A EMPRESA SAMSUNG HEAVY INDUSTRIES.** 2021a. Disponível em: https://www.gov.br/cgu/pt-br/assuntos/responsabilizacao-de-empresas/lei-anticorrupcao/acordo-leniencia/arquivos/AcordodeLeniencia_com_tarja_samsung.pdf. Acesso em: 15 jan. 2021.

BRASIL. Controladoria-Geral da União. **ACORDO DE LENIÊNCIA FIRMADO ENTRE O MINISTÉRIO DA TRANSPARÊNCIA E CONTROLADORIA GERAL DA UNIÃO (CGU), A ADVOCACIA-GERAL DA UNIÃO (AGU), A PETRÓLEO BRASILEIRO S.A. (PETROBRAS) E AS EMPRESAS SBM OFFSHORE N.V. E SBM HOLDING INC., S.A.** Brasília, 26 jul. 2018d. Disponível em: https://www.gov.br/cgu/pt-br/assuntos/responsabilizacao-de-empresas/lei-anticorrupcao/acordo-leniencia/acordos-firmados/sbm.pdf. Acesso em: 15 jan. 2021.

BRASIL. Controladoria-Geral da União. **ACORDO DE LENIÊNCIA FIRMADO ENTRE A CONTROLADORIA GERAL DA UNIÃO (CGU), A ADVOCACIA-GERAL DA UNIÃO (AGU) E TECHNIP BRASIL — ENGENHARIA, INSTALAÇÕES E APOIO MARÍTIMO LTDA. E FLEXIBRÁS TUBOS FLEXÍVEIS LTDA.** Brasília, 25 jun. 2019e. Disponível em: https://www.gov.br/cgu/pt-br/assuntos/responsabilizacao-de-empresas/lei-anticorrupcao/acordo-leniencia/acordos-firmados/TechnipBrasil.pdf. Acesso em: 15 jan. 2021.

BRASIL. Controladoria-Geral da União. **ACORDO DE LENIÊNCIA FIRMADO ENTRE O MINISTÉRIO DA TRANSPARÊNCIA E CONTROLADORIA GERAL DA UNIÃO (CGU), A ADVOCACIA-GERAL DA UNIÃO (AGU) E AS EMPRESAS UTC PARTICIPAÇÕES S.A., UTC ENGENHARIA S.A. E CONSTRAN S.A. — CONSTRUÇÕES E COMÉRCIO.** Brasília, 10 jul. 2017b. Disponível em: https://www.gov.br/cgu/pt-br/assuntos/responsabilizacao-de-empresas/lei-anticorrupcao/acordo-leniencia/acordos-firmados/utc.pdf. Acesso em: 15 jan. 2021.

BRASIL. Controladoria-Geral da União (CGU). Portaria Conjunta n. 4, de 9 de agosto de 2019. Define os procedimentos para negociação, celebração e acompanhamento dos acordos de leniência de que trata a Lei 12.846, de 1° de agosto de 2013, no âmbito da Controladoria-Geral da União e dispõe sobre a participação da Advocacia-Geral da União. **Diário oficial da União:** seção 1, Brasília, n. 155, 13 ago. 2019f. Disponível em: https://repositorio.cgu.gov.br/handle/1/34882. Acesso em: 10 jan. 2022.

BRASIL. **Decreto 46.782, de 23 de junho de 2015.** Dispõe sobre o Processo Administrativo de Responsabilização, previsto na Lei Federal 12.846, de 1° de agosto de 2013, no âmbito da Administração Pública do Poder Executivo Estadual. Minas Gerais: Assembleia Legislativa de Minas Gerais Diário do Executivo, 24 jun. 2015a. Disponível em: https://www.almg.gov.br/consulte/legislacao/completa/completa.html?tipo=DEC&num=46782&comp=&ano=2015. Acesso em: 6 nov. 2021.

BRASIL. Controladoria-Geral da União. **Organograma da CGU.** 2021b. Disponível em: https://www.gov.br/cgu/pt-br/acesso-a-informacao/institucional/historico%20. Acesso em: 6 nov. 2021.

BRASIL. Controladoria-Geral da União. **Acordo de Leniência.** 2021c. Disponível em: https://www.gov.br/cgu/pt-br/assuntos/responsabilizacao-de-empresas/lei-anticorrupcao/acordo-leniencia. Acesso em: 19 jan. 2021.

BRASIL. **Decreto 8.420, de 18 de março de 2015.** Regulamenta a Lei 12.846, de 1° de agosto de 2013, que dispõe sobre a responsabilização administrativa de pessoas jurídicas pela prática de atos contra a administração pública, nacional ou estrangeira e dá outras providências. Brasília, DF: Presidência da República. [2015b]. Disponível em: http://www.planalto.gov.br/ccivil_03/_ato2015-2018/2015/decreto/d8420.htm. Acesso em: 10 jan. 2021.

BRASIL. **Decreto-lei 4.657, de 4 de setembro de 1942.** Lei de Introdução às normas do Direito Brasileiro. Brasília, DF: Presidência da República. [1942]. Disponível em: http://www.planalto.gov.br/ccivil_03/decreto-lei/del4657compilado.htm. Acesso em: 15 nov. 2021.

BRASIL. **Lei Complementar 64, de 18 de maio de 1990.** Estabelece, de acordo com o art. 14, § 9° da Constituição Federal, casos de inelegibilidade, prazos de cessação, e determina outras providências. Brasília, DF: Presidência da República. [1990]. Disponível em: http://www.planalto.gov.br/ccivil_03/leis/lcp/lcp64.htm. Acesso em: 10 jan. 2021.

BRASIL. **Lei 8.429, de 2 de junho de 1992.** Dispõe sobre as sanções aplicáveis aos agentes públicos nos casos de enriquecimento ilícito no exercício de mandato, cargo, emprego ou função na administração pública direta, indireta ou fundacional e dá outras providências. Brasília, DF: Presidência da República. [1992a]. Disponível em: https://www.planalto.gov.br/ccivil_03/leis/l8429.htm. Acesso em: 10 jan. 2021.

BRASIL. **Lei 8.443, de 16 de julho de 1992.** Dispõe sobre a Lei Orgânica do Tribunal de Contas da União e dá outras providências. Brasília, DF: Presidência da República. [1992b]. Disponível em: http://www.planalto.gov.br/ccivil_03/leis/l8443.htm. Acesso em: 10 jan. 2021.

BRASIL. **Lei 8.666, de 21 de junho de 1993.** Regulamenta o art. 37, inciso XXI, da Constituição Federal, institui normas para licitações e contratos da Administração Pública e dá outras providências. Brasília, DF: Presidência da República. [1993]. Disponível em: http://www.planalto.gov.br/ccivil_03/leis/l8666cons.htm. Acesso em: 10 jan. 2021.

BRASIL. **Lei 12.529, de 30 de novembro de 2011.** Estrutura o Sistema Brasileiro de Defesa da Concorrência; dispõe sobre a prevenção e repressão às infrações contra a ordem econômica; altera a Lei 8.137, de 27 de dezembro de 1990, o Decreto-Lei 3.689, de 3 de outubro de 1941 — Código de Processo Penal, e a Lei 7.347, de 24 de julho de 1985; revoga dispositivos da Lei 8.884, de 11 de junho de 1994, e a Lei 9.781, de 19 de janeiro de 1999; e dá outras providências. Brasília, DF: Presidência da República. [2011]. Disponível em: http://www.planalto.gov.br/ccivil_03/_ato2011-2014/2011/lei/l12529.htm. Acesso em: 6 nov. 2021.

BRASIL. **Lei 12.846, de 1° de agosto de 2013.** Dispõe sobre a responsabilização administrativa e civil de pessoas jurídicas pela prática de atos contra a administração pública, nacional ou estrangeira, e dá outras providências. Brasília, DF: Presidência da República. [2013a]. Disponível em: http://www.planalto.gov.br/ccivil_03/_ato2011-2014/2013/lei/l12846.htm. Acesso em: 10 jan. 2021.

BRASIL. **Lei 13.655, de 25 de abril de 2018.** Inclui no Decreto-Lei 4.657, de 4 de setembro de 1942 (Lei de Introdução às Normas do Direito Brasileiro), disposições sobre segurança jurídica e eficiência na criação e na aplicação do direito público. Brasília, DF: Presidência da República. [2018e]. Disponível em: http://www.planalto.gov.br/ccivil_03/_ato2015-2018/2018/lei/L13655.htm. Acesso em: 15 nov. 2021.

BRASIL. **Lei 14.133, de 1° de abril de 2021.** Lei de Licitações e Contratos Administrativos. Brasília, DF: Presidência da República. [2021d]. Disponível em: http://www.planalto.gov.br/ccivil_03/_Ato2019-2022/2021/Lei/L14133.htm#art193. Acesso em: 15 nov. 2021.

BRASIL. **Lei 14.230, de 25 de outubro de 2021.** Altera a Lei 8.429, de 2 de junho de 1992, que dispõe sobre improbidade administrativa. Brasília, DF: Presidência da República. [2021e]. Disponível em: https://www.planalto.gov.br/ccivil_03/_Ato2019-2022/2021/Lei/L14230.htm#art1. Acesso em: 15 nov. 2021.

BRASIL. **Medida Provisória 703, de 18 de dezembro de 2015.** Altera a Lei 12.846, de 1° de agosto de 2013, para dispor sobre acordos de leniência. Brasília, DF: Presidência da República. [2015c]. Disponível em: http://www.planalto.gov.br/ccivil_03/_Ato2015-2018/2015/Mpv/mpv703.htm#art1. Acesso em: 6 nov. 2021.

BRASIL. Ministério da Transparência Fiscalização e Controladoria-Geral da União (CGU). Portaria Interministerial n. 2.278, 15 dez. 2016. **Diário Oficial da União:** seção 1. Brasília, 241, 16 dez. 2016. Disponível em: https://repositorio.cgu.gov.br/handle/1/34873?mode=simple. Acesso em: 22 nov. 2021.

BRASIL. Portal de Corregedorias. **Lei Anticorrupção:** aspectos gerais. 2021f. Disponível em: https://corregedorias.gov.br/assuntos/perguntas-frequentes/aspectos-gerais/#C. Acesso em: 3 nov. 2021.

BRASIL. Supremo Tribunal Federal. Segunda Turma. (Distrito Federal). **Mandado de Segurança 35.435.** PROCESSO ELETRÔNICO DJe-131. MANDADO DE SEGURANÇA 35.435 DISTRITO FEDERAL MANDADO DE SEGURANÇA 35.435 DISTRITO FEDERALDIREITO ADMINISTRATIVO. MANDADO DE SEGURANÇA. ACÓRDÃO DO TRIBUNAL DE CONTAS DA UNIÃO (TCU). TOMADAS DE CONTAS ESPECIAIS. INVESTIGAÇÕES RELACIONADAS A FRAUDES NA CONSTRUÇÃO DA USINA TERMONUCLEAR DE ANGRA III. IMPETRANTES SIGNATÁRIAS DE ACORDOS DE LENIÊNCIA DA LEI 12.846/2013 CELEBRADOS COM A CONTROLADORIA-GERAL DA UNIÃO (CGU), COM A ADVOCACIA-GERAL DA UNIÃO (AGU) OU COM O MINISTÉRIO PÚBLICO FEDERAL (MPF). MÚLTIPLAS ESFERAS DE RESPONSABILIZAÇÃO ADMINISTRATIVA. NECESSIDADE DE COORDENAÇÃO INSTITUCIONAL ENTRE AS ENTIDADES E HARMONIZAÇÃO DAS SANÇÕES PREMIAIS. SOBREPOSIÇÃO DOS ILÍCITOS ADMITIDOS PELAS COLABORADORAS PERANTE A CGU/AGU OU MPF COM OS RESPECTIVOS OBJETOS DE APURAÇÃO PELO TCU EM SEDE DE CONTROLE EXTERNO. INEFICÁCIA DOS ACORDOS DE LENIÊNCIA.IMPOSIÇÃO E AMEAÇA DE SANÇÃO DE INIDONEIDADE PREVISTA NO ART. 46 DA LEI 8.443/1992. VIOLAÇÃO AO PRINCÍPIO CONSTITUCIONAL DA SEGURANÇA JURÍDICA. DESPROPORCIONALIDADE. SEGURANÇA CONCEDIDA. [...]. Relator: Ministro Gilmar Mendes, Brasília, DF, 30 mar. 2021g. Disponível em: https://jurisprudencia.stf.jus.br/pages/search/sjur449864/false. Acesso em: 3 nov. 2021

BRASIL. Tribunal de Contas da União (Plenário). **acórdão 801/2017.** Acompanhamento 016.991/2015-0. Relator: Min. Bruno Dantas, 26 de abril de 2017c. Disponível em: https://

pesquisa.apps.tcu.gov.br/#/documento/acordao-completo/*/NUMACORDAO%253A801%2520ANOACORDAO%253A2017%2520COLEGIADO%253A%2522Plen%25C3%25A1rio%2522/DTRELEVANCIA%2520desc%252C%2520NUMACORDAOINT%2520desc/0/%2520. Acesso em: 2 ago. 2021.

BRASIL. Tribunal de Contas da União (Plenário). **Acórdão 2014/2017.** Tomada de Contas Especial 034.902/2015-5. Relator: Min. Bruno Dantas, 13 de setembro de 2017d. Disponível em: https://pesquisa.apps.tcu.gov.br/#/documento/acordao-completo/*/NUMACORDAO%253A2014%2520ANOACORDAO%253A2017%2520COLEGIADO%253A%2522Plen%25C3%25A1rio%2522/DTRELEVANCIA%2520desc%252C%2520NUMACORDAOINT%2520desc/0/%2520. Acesso em: 1 ago. 2021.

BRASIL. Tribunal de Contas da União (Plenário). **Acórdão 2310/2017.** Tomada de Contas Especial 014.364/2015-8. Relator: Min. Benjamin Zymler, 11 de outubro de 2017e. Disponível em: https://pesquisa.apps.tcu.gov.br/#/documento/acordao-completo/*/NUMACORDAO%253A2310%2520ANOACORDAO%253A2017%2520COLEGIADO%253A%2522Plen%25C3%25A1rio%2522/DTRELEVANCIA%2520desc%252C%2520NUMACORDAOINT%2520desc/0/%2520. Acesso em: 4 ago. 2021.

BRASIL. Tribunal de Contas da União (Plenário). **Acórdão 483/2017.** Acompanhamento 016.991/2015-0. Relator: Min. Bruno Dantas, 22 de março de 2017f. Disponível em: https://pesquisa.apps.tcu.gov.br/#/documento/acordao-completo/*/NUMACORDAO%253A483%2520ANOACORDAO%253A2017%2520COLEGIADO%253A%2522Plen%25C3%25A1rio%2522/DTRELEVANCIA%2520desc%252C%2520NUMACORDAOINT%2520desc/0/%2520. Acesso em: 30 jul. 2021.

BRASIL. Tribunal de Contas da União (Plenário). **Acórdão 1348/2017.** Representação 021.542/2016-3. Relator: Min. Bruno Dantas, 28 de junho de 2017g. Disponível em: https://pesquisa.apps.tcu.gov.br/#/documento/acordao-completo/*/NUMACORDAO%253A1348%2520ANOACORDAO%253A2017%2520COLEGIADO%253A%2522Plen%25C3%25A1rio%2522/DTRELEVANCIA%2520desc%252C%2520NUMACORDAOINT%2520desc/0/%2520. Acesso em: 31 jul. 2021.

BRASIL. Tribunal de Contas da União (Plenário). **Acórdão 1831/2017.** Tomada de Contas Especial 004.056/2015-9. Relator: Min. Benjamin Zymler, 23 de agosto de 2017h. Disponível em: https://pesquisa.apps.tcu.gov.br/#/documento/acordao-completo/*/NUMACORDAO%253A1831%2520ANOACORDAO%253A2017%2520COLEGIADO%253A%2522Plen%25C3%25A1rio%2522/DTRELEVANCIA%2520desc%252C%2520NUMACORDAOINT%2520desc/0/%2520. Acesso em: 31 jul. 2021.

BRASIL. Tribunal de Contas da União (Plenário). **Acórdão 2396/2018.** Tomada de Contas Especial 027.542/2015-7. Relator: Min. Benjamin Zymler, 17 de outubro de 2018f. Disponível em: https://pesquisa.apps.tcu.gov.br/#/documento/acordao-completo/*/NUMACORDAO%253A2396%2520ANOACORDAO%253A2018%2520COLEGIADO%253A%2522Plen%25C3%25A1rio%2522/DTRELEVANCIA%2520desc%252C%2520NUMACORDAOINT%2520desc/0/%2520. Acesso em: 7 ago. 2021.

BRASIL. Tribunal de Contas da União (Plenário). **Acórdão 1744/2018.** Representação 013.382/2017-9. Relator: Min. Benjamin Zymler, 1 de agosto de 2018g. Disponível em: https://pesquisa.apps.tcu.gov.br/#/documento/acordao-completo/*/NUMACORDAO%253A1744%2520ANOACORDAO%253A2018%2520COLEGIADO%253A%2522Plen%25C3%25A1rio%2522/DTRELEVANCIA%2520desc%252C%2520NUMACORDAOINT%2520desc/0/%2520. Acesso em: 2 ago. 2021.

BRASIL. Tribunal de Contas da União (Plenário). **Acórdão 2135/2018.** Representação 013.384/2017-1. Relator: Min. Benjamin Zymler, 12 de setembro de 2018h. Disponível em: https://pesquisa.apps.tcu.gov.br/#/documento/acordao-completo/*/NUMACORDAO%253A2135%2520ANOACORDAO%253A2018%2520COLEGIADO%253A%2522Plen%25C3%25A1rio%2522/DTRELEVANCIA%2520desc%252C%2520NUMACORDAOINT%2520desc/0/%2520. Acesso em: 2 ago. 2021.

BRASIL. Tribunal de Contas da União (Plenário). **Acórdão 2240/2018.** Tomada de Contas Especial 014.361/2015-9. Relator: Min. Benjamin Zymler, 26 de novembro de 2018i. Disponível em: https://pesquisa.apps.tcu.gov.br/#/documento/acordao-completo/*/NUMACORDAO%253A2240%2520ANOACORDAO%253A2018%2520COLEGIADO%253A%2522Plen%25C3%25A1rio%2522/DTRELEVANCIA%2520desc%252C%2520NUMACORDAOINT%2520desc/0/%2520. Acesso em: 4 ago. 2021.

BRASIL. Tribunal de Contas da União (Plenário). **Acórdão 2446/2018.** Representação 036.335/2016-9. Relator: Min. Benjamin Zymler, 24 de outubro de 2018j. Disponível em: https://pesquisa.apps.tcu.gov.br/#/documento/acordao-completo/*/NUMACORDAO%253A2246%2520ANOACORDAO%253A2018%2520COLEGIADO%253A%2522Plen%25C3%25A1rio%2522/DTRELEVANCIA%2520desc%252C%2520NUMACORDAOINT%2520desc/0/%2520. Acesso em: 7 ago. 2021.

BRASIL. Tribunal de Contas da União (Plenário). **Acórdão 2677/2018.** Tomada de Contas Especial 000.168/2016-5. Relator: Min. Benjamin Zymler, 21 de novembro de 2018k. Disponível em: https://pesquisa.apps.tcu.gov.br/#/documento/acordao-completo/*/NUMACORDAO%253A2677%2520ANOACORDAO%253A2018%2520COLEGIADO%253A%2522Plen%25C3%25A1rio%2522/DTRELEVANCIA%2520desc%252C%2520NUMACORDAOINT%2520desc/0/%2520. Acesso em: 30 jul. 2021.

BRASIL. Tribunal de Contas da União (Plenário). **Acórdão 1527/2019.** Representação 013.391/2017-8. Relator: Min. Benjamin Zymler, 3 de julho de 2019g. Disponível em: https://pesquisa.apps.tcu.gov.br/#/documento/acordao-completo/*/NUMACORDAO%253A1527%2520ANOACORDAO%253A2019%2520COLEGIADO%253A%2522Plen%25C3%25A1rio%2522/DTRELEVANCIA%2520desc%252C%2520NUMACORDAOINT%2520desc/0/%2520. Acesso em: 2 ago. 2021.

BRASIL. Tribunal de Contas da União (Plenário). **Acórdão 2619/2019.** Tomada de Contas Especial 028.533/2017-8. Relator: Min. Benjamin Zymler, 30 de outubro de 2019h. Disponível em: https://pesquisa.apps.tcu.gov.br/#/documento/acordao-completo/*/NUMACORDAO%253A2619%2520ANOACORDAO%253A2019/DTRELEVANCIA%2520desc%252C%2520NUMACORDAOINT%2520desc/0/%2520. Acesso em: 31 jul. 2021.

BRASIL. Tribunal de Contas da União (Plenário). **Acórdão 2624/2019.** Tomada de Contas Especial 004.058/2015-1. Relator: Min. Benjamin Zymler, 30 de outubro de 2019i. Disponível em: https://pesquisa.apps.tcu.gov.br/#/documento/acordao-completo/*/NUMACORDAO%253A2624%2520ANOACORDAO%253A2019%2520COLEGIADO%253A%2522Plen%25C3%25A1rio%2522/DTRELEVANCIA%2520desc%252C%2520NUMACORDAOINT%2520desc/0/%2520. Acesso em: 31 jul. 2021.

BRASIL. Tribunal de Contas da União (Plenário). **Acórdão 2629/2019.** Tomada de Contas Especial 028.533/2017-8. Relator: Min. Benjamin Zymler, 30 de outubro de 2019j. Disponível em: https://pesquisa.apps.tcu.gov.br/#/documento/acordao-completo/*/NUMACORDAO%253A2629%2520ANOACORDAO%253A2019%2520COLEGIADO%253A%2522Plen%25C3%25A1rio%2522/DTRELEVANCIA%2520desc%252C%2520NUMACORDAOINT%2520desc/0/%2520. Acesso em: 31 jul. 2021.

BRASIL. Tribunal de Contas da União (Plenário). **Acórdão 580/2019.** Acompanhamento 016.991/2015-0. Relator: Min. Walton Alencar Rodrigues, 20 de março de 2019k. Disponível em: https://pesquisa.apps.tcu.gov.br/#/documento/acordao-completo/*/NUMACORDAO%253A580%2520ANOACORDAO%253A2019%2520COLEGIADO%253A%2522Plen%25C3%25A1rio%2522/DTRELEVANCIA%2520desc%252C%2520NUMACORDAOINT%2520desc/0/%2520. Acesso em: 2 ago. 2021.

BRASIL. Tribunal de Contas da União (Plenário). **Acórdão 892/2019.** Tomada de Contas Especial 000.168/2016-5. Relator: Min. Benjamin Zymler, 16 de abril de 2019l. Disponível em: https://pesquisa.apps.tcu.gov.br/#/documento/acordao-completo/*/NUMACORDAO%253A892%2520ANOACORDAO%253A2019%2520COLEGIADO%253A%2522Plen%25C3%25A1rio%2522/DTRELEVANCIA%2520desc%252C%2520NUMACORDAOINT%2520desc/0/%2520. Acesso em: 26 jul. 2021.

BRASIL. Tribunal de Contas da União (Plenário). **Acórdão 1900/2019.** Representação 013.391/2017-8. Relator: Min. Benjamin Zymler, 14 de agosto de 2019m. Disponível em: https://pesquisa.apps.tcu.gov.br/#/documento/acordao-completo/*/NUMACORDAO%253A1900%2520ANOACORDAO%253A2019%2520COLEGIADO%253A%2522Plen%25C3%25A1rio%2522/DTRELEVANCIA%2520desc%252C%2520NUMACORDAOINT%2520desc/0/%2520. Acesso em: 2 ago. 2021.

BRASIL. Tribunal de Contas da União (Plenário). **Acórdão 2453/2019.** Representação 013.382/2017-9. Relator: Min. Bruno Dantas, 9 de outubro de 2019n. Disponível em: https://pesquisa.apps.tcu.gov.br/#/documento/acordao-completo/*/NUMACORDAO%253A2453%2520ANOACORDAO%253A2019%2520COLEGIADO%253A%2522Plen%25C3%25A1rio%2522/DTRELEVANCIA%2520desc%252C%2520NUMACORDAOINT%2520desc/0/%2520. Acesso em: 2 ago. 2021.

BRASIL. Tribunal de Contas da União (Plenário). **Acórdão 2928/2019.** Tomada de Contas Especial 028.533/2017-8. Relator: Min. Benjamin Zymler, 4 de dezembro de 2019o. Disponível em: https://pesquisa.apps.tcu.gov.br/#/documento/acordao-completo/*/NUMACORDAO%253A2928%2520ANOACORDAO%253A2019%2520COLEGIADO%253A%2522Plen%25C3%25A1rio%2522/DTRELEVANCIA%2520desc%252C%2520NUMACORDAOINT%2520desc/0/%2520. Acesso em: 31 jul. 2021.

BRASIL. Tribunal de Contas da União (Plenário). **Acórdão 1182/2020.** Tomada de Contas Especial 004.060/2015-6. Relator: Min. Benjamin Zymler, 13 de maio de 2020c. Disponível em: https://pesquisa.apps.tcu.gov.br/#/documento/acordao-completo/*/NUMACORDAO%253A1182%2520ANOACORDA

0%253A2020%2520COLEGIADO%253A%2522Plen%25C3%25A1rio%2522/DTRELEVANCIA%2520desc%252C%2520NUMACORDAOINT%2520desc/0/%2520. Acesso em: 30 jul. 2021.

BRASIL. Tribunal de Contas da União (Plenário). **Acórdão 1690/2020.** Representação 036.660/2016-7. Relator: Min. Benjamin Zymler, 1 de julho de 2020d. Disponível em: https://pesquisa.apps.tcu.gov.br/#/documento/acordao-completo/*/NUMACORDAO%253A1690%2520ANOACORDAO%253A2020%2520COLEGIADO%253A%2522Plen%25C3%25A1rio%2522/DTRELEVANCIA%2520desc%252C%2520NUMACORDAOINT%2520desc/0/%2520. Acesso em: 31 jul. 2021.

BRASIL. Tribunal de Contas da União (Plenário). **Acórdão 1822/2020.** Tomada de Contas Especial 004.056/2015-9. Relator: Min. Benjamin Zymler, 15 de julho de 2020e. Disponível em: https://pesquisa.apps.tcu.gov.br/#/documento/acordao-completo/*/NUMACORDAO%253A1822%2520ANOACORDAO%253A2020%2520COLEGIADO%253A%2522Plen%25C3%25A1rio%2522/DTRELEVANCIA%2520desc%252C%2520NUMACORDAOINT%2520desc/0/%2520. Acesso em: 7 ago. 2021.

BRASIL. Tribunal de Contas da União (Plenário). **Acórdão 2018/2020.** Tomada de Contas Especial 001.001/2015-9. Relatora: Min. Ana Arraes, 5 de agosto de 2020f. Disponível em: https://pesquisa.apps.tcu.gov.br/#/documento/acordao-completo/*/NUMACORDAO%253A2018%2520ANOACORDAO%253A2020%2520COLEGIADO%253A%2522Plen%25C3%25A1rio%2522/DTRELEVANCIA%2520desc%252C%2520NUMACORDAOINT%2520desc/0/%2520. Acesso em: 30 jul. 2021.

BRASIL. Tribunal de Contas da União (Plenário). **Acórdão 3266/2020.** Relatório de Acompanhamento 012.350/2018-4. Relator: Min. Aroldo Cedraz, 25 de novembro de 2020g. Disponível em: https://pesquisa.apps.tcu.gov.br/#/documento/acordao-completo/*/NUMACORDAO%253A3266%2520ANOACORDAO%253A2020%2520COLEGIADO%253A%2522Plen%25C3%25A1rio%2522/DTRELEVANCIA%2520desc%252C%2520NUMACORDAOINT%2520desc/0/%2520. Acesso em: 2 ago. 2021.

BRASIL. Tribunal de Contas da União (Plenário). **Acórdão 65/2020.** Tomada de Contas Especial 004.058/2015-1. Relator: Min. Benjamin Zymler, 22 de janeiro de 2020h. Disponível em: https://pesquisa.apps.tcu.gov.br/#/documento/acordao-completo/*/NUMACORDAO%253A65%2520ANOACORDAO%253A2020%2520COLEGIADO%253A%2522Plen%25C3%25A1rio%2522/DTRELEVANCIA%2520desc%252C%2520NUMACORDAOINT%2520desc/0/%2520. Acesso em: 31 jul. 2021.

BRASIL. Tribunal de Contas da União (Plenário). **Acórdão 147/2020.** Representação 013.382/2017-9. Relator: Min. Bruno Dantas, 29 de janeiro de 2020i. Disponível em: https://pesquisa.apps.tcu.gov.br/#/documento/acordao-completo/*/NUMACORDAO%253A147%2520ANOACORDAO%253A2020%2520COLEGIADO%253A%2522Plen%25C3%25A1rio%2522/DTRELEVANCIA%2520desc%252C%2520NUMACORDAOINT%2520desc/0/%2520. Acesso em: 2 ago. 2021.

BRASIL. Tribunal de Contas da União (Plenário). **Acórdão 1689/2020.** Representação 013.382/2017-9. Relator: Min. Benjamin Zymler, 1 de julho de 2020j. Disponível em: https://pesquisa.apps.tcu.gov.br/#/documento/acordao-completo/*/NUMACORDAO%253A1689%2520ANOACORDAO%253A2020%2520COLEGIADO%253A%2522Plen%25C3%25A1rio%2522/DTRELEVANCIA%2520desc%252C%2520NUMACORDAOINT%2520desc/0/%2520. Acesso em: 26 jul. 2021.

BRASIL. Tribunal de Contas da União (Plenário). **Acórdão 121/2021.** Tomada de Contas Especial 014.889/2018-8. Relator: Min. Bruno Dantas, 27 de janeiro de 2021h. Disponível em: https://pesquisa.apps.tcu.gov.br/#/documento/acordao-completo/*/NUMACORDAO%253A121%2520ANOACORDAO%253A2021%2520COLEGIADO%253A%2522Plen%25C3%25A1rio%2522/DTRELEVANCIA%2520desc%252C%2520NUMACORDAOINT%2520desc/0/%2520. Acesso em: 3 ago. 2021.

BRASIL. Tribunal de Contas da União (Plenário). **Acórdão 1361/2021**. Tomada de Contas Especial 027.542/2015-7. Relator: Min. Benjamin Zymler, 9 de junho de 2021i. Disponível em: https://pesquisa.apps.tcu.gov.br/#/documento/acordao-completo/*/NUMACORDAO%253A1361%2520ANOACORDAO%253A2021/DTRELEVANCIA%2520desc%252C%2520NUMACORDAOINT%2520desc/0/%2520. Acesso em: 7 ago. 2021.

BRASIL. Tribunal de Contas da União (Plenário). **Acórdão 1362/2021.** Tomada de Contas Especial 027.542/2015-7. Relator: Min. Benjamin Zymler, 9 de junho de 2021j. Disponível em: https://pesquisa.apps.tcu.gov.br/#/documento/acordao-completo/*/NUMACORDAO%253A1362%2520ANOACORDAO%253A2021%2520COLEGIADO%253A%2522Plen%25C3%25A1rio%2522/DTRELEVANCIA%2520desc%252C%2520NUMACORDAOINT%2520desc/0/%2520. Acesso em: 2 ago. 2021.

BRASIL. Tribunal de Contas da União. **Glossário de termos do controle externo, de setembro de 2017.** 2017h. Disponível em: https://portal.tcu.gov.br/controle-e-fiscalizacao/. Acesso em: 15 jan. 2022.

BRASIL. Tribunal de Contas da União. **Instrução Normativa 74, de 11 de fevereiro de 2015.** Dispõe sobre a fiscalização do Tribunal de Contas da União, com base no art. 3º da Lei n.º 8.443/1992, quanto à organização do processo de celebração de acordo de leniência pela administração pública federal, nos termos da Lei 12.846/2013. Tribunal de Contas da União. [2015d]. Disponível em: https://pesquisa.apps.tcu.gov.br/#/documento/ato-normativo/*/NUMATO%253A74%2520NUMANOATO%253A2015/score%2520desc/0/%2520. Acesso em: 15 nov. 2021.

BRASIL. Tribunal de Contas da União. Instrução Normativa 83, de 12 de dezembro de 2018. Dispõe sobre a fiscalização pelo Tribunal de Contas da União sobre os processos de celebração de acordo de leniência pela Administração Pública federal, nos termos da Lei 12.846, de 1º de agosto de 2013. **Diário Oficial da União:** seção 1: Tribunal de Contas da União, ed. 250, p. 172, 31 dez. 2018l. Disponível em: https://www.in.gov.br/materia/-/asset_publisher/Kujrw0TZC2Mb/content/id/57496575/do1-2018-12-31-instrucao-normativa-n-83-de-12-de-dezembro-de-2018-57496397. Acesso em: 15 nov. 2021.

BRASIL. Tribunal de Contas da União. **Pesquisa integrada.** 2021k. Disponível em: https://pesquisa.apps.tcu.gov.br/#/. Acesso em: 20 jan. 2021.

BRASIL. Tribunal de Contas da União. Portaria 15, de 15 de janeiro de 2021. Atualiza o valor máximo da multa a que se refere o art. 58 da Lei 8.443, de 16 de julho de 1992. **Diário Oficial da União:** seção 1: Tribunal de Contas da União, ed. 11, p. 96, 18 dez. 2021l. Disponível em: https://www.in.gov.br/en/web/dou/-/portaria-tcu-n-15-de-15-de-janeiro-de-2021-299307827. Acesso em: 5 nov. 2021.

BRASIL. Tribunal de Contas da União. **Portaria 35, de 5 de fevereiro de 2014.** Aprova o "Manual de Recursos" do Tribunal de Contas da União. Brasília, DF: [2014a]. Disponível em: https://pesquisa.apps.tcu.gov.br/#/documento/ato-normativo/%2522recursos%2520interpostos%2520pelo%2520Minist%25C3%25A9rio%2520P%25C3%25BAblico%2522/%2520/score%2520desc/0/%2520. Acesso em: 5 nov. 2021.

BRASIL. Tribunal de Contas da União. **Resolução 259, de 7 de maio de 2014.** Estabelece procedimentos para constituição, organização e tramitação de processos e documentos relativos à área de controle externo. Tribunal de Contas da União. Brasília, DF: [2014b]. Disponível em: normativo/*/NUMATO%253A259%2520NUMANOATO%253A2014/score%2520desc/0/%2520. Acesso em: 6 nov. 2021.

CAMAROTTO, Murillo. 'Sem recall, o único caminho possível é o da inidoneidade'. **Valor Econômico,** Brasília, v. 17, n. 4356, p. A20, 6 out. 2017. Disponível em: https://valor.globo.com/politica/coluna/sem-recall-o-unico-caminho-possivel-e-o-da-inidoneidade-1.ghtml. Acesso em: 6 nov. 2021.

CANOTILHO, J.J. Gomes. **Direito constitucional e teoria da constituição.** 6. ed. Coimbra: Almedina, 2002.

CARVALHO FILHO José dos Santos. **Manual de direito administrativo:** revista, ampliada e atualizada até a Lei 12.587, de 3.1. 2012. 25. ed. São Paulo: Atlas, 2012.

CASTRO, Alexandre Samy de. O método quantitativo na pesquisa em direito. *In*: MACHADO, Maíra R. **Pesquisar empiricamente o direito.** São Paulo: Rede de Estudos Empíricos em Direito, 2017. Cap. 2.

COSTA, Alexandre. Estratégias de abordagem. **DATA SCIENCE E DIREITO,** Brasília, 2020a. Disponível em: https://dsd.arcos.org.br/estrategias-de-abordagem/. Acesso em: 3 nov. 2021.

COSTA, Alexandre. Objeto de Pesquisa e unidade de análise. **DATA SCIENCE E DIREITO,** Brasília, 2020b. Disponível em: https://dsd.arcos.org.br/dados/. Acesso em: 3 nov. 2021.

CONTROLADORIA-GERAL DO ESTADO (Minas Gerais). **Acordo de leniência. Controladoria-Geral do Estado,** Minas Gerais, 18 ago. 2021. Disponível em: https://www.cge.mg.gov.br/projetos-especiais/acordo-de-leniencia. Acesso em: 3 nov. 2021.

CONSELHO NACIONAL DO MINISTÉRIO PÚBLICO. **Resolução 179, de 26 de julho de 2017.** Regulamenta o § 6º do art. 5º da Lei 7.347/1985, disciplinando, no âmbito do Ministério Público, a tomada do compromisso de ajustamento de conduta. Conselho Nacional do Ministério Público, [2017]. Disponível em: https://www.cnmp.mp.br/portal/images/Resolucoes/Resolu%C3%A7%C3%A3o-179.pdf. Acesso em: 15 nov. 2021.

DANTAS, Bruno. Desvendando os acordos de leniência. **Folha de São Paulo,** 27 dez. 2017a. Disponível em: https://www1.folha.uol.com.br/opiniao/2017/12/1946233-desvendando-

-os-acordos-de-leniencia.shtmlhttps://www.conjur.com.br/2017-dez-28/bruno-dantas-acordos-leniencia-limites-atuacao-orgaos. Acesso em: 25 mar 2022.

DANTAS, Bruno. Acordos de leniência e os limites de atuação de cada órgão. **Revista Consultor Jurídico,** 28 dez. 2017b. Disponível em: https://www.conjur.com.br/2017-dez-28/bruno-dantas-acordos-leniencia-limites-atuacao-orgaos. Acesso em: 6 nov. 2021.

DI PIETRO, Maria Sylvia Zanella. **Direito administrativo.** 22. ed. São Paulo: Atlas, 2009.

EPSTEIN, Lee; KING, Gary. **Pesquisa empírica em direito:** regras de inferência. São Paulo: Direito GV, 2013.

FULGÊNCIO, Henrique A. F.; COSTA, Alexandre A (2018). Mandado de Injunção: Análise empírica sobre o perfil das ações ajuizadas perante o Supremo Tribunal Federal. **Revista da Faculdade de Direito do Sul de Minas,** v. 34, p.451- 488, 2018. Disponível em: https://www.fdsm.edu.br/adm/artigos/2f187b9eab06f3bf4f1390b43910e7e1.pdf. Acesso em: 3 nov. 2021.

FURTADO, Lucas Rocha. **Brasil e corrupção:** análise de casos (inclusive da operação lava jato). Belo Horizonte: Fórum, 2018.

GABRIEL, Yasser. Novo regulamento do TCU sobre acordos de leniência: algo mudou? **Jota Info,** São Paulo, 1 maio 2019. Disponível em: https://sbdp.org.br/wp/wp-content/uploads/2019/10/Novo-regulamento-do-TCU-sobre-acordos-de-leni%C3%AAncia-algo-mudou-JOTA-Info.pdf. Acesso em: 10 jan. 2022.

GABRIEL, Yasser. Acordos de leniência na jurisdição do Tribunal de Contas da União. *In*: SUNDFELD, Carlos Ari; ROSILHO, André (org.). **Tribunal de Contas da União no Direito e na realidade.** São Paulo: Almedina, 2020. Cap. 13. p. 403-427.

GARCIA, Emerson; ALVES, Rogério Pacheco. **Improbidade administrativa.** 8. ed. São Paulo: Saraiva, 2014.

IGREJA, Rebecca Lemos. O Direito como objeto de estudo empírico: o uso de métodos qualitativos no âmbito da pesquisa empírica em Direito. *In*: MACHADO, Maíra R. **Pesquisar empiricamente o direito.** São Paulo: Rede de Estudos Empíricos em Direito, 2017. Cap. 1.

JACOBY FERNANDES, Jorge Ulisses. **Tribunais de Contas do Brasil:** jurisdição e competência. 4. ed. rev. atual. e ampl. Belo Horizonte: Fórum, 2016.

KNAFLIC, Cole Nussbaumer. **Storytelling com dados:** um guia sobre visualização de dados para profissionais de negócios. Rio de Janeiro: Alta Books, 2018.

LIVIANU, Roberto; OLIVEIRA, Julio Marcelo de. Medida Provisória 703 é uma verdadeira aberração jurídica afrontosa à CF. **Revista Consultor Jurídico,** 11 jan. 2016. Disponível em: https://www.conjur.com.br/2016-jan-11/mp-debate-medida-provisoria-703-verdadeira-aberracao-juridica. Acesso em: 10 jan. 2022.

LUSTOSA, Pedro Aurélio Azevedo; DAMASCENO, Vitória Costa. Particularidades processuais do Tribunal de Contas da União. *In*: SUNDFELD, Carlos Ari; ROSILHO, André (org.). **Tribunal de Contas da União no Direito e na realidade.** São Paulo: Almedina, 2020. Cap. 5. p. 113-133.

MACHADO, Maíra R. **Pesquisar empiricamente o direito.** São Paulo: Rede de Estudos Empíricos em Direito, 2017a.

MACHADO, Maíra Rocha. O estudo de caso na pesquisa em direito. *In*: MACHADO, Maíra R. **Pesquisar empiricamente o direito.** São Paulo: Rede de Estudos Empíricos em Direito, 2017b. Cap. 10.

MAIA ALVES, F. S. Análise da juridicidade do controle dos acordos de leniência da lei anticorrupção empresarial pelo Tribunal de Contas da União. **Revista da AGU,** v. 17, n. 2, 29 jun. 2018. Disponível em: https://seer.agu.gov.br/index.php/AGU/article/view/1080. Acesso em: 6 nov. 2021.

MARQUES NETO, Floriano de Azevedo. Extensão das sanções administrativas de suspensão e declaração de inidoneidade. **Boletim de licitações e contratos 10,** 1997.

MARQUES NETO, Floriano de Azevedo. O TCU e as jabuticabas transgênicas. **Folha de São Paulo,** 18 jan. 2018. Disponível em: https://www1.folha.uol.com.br/opiniao/2018/01/1951294-o-tcu-e-as-jabuticabas-transgenicas.shtml. Acesso em: 25 mar. 2022.

MEDAUAR, Odete. **Controle da administração pública.** 4. ed. rev. atual. ampl. Belo Horizonte: Fórum, 2020.

MEIRELLES, Hely Lopes. **Direito administrativo brasileiro.** 42. ed. São Paulo: Malheiros, 2016.

MENDES, Gilmar Ferreira; FERNANDES, Victor Oliveira. Acordos de leniência e regimes sancionadores múltiplos. **Jota,** 13 abr. 2021. Disponível em: https://www.jota.info/especiais/acordos-de-leniencia-e-regimes-sancionadores-multiplos-13042021. Acesso em: 6 nov. 2021.

MOREIRA, Egon Bockmann. Tribunais de Contas podem controlar acordos de leniência? **Gazeta do Povo,** 13 jul. 2018. Disponível em: https://www.gazetadopovo.com.br/justica/colunistas/egon-bockmann-moreira/tribunais-de-contas-podem-controlar-acordos-de-leniencia-77we8fvgzumzr9nykivxoond3/. Acesso em: 6 nov. 2021.

MPF acreditou que empreiteiras não superfaturaram, diz Bruno Dantas. **Revista Consultor Jurídico,** São Paulo, 6 jan. 2019. Disponível em: https://www.conjur.com.br/2019-jan-06/mpf-acreditou-empreiteiras-nao-superfaturaram-bruno-dantas. Acesso em: 6 nov. 2021.

OLIVEIRA, Gustavo Justino de. Acordos de leniência e sua oponibilidade erga omnes: Soluções a partir do sistema brasileiro anticorrupção multiagências. **Jota,** São Paulo, 3 mar. 2021. Disponível em: https://www.jota.info/opiniao-e-analise/colunas/direito-administrativo-sancionador/acordos-de-leniencia-e-sua-oponibilidade-erga-omnes-03032021. Acesso em: 6 nov. 2021.

OSÓRIO, Fábio Medina. **Direito administrativo sancionador.** São Paulo: Editora Revista dos Tribunais, 2011.

PALMA, Juliana Bonacorsi de. **Sanção e acordo na administração pública.** São Paulo: Malheiros, 2015.

PALMA, Juliana Bonacorsi de. O que o TCU tem a dizer sobre acordos administrativos? **Jota,** São Paulo, 14 nov. 2017. Disponível em: https://sbdp.org.br/wp/wp-content/uploads/2019/10/O-que-o-TCU-tem-a-dizer-sobre-acordos-administrativos-JOTA-Info.pdf. Acesso em: 10 jan. 2022.

PARA MPF, acordos de leniência feitos pela CGU podem ser 'prejudiciais'. **G1**, Brasília, 1 mar. 2015. Disponível em: http://g1.globo.com/politica/operacao-lava-jato/noticia/2015/03/para-mpf-acordos-de-leniencia-feitos-pela-cgu-podem-ser-prejudiciais.html. Acesso em: 10 jan. 2022.

PELEGRINI, Marcia. **A competência sancionatória do Tribunal de Contas:** contornos constitucionais. Belo Horizonte: Fórum, 2014.

PIMENTA, Raquel de Mattos. **A construção dos acordos de leniência da lei anticorrupção.** São Paulo: Blucher, 2020.

PRADO FILHO, José Inácio F. de; TREVELIN, Bruna Sellin (org.) **Acordos e políticas de leniência:** contribuição para o diálogo e a harmonização. São Paulo: Editora Singular, 2020.

ROSILHO, André. Poder regulamentar do TCU e o acordo de leniência da lei anticorrupção. **Direito do Estado,** ano 2016, n. 133, 7 abr. 2016. Disponível em: http://www.direitodoestado.com.br/colunistas/Andre-Rosilho/poder-regulamentar-do-tcu-e-o-acordo-de-leniencia-da-lei-anticorrupcao. Acesso em: 6 nov. 2021.

ROSILHO, André. **Tribunal de Contas da União:** competências, jurisdição e instrumentos de controle. São Paulo: Quartier Latin, 2019.

SALLES, Alexandre Aroeira. **Os processos nos Tribunais de Contas:** contraditório, ampla defesa e a necessária reforma da Lei Orgânica do TCU. Belo Horizonte: Fórum, 2018.

SALLES, Alexandre Aroeira; FUNGHI, Luís Henrique Baeta. Substituição do regulador pelo controlador? A fiscalização do Tribunal de Contas da União nos contratos de concessão de rodoviária. *In*: SUNDFELD, Carlos Ari; ROSILHO, André (org.). **Tribunal de Contas da União no direito e na realidade.** São Paulo: Almedina, 2020. Cap. 9. p. 265-304.

SANTOLIM, Cesar. A lei anticorrupção e os Tribunais de Contas. *In*: LIMA, Luiz Henrique (coord.). **Tribunais de Contas: temas polêmicos: na visão de ministros e conselheiros substitutos**. 2. ed. rev. ampl. e atual. Belo Horizonte: Fórum, 2020. p. 223-229.

SCHERTEL MENDES, Francisco. **Leniency policies in the prosecution of economic crimes and corruption: consensual justice and search for truth in Brazilian and German Law**. Baden-Baden: Nomos, 2021.

SPECK, Bruno Wilhelm. **Inovação e rotina no Tribunal de Contas da União:** o papel da instituição superior de controle financeiro no sistema político-administrativo do Brasil. São Paulo: Fundação Konrad Adenauer, 2000.

SUNDFELD, Carlos Ari; CÂMARA, Jacintho Arruda. Competências de controle dos Tribunais de Contas — possibilidades e limites. *In*: SUNDFELD, Carlos Ari (org.). **Contratações públicas e seu controle.** São Paulo: Malheiros Editores, 2013. Cap. 7, p. 178-220.

SUNDFELD, Carlos Ari. Controle sabotando controle: negociação de acordos de leniência com empresas da lava jato mostra alguns defeitos do sistema. **Jota,** São Paulo, 22 mar. 2017. Disponível em: https://www.jota.info/opiniao-e-analise/colunas/controle-publico/controle-sabotando-controle-22032017. Acesso em: 6 nov. 2021.

SUNDFELD, Carlos Ari; ROSILHO, André (org.). **Tribunal de Contas da União no direito e na realidade.** São Paulo: Almedina, 2020a.

SUNDFELD, Carlos Ari; CÂMARA, Jacintho Arruda. Competências de controle dos tribunais de contas — possibilidades e limites. *In*: SUNDFELD, Carlos Ari; ROSILHO, André (org.). **Tribunal de Contas da União no Direito e na realidade.** São Paulo: Almedina, 2020b. Cap. 1. p. 19-58.

SUNDFELD, Carlos Ari; CÂMARA, Jacintho Arruda. Limites da jurisdição dos tribunais de contas sobre particulares. *In*: SUNDFELD, Carlos Ari; ROSILHO, André (org.). **Tribunal de Contas da União no direito e na realidade.** São Paulo: Almedina, 2020c. Cap. 2. p. 59-77.

SUNDFELD, Carlos Ari *et al.* O valor das decisões do Tribunal de Contas da União sobre irregularidades em contratos. *In*: SUNDFELD, Carlos Ari; ROSILHO, André (org.). **Tribunal de Contas da União no direito e na realidade.** São Paulo: Almedina, 2020d. Cap. 10. p. 307-336.

TAVARES, Claunir. Primeiro acordo de leniência do estado do Rio é firmado na PGE-RJ. **Procuradoria-Geral do Estado Rio de Janeiro,** Rio de Janeiro, 19 jan. 2021. Disponível em: https://pge.rj.gov.br/imprensa/noticias/2021/01/primeiro-acordo-de-leniencia-do-estado-do-rio-e-firmado-na-pge-rj. Acesso em: 3 nov. 2021.

TELLES, Cristina. O tempo do controle: a prescrição das demandas de ressarcimento ao erário e de imputação de multa. *In*: SUNDFELD, Carlos Ari; ROSILHO, André (org.). **Tribunal de Contas da União no direito e na realidade.** São Paulo: Almedina, 2020. Cap. 6. p. 135-204.

TRIBUNAL DE CONTAS DA UNIÃO. TCU comemora 126° Dia dos Tribunais de Contas do Brasil. **Secom TCU,** Brasília, 31 jan. 2019. Disponível em: https://portal.tcu.gov.br/imprensa/noticias/tcu-comemora-126-dia-dos-tribunais-de-contas-do-brasil.htm. Acesso em: 6 nov. 2021.

TRIBUNAL DE CONTAS DA UNIÃO. Regimento interno do Tribunal de Contas da União. **Boletim do Tribunal de Contas da União: diário eletrônico,** Brasília, ano 39, n. 1, 2 jan. 2020. Disponível em: https://portal.tcu.gov.br/data/files/29/E5/AE/F5/9CB3C710D79E7EB7F18818A8/BTCU_1_de_2_1_2020_Especial_RITCU.pdf. Acesso em: 5 nov. 2021.

VIANA, Ismar. **Fundamentos do processo de controle externo:** uma interpretação sistematizada do texto constitucional aplicada à processualização das competências dos Tribunais de Contas. Rio de Janeiro: Lumen Juris, 2019.

VORONOFF, Alice. **Direito administrativo sancionador no Brasil:** justificação, interpretação e aplicação. Belo Horizonte: Fórum, 2018.

WILLEMAN, Marianna Montebello. **Accountability democrática e o desenho institucional dos Tribunais de Contas no Brasil.** 2. ed. 1 reimpr. Belo Horizonte: Fórum, 2020.

YEUNG, Luciana. Jurimetria ou análise quantitativa de decisões judiciais. *In*: MACHADO, Maíra R. **Pesquisar empiricamente o Direito.** São Paulo: Rede de Estudos Empíricos em Direito, 2017. Cap. 8.